"百部好书"扶持项目
GUANGDONG PUBLISHING

"十三五"国家重点图书出版规划项目

丛书总主编
王兆胜
陈剑晖

文体与跨文体研究丛书

报告文学的体和变体

丁晓原 著

广东高等教育出版社
Guangdong Higher Education Press
·广州·

图书在版编目（CIP）数据

报告文学的体和变体/丁晓原著. —广州：广东高等教育出版社，2020. 8

（文体与跨文体研究丛书/王兆胜，陈剑晖主编）

ISBN 978 -7 -5361 -6831 -2

Ⅰ. ①报… Ⅱ. ①丁… Ⅲ. ①报告文学 - 文学研究 - 中国 - 文集 Ⅳ. ①I207. 5 -53

中国版本图书馆 CIP 数据核字（2020）第 151058 号

书　　名　报告文学的体和变体
BAOGAO WENXUE DE TI HE BIANTI

出版发行　广东高等教育出版社
地址：广州市天河区林和西横路　电话：（020）87554153
http://www. gdgjs. com. cn

印　　刷　佛山市浩文彩色印刷有限公司

开　　本　787 毫米 ×1 092 毫米　16 开

印　　张　15. 5

字　　数　210 千

版　　次　2020 年 8 月第 1 版　2020 年 8 月第 1 次印刷

定　　价　48. 00 元

总　序

中国是一个“文体论大国”。在古代，文体和文体论蔚为大观。但自“五四”新文学以降，在西方文艺理论的强势冲击下，现当代文学研究者和作家的文体意识越来越淡薄，而关于文体研究方面的丛书更为少见。20 世纪 90 年代中期，童庆炳先生曾主编一套“文体学丛书”，在云南人民出版社出版，受到季羡林、王蒙等著名学者和作家的高度评价，在学界产生了良好影响。但不知什么原因，这套丛书只出版了 5 本就终止了，之后国内一直未见到相关丛书出版。直到 2011 年，北京大学出版社又重新关注文体问题，并推出“中国古代文体学研究丛书”，这是文体研究成果作为丛书形式的又一次集中展示，也是文体研究的深化。但这套丛书只限于中国古代文体研究，没有涉及现当代文体和跨文体写作。因此，我们认为出版一套贯通我国古代、现代、当代文体和跨文体写作，既具开放意识与现代视野，又有时代感与当代性的文体研究丛书，有助于促进我国的文体研究和增强当代作家的文体意识，提升中国当代作家和文学研究者的文化自信。

本丛书纵论古今文体传统，钩沉千年文脉，攫取前贤英华，哺养现代精神。本丛书不仅有新的创意和设计，有较大的学术价值，而且还呼应了“弘扬传统文化，恢复文化自信”这一主题。具体来说，本丛书有以下几方面的价值。

1. 立足于传统与现代、历史与现实、东方与西方，通过对中国传统文体资源的挖掘，将其同当代文化建设，同民族的复兴、文化的自信，以及整个中华民族国民素质、精神文明的提高联系起来。比如，《中国现代小说文体的发生》一书认为，中国小说文体有着本土化的天然特点，但这个特点过去我们重视不够，研究也不系统、不深入。因此，该书以回归还原中国小说文体和文体观念的本体论为出发点，对中国古代小说如志怪三体、《世说新语》与“世说”体、唐人传奇之“奇”体、宋元话本到《聊斋志异》的“讲唱”体、明清章回小说的“文白”叙事体，进行了“谱系学”的爬梳考释。在文体类型研究的基础上，再对中国现代小说文体整体形态，文体类型的起源、发展演变进行全面、系统的探讨。该书虽以考释中国小说文体的本土化语境为旨归，尽可能还原中国小说的独特谱系，但又注重与西方文体谱系进行比较，力图使中国小说的文体既拥有自主性和独立性，又具系统化和学理化。此外，把小说文体研究作为本土文体学研究的重要内容，还肩负着传统文化回归、恢复文化自信的使命。

2. 文体是文学最为直观的表现，也是作家心智的外化形式。因此，文学观念的变迁往往表现为文体的变迁，文学革命离不开文体的变革。但在过去，我们过于强调文学作品的“工具性”，过于注重作品的内容和社会功能，忽视了文体和文体探索的重要性，对我国古代丰富的文体资源也挖掘总结得很不够，这在很大程度上阻碍了中国当代文学的发展。本丛书将起到某种纠偏的作用，弥补以往在文体问题上认识和研究的不足。

3. 跨文体或多文体写作，是当前文学创作的一个趋势，但过去的文体研究在这一点上认识不足。以往的文体研究要么止步于古代，要么仅仅局限于某一类文体。本丛书中的《新媒体时代的文体美学》《本真与转换：影视文体论》《跨文体：从虚构到非虚构》《中国语境下科幻文学的文体建构》等分册，既贯通了我国古代、现代、当代的文体，又关注到跨文体问题，这就拓展了文体研究的空间。

一套有学术价值和现实意义的丛书，应有自己的特色。本丛书的特色主要体现在以下几个方面。

1. 开拓性与前沿性。文体学研究不是新问题，本丛书也不是对以往研究的重复，而是以新的视角构建了新框架，注入了新的理念和创见。这样，本丛书便不仅立足于传统文化，而且有着鲜明的开拓性与前沿性。

2. 强调中国传统文体的现代转换。研究文体和挖掘我国传统文体资源，应有现代性的视野，体现出时代性并服务于当前。如《中国文体传统的现代转换》一书，一方面主动向西方文学借鉴有效的异域文体经验；另一方面又或显或隐地传承中国古代文学的本土文体资源，在古今中西立体维度中进行传统文体的现代转换。这个专题正是在对中国传统文体的现代转换进行宏观思考的基础上，以中国现当代小说和现当代旧体诗词对传统文体进行现代转换为观察点，由此展开对中国现当代的新文学和旧体文学创作的整体考察。丛书中的其他专题，对现当代各种文体观念和文体形式发展演变的考察爬梳，以及对跨文体文学现象的研究，都体现了这一学术理念。

3. 宏观梳理与文本细读并重。丛书中的各册既注重对各种文体发展演变的宏观考察，更强调对文本的细致解读，并在个案解读中发现文体的新价值。如《现代散文文体观念与文体演变》一书，既有对古代文体的演变与特征的考察，以及对文体研究的观念与方法问题、文体研究的现代转型等问题的思考，又有对叙述学与散文叙述、散文意象、语言等的具体细致的分析；同时还兼顾到创新性、学理性和可读性的统一，尽量做到雅俗共赏。《中国现当代作家的跨文体写作》也是如此，著者既有宏观论述也有个案剖析，个案剖析力求破解名家名作的文体转换肌理，宏观论述力求落实到文体转换的历史经验和内部机制。

没有传统的文化必然失根；而没有文化自信的民族必然陷入茫然，不能正确找到自己前行的方向。本丛书试图寻求文化自信的传统依据，通过对最具中华民族特色的“文体”的梳理阐释，夯实当代思想文化建设的地基，推动中国当代文学的发展。感谢评审专家和有关部门的充分肯定，将这套丛书列为“‘十三五’国家重点图书出版规划项目”和“‘百部好书’扶持项目”。希望本丛书的出版，对于深化现当代文学研究、提升文化自信有积极意义。

王兆胜　陈剑晖

2018 年 9 月 5 日

目 录

CONTENTS

第二编　年度对话：现场进行时

第一编　历史镜像：演进与流变

第一章

中国报告文学的近代发生

一种新生的文体，绝非是空穴来风，它必然基于某种特定的背景或多维的历史赠予。这正如怀特在《文化的科学》中所强调的那样："我们从未听说过，在文化系统或在其他任何一种系统之中，有什么东西是从空无中产生出来的。一种事物总是导源于另一种事物。"① 这里，怀特实际上给出了文化研究的一种基本方法，就是文化研究应从整体的系统的关联中，测绘出某一具体对象的独特的图景。这一方法完全适用于文体发生动因的研究。"文体不是孤立的存在，而是一个开放系统。""文体的背后永远存在着深隐的原因。"② 构成文体发生背景坐标系的，是作为横轴的共时性的必备的社会现实条件，与作为纵轴的历时性的文化传统显性或内隐的影响。而其中共时性的要素具有决定性的意义。

茅盾在论及报告文学发生原因时，曾指出："每一时代产生了它的特性

① 怀特．文化的科学［M］．济南：山东人民出版社，1988：199．

② 童庆炳．文体与文体的创造［M］．昆明：云南人民出版社，1994：182．

的文学。‘报告’是我们这匆忙而多变化的时代所产生的特性的文学样式。”① 特性的文学孕育于特性的时代。近代就是一个沧海横流、风雷激荡的特殊时代。在从古代向现代的突进中，近代新旧文化的冲撞，衍化出不胜枚举的文化新景观。在诸多文化新景观中，就有新生的报告文学。近代文化的转型为报告文学的发生，提供了可能性的历史条件。报告文学的发生，并非由单因一果的线性操作而致，而是多因一果的复杂的矛盾运动的结果。近代文化转型的全方位性，恰好遇合了报告文学发生的多因性。文化视角，实际是一种复合视角。以此勘察报告文学的成型之根，就是基于对报告文学发生原因复杂性的认识，并试图借此真实地还原出报告文学生成的历史状貌。从总体的、主导的方面而论，报告文学是近代新闻文化的伴生物，是近代政治文化的重要载体。新闻文化成为报告文学萌生的母体，它为报告文学的生成提供了一种可能性；成为政治文化的载体，又使其因具特殊的文体使命，也就有了应运而生的必要性。而从文学本体而言，报告文学是近代写实文学观的一种积极的实践。这种积极的写实性实践，将可能性、必要性的要素，转化为实然可见的新文体——报告文学。

一、报告文学发生期诸说与辨析

报告文学（Reportage）这是一个舶来的文体称名。“报告文学这一名词在我国大革命期间，……从日本传到中国。这是德语 reportague 的译名”。②从现存资料看，报告文学的汉语标名始见于 1930 年。1930 年 3 月 1 日出版的《大众文艺》刊出了由日本中野重治作、陶晶孙译的题为《德国新兴文学》的介绍性文章。译文指称：“刻羞（现通译为基希）可说是新的形式的无产阶级操觚者，所谓‘报告文学’的元祖，写有许多长篇，而他的面目尤在这种报告文学随笔纪行之中。”自此，中国的新闻文学有了一个比较正

① 茅盾．关于“报告文学”［J］．中流，1937，2（11）．
② 胡仲持．论报告文学［M］//文艺学习讲话．香港：智源书局，1949．

式的文体专名。

相对于文体称名时间所具有的某种确定性，学界对中国报告文学的发生时间存有诸多异说。文体发生期是文体学研究中一个基础性的重要课题。只有正确地把握某一文体的基本特征、属性及其发生的根因等，才能正确地指称这一文体发生的特定时期。关于中国报告文学的发生时间，主要有四种界说。一是“古已有之”说。报告文学作家刘白羽等持这样的观点。曾任台湾《中国时报·人间》副刊主编，积极倡导报导文学的高信疆，就认为报导文学（即报告文学）“它该是最古老的一种文学才对”，“一部《诗经》正是报导文学在中国的滥觞”，司马迁是“中国第一个报导文学家”①。在晚近出版的《纪实：文学的时代选择》中，主编高文升也奉持“古已有之”一说。作为对这一观点的实证，高文升列举了唐朝骆宾王、宋代文天祥和清代方苞的有关作品。作者认为“骆宾王的《代李敬业传檄天下文》……可以说它是我国古代报告文学的先声”，“文天祥写于公元1276年的《指南录后叙》，应当说更具报告学性质”，而“到了清代，较为典型的古代报告文学作品便脱颖而出。方苞的《狱中杂记》，就是其优秀代表作”。② 二是近代说。袁殊在20世纪30年代初发表的重要论文《报告文学论》中指出：“‘报告文学’这一名词在中国还是很新的。……这文学的形成，自然不会是古已有之的；它是一种近代工业社会的产物。”③ 阿英、黄钢、冯牧、蒋孔阳、朱子南等都持有和袁殊相同与近似的观点。朱子南指认19世纪后半期到1918年为中国“报告文学的萌生期”④。张春宁则将报告文学的发生期明确地定为1898—1919年，认为梁启超发表于《清议报》

---

① 高信疆．永恒与博大：报导文学的历史线索［M］//陈铭磻．现实的探索．台北：台湾东大图书有限公司，1980.

② 高文升．纪实：文学的时代选择：新时期纪实文学研究［M］．郑州：河南文艺出版社，1998：12－14.

③ 袁殊．报告文学论［J］．文艺新闻，1931，7（18）.

④ 朱子南．中国报告文学史［M］．天津：百花文艺出版社，1995.

(1898) 上的《戊戌政变记》是“中国报告文学诞生的标志”①。三是“五四”说。周而复、蓝海（田仲济)、赵遐秋、杨如鹏诸家都秉持此说。蓝海指出：“中国的‘报告’或‘报告文学’应产生于中国新文学的发轫时期，即五四新文学时期。”② 蓝海等将《一周中北京的公民大活动》(1919 年 5 月 11 日)、《唐山煤矿葬送工人大惨剧》(1920 年 11 月 7 日)、《饿乡纪程》(1923 年) 和《赤都心史》(1924 年) 视为报告文学发生期的代表性作品。四是 30 年代说。持此说者有以群、罗荪、贾植芳、林非等。以群断言：“在 1931 年的‘九·一八’以前，中国还没有报告文学。”其根据是“那时，即或有少数类似报告文学的作品，也未被称为报告文学，因为当时‘报告文学’这一名词还未被确立起来。”③

研究者对报告文学发生时间的不同认定，反映了他们对于报告文学文体的属性的认识存有差异。在我们看来，报告文学是一种以非虚构为规则，以社会关怀为主旨，以现实生活为主要报告对象（亦可反映具有现实性的历史题材）的具有新闻性文学性与论理色彩的边缘性文体。作为一种具有显性新闻特征的文体，它从新闻文体中衍化而出。因此，新闻事业的发展成为这一文体发生的前置性条件，新闻文体是其母体。作为一种颇重思想性的关注社会公众事务的写作方式，它需要有一个相对开放的具有某种自由度的言说空间。非虚构性是报告文学的一个基本属性，但并不指代其属性的全部。古代有大量的非虚构性作品。但在中国漫长的专制的封建社会中，不可能设置一个自由言说的论坛，也没有生成具有普泛性的面向更广大受众的新闻事业。因此，从总体上说，古代中国尚不具备报告文学的发生条件，这样也就不可能产生真正意义上的报告文学。中国社会初步具备报告文学的萌生条件，一直迟到近代。封建王朝行进到晚清这一站，已如

① 张春宁．中国报告文学史稿［M］．北京：群言出版社，1993：22.

② 蓝海．长足进展的报告文学［M］//蓝海．中国抗战文艺史．济南：山东文艺出版社，1984.

③ 以群．抗战以来的中国报告文学［J］．中苏文化，1941，9（1）.

拖拉着破车的老牛，步履蹒跚。内忧外患，西风东渐，王纲解纽，思想活跃蔚然而成潮流。列强以坚船利炮撞开我国尘封日久的大门，同时，他们将创办报业当作文化殖民的重要手段。受此影响，中国人在19世纪中叶以降，也开始建设自己的近代报业。晚清国人自办报刊数以百计。凡此情由，都为报告文学这一新文体的生成创造了必要的条件。而考诸史实，我们发现正是在近代，具有报告文学属性的作品开始批量地出现了。

以群等依据报告文学文体称名始于30年代这一实情，认定报告文学发生在30年代。这一观点是不够科学客观的，它既忽视了报告文学已在此前存在的事实，又背离了文体形成的一般规律。考察文体发展史，我们可以知道，一种文体的实际形成与文体的命名，往往并不是共时态完成的。即如散文，从词汇学的角度看，散文一词大约最早见于《文选·海赋》，其中有“云锦散文于沙汭之际”句，而具有文体学意义的散文概念，通常认为似由南宋周益公首先提出。周益公评说宋代骈文时认为：“四六特拘对耳，其立意措词，贵于浑融有味，与散文同。”（见罗大经《鹤林玉露·刘锜赠官制》），但散文作为一种实然存在的文类却早已出现在文学史上。报告文学的情形类似于散文，只是文体的萌生与文体命名之间的时差并不像散文那样大罢了。至于有学者将中国报告文学的发生期确定为五四时期，这不能说没有依据。但实际上报告文学的萌生形成是一个渐行渐进的历史过程。中国报告文学的发生期包含了五四时期，而其发端是在此前的晚清。五四运动并不是一种无源之流，晚清的维新运动是其重要的思想资源，五四新文学的根系在晚清。考辨关于报告文学发生期的诸家观点，我以为还是近代说比较接近于历史的真实。

二、近代新闻文化与报告文学

作为精神文化生产的一种样式，报告文学自然也以特定的物质文化作为它的基础。日本文艺家川口浩在论及报告文学发生条件时，已注意到了这一点。他指出，报告文学“这种文学样式，当然不是从前就有。这始终是近代工业社会的产物。印刷发达之后，一切文书都用活版印刷的形态而传播，在此才产生了近代散文——即一般叫作 Feuilleton 的形式，Reportage 就是这种形式的兄弟。”① 报告文学的母体是新闻，近代新闻的主要媒体是报纸。而具有近代意义的报纸，它以近代先进的印刷业作为其直接的物质基础。马克思曾揭示过近代印刷业所具有的划时代意义，认为：“火药、指南针、印刷术——这是预告资产阶级社会到来的三大发明……而印刷术则变成新教的工具，总的来说变成了科学复兴的手段，变成对精神发展创造必要前提的最强大的杠杆。”② 近代先进的印刷技术，为新闻—报纸的近代化提供了物质条件，使报纸能成为较前迅捷而广泛地传播信息的大众媒体。中国古代的造纸术和印刷术，对世界文明的发展做出过特殊的贡献。中国有世界上最早的报纸邸报。“新闻”一词在有唐已可见及。李咸用《春日喜逢乡人刘松》中，就有“旧业久抛耕钓侣，新闻多说战争功”之句。但中国近代新闻业的发展，迟于欧洲约二百年。近代新闻业的后滞，固然主要是由于封建王朝政体的钳制，但与印刷技术的落伍也有直接的关联。

19 世纪西方的坚船利炮，撞开古老的封建王朝的大门。伴随着帝国主义军事、经济的侵略，旨在传教、进行文化殖民的洋报在华大肆创办。西人在华办报的同时，也把当时先进的印刷技术介绍到了中国。曾供职于沪上墨海书局的王韬在《瀛壖杂志》卷六，对洋人的印刷术颇多钦羡：“西人设有印书局数处，墨海其最著者。”“两面皆印，甚简而速，一日即可印四万余纸……印书车床制作甚奇，华士之往来墨海者，无不喜欢。”作为有识之士，王韬善于“师夷长技”。他于 1873 年集资购买英华书院印刷设备，在香港组建中华印务总局，成为中国最早的印刷实业家。次年，他又创办

① 川口浩. 报告文学论［J］. 沈端先，译. 北斗，1932，2（1）.

② 中共中央马克思恩格斯列宁斯大林著作编译局. 马克思恩格斯全集：第 47 卷［M］. 北京：人民出版社，1978.

了近代中国最具影响的报纸之一《循环日报》。先进的印刷技术，使新闻的近代化得以成为现实。快速的印制，使受众所见不再是“旧闻”的新闻，确保了新闻的时效；而报纸内容时代性的增强，发行量的增大，使新闻媒体产生更为广泛的社会效应。像梁启超主笔的《时务报》，创刊时发行量4000份，最高则达17000份。这种在当时颇大的发行量，使梁氏报纸成为当时声播遐迩的舆论中心。对此，梁启超曾无不得意地说：“时务报起，一时风靡海内，数月之间，销行至万余份，为中国有报以来所未有。举国趋之，如饮狂泉。”①

中国近代新闻业首盛于戊戌变法时期。李侃指出：“戊戌维新，是中国近代报刊史上一个重要的里程碑，也是中国近代思想文化史上一个新的起点。”② 而至辛亥革命后，全国报刊增至500多种。署名“兰陵忧患生”的，在《京华百二竹枝词》中有句描写报业发展的盛状：“报纸于今最有功，能教民智渐开通。眼前报馆如林立，不见‘中央’有‘大同’。”迅速发展的近代报刊具有多方面的政治功能与文化意义。而于报告文学，近代报刊则是萌生这种新文体的直接的渊薮，是刺激报告文学发展的主要媒介要素。

观察人类文明史，可发现文字及文字传播方式的改变，常常成为文明史发展的某种标志，或导致某种文体的发生。摩尔根就认定人类文明“开始于音标字母的使用和文学记录的产生”，“石刻象形文字亦可以认为是文明时代开始的相等的标识。”③ 我国古人也说：“上古结绳而治，后世圣人易之以书契。”④ “书于竹帛，镂于金石。”⑤ 甲骨文、钟鼎文等成为某种特定文化的符码。文字刻制、印刷技术的革新常影响着新文体的产生。唐有传

① 梁启超．中国报馆之沿革及其价值［M］//梁启超．饮冰室合集．北京：中华书局，1989.

② 李侃．近代传统与思想文化［M］．北京：文化艺术出版社，1990：53，109.

③ 摩尔根．古代社会［M］．杨东莼，马雍，译．北京：商务印书馆，1971.

④《易·系辞下》。

⑤《墨子·鲁问》。

奇，宋出话本，与其时雕版印刷的盛行与活字印刷的发明，似不无关系。而印刷技术、传播方式与文体创造关系最直接者，莫过于近代机器印刷、近代报纸之于近代新闻文体了。新闻社会角色的确立，无疑也是历史进入近代的显性标志。随着新闻社会角色的确立，新闻业的日益发展，新闻文体也渐次萌生、进化、成型，成为报刊这种几乎是近代唯一的传媒的主体。

新闻文体作为一个中观性的范畴，其间包含着若干子项。这主要有消息（狭义的新闻）、时评（政论）和通讯（纪事）等。报告文学实际是通讯的一种优化形态，两者关联密切。早期的报刊以消息、论说（时评）为主。如创始期的《申报》版面主要有三大块内容：其一为“本馆告白”“论说”（社论）；其二为新闻，选录本埠、外埠消息，译录香港本地中外新报消息；其三为广告等服务类信息栏。早期的《循环日报》以刊载新闻和评论为主。新闻版分为“京报选录”“羊城新闻”和“中外新闻”三栏。后来，报纸版面的容量逐渐增大，内容更趋丰富。报纸为迎合读者的需求，满足他们对复杂而重要的新闻事件、人物报道的需要，不再对客体仅作“豆腐干”式的简短的粗放的记写。除简讯以外，另一类报道趋向于对新闻材料作具体细致的叙述，并出现了系列报道的形式。如《申报》对“杨乃武冤狱”的曲折全程，从同治十二年十一月十八日（1874 年 1 月 6 日）至光绪三年二月二十四日（1877 年 4 月 7 日）历时三年有余，作了颇为详细的连续报道。消息的细化，报道的系列化，由此衍生出新闻通讯。有人认为：“我国报纸之有通讯，实以黄远生为始。”① 其实黄远生之于通讯，在于他使通讯文体得以完形和正式化。而在他之前通讯之名已有，只是这种称名并不具备日后通讯所含的文体意义。倒是新闻“纪事”相类于我们现在所说的“通讯”。晚清新闻“纪事”，除战记、离乱记、大事记外，还包括对重要的新闻人物所做的传记、速写等。具有新闻性的记事写人类作品在

① 黄流沙．从进士到记者的黄远生［M］//黄远生．远生遗著．北京：商务印书馆，1984.

近代后期发表很多，蔚然可观。这些作品总体上还显得粗糙，有的写得芜蔓，但它们已具备或初步具备了新闻性、论评性和文学性的特征。因而可视为报告文学发生期具有奠基意义的成果。这类作品中的代表作有反映中法战争的《黑旗军战捷纪事》，反映甲午战争的《东方兵事纪略》，报道“百日维新”的《戊戌政变记》，记写辛亥革命的《五日风声》等。人物传记、速写则有梁启超写康有为、李鸿章、“戊戌六君子”诸篇，黄远生写孙中山、章太炎等篇。

晚清新闻通讯中，除“纪事”一类外，还有新式的游记。这类记游作品不同于一般模山范水、吟风弄月的散文小品，而是一种关注社会大端兼及自然人文背景的“旅行通讯”。如《申报》从 1876 年 6 月 7 日起连载“环游地球客”的《东行日记》和梁启超的《新大陆游记》（1903 年）等即是这样的旅行通讯。这种通讯是具有报告文学基本属性的作品。

考察近代新闻纪事和旅行通讯，可见作者能运用多种表达方式，生动、具体而富有情思地反映现实的人物事件和政俗民情。作品的体制也时见宏大。《新大陆游记》用《新民丛报》“临时增刊”专号形式刊发。黄小配的《五日风声》共十一章，凡三万多字，于广州《南越报》连载 57 天。这些作品，已完全不同于一般的新闻报道、风情描述，而是初具形态的报告文学。基于近代印刷技术的进步，孕育于近代新闻的进化，脱胎于新闻文体的发展，近代新闻文化直接导引了报告文学的发生。

三、近代政治文化与报告文学

近代文化是一种多质的丰富复杂的系统结构。而决定这种文化特质的，除了当时的经济基础外，最主要的就是近代政治变革、救亡图存的社会思潮。政治文化成为近代文化的主潮，它直接影响其他文化的生成与走向。近代文化转型的驱动力，在很大程度上是由政治文化的转型所造就的。李侃在谈到近代文化“转换”时，引用邵作舟《邵氏危言》之语作立论的依据。邵氏有言："道光咸丰以来，中国再败于泰西，使者四出，交聘于外。士大夫之好时务者，观其号令约束之明，百工杂艺之巧，水陆武备之精，贸易转输之盛，反顾赧然，自以为贫且弱也。于是西学大兴，人人争言其书，习其法，欲用以变俗。"李侃以为"西学大兴"，变法图强时潮汹涌之际，近代"文化的转换时期开始了"①。变法图强成为贯穿近代全程的时代主题，它表达了仁人志士对艰危国运的一种政治性关怀。这种政治性关怀，成为推动近代文化发展的最为重要的动因之一。从某种意义上说，新闻既是政治文化的产物，又是政治文化传播的载体。政治性成为新闻的显性标记。近代新闻在剧烈的政治变动中应运而生，又为政治思潮的席卷呼风唤雨。

进步的报刊成为政治鼓吹的主阵地，表现出对时局和国运的政治性关怀，对此美国俄亥俄州立大学历史学教授张灏在其论析中国"维新时代的遗产"时曾有指认："在1895年至1898年期间，出现了约60种报纸。这样一种发展是前所未有的，预示着在国家的发展中出现一个新的转变。""这些社会精英的报纸倾向于关心国家大事的报道，关心与其他国家的对比以寻求治国之道。这种类型的报纸表现了一种明显的民族主义的倾向。"他又指出："作为传播民族主义思想感情的工具，社会精英的报刊充满了一种需要参政和有责任参政的新认识。"② 张灏所论是符合近代史实的。当时的"社会精英"大多是应时或先时的思想精英。而这些思想精英又多半是报人，如王韬、严复、梁启超、康有为、谭嗣同等都创办或主持过近代颇有影响的报刊。特别是维新运动的领袖人物康有为、梁启超更是将报刊作为变法鼓吹、思想启蒙的利器。康、梁是恩格斯所谓的"启蒙学者"所属，他们是"为行将到来的革命启发过人们头脑的那些伟大人物。"③ 他们用作

① 李侃. 近代传统与思想文化［M］. 北京：文化艺术出版社，1990：53，109.

② 剑桥中国晚清史：下［M］. 北京：中国社会科学出版社，1985：387－389.

③ 恩格斯. 反杜林论［M］. 中共中央马克思恩格斯列宁斯大林著作编译局，译. 北京：人民出版社，1970.

启蒙的方式有做讲演、成立学会、收徒讲学等，但主要的还是创办报刊著书立说。“康梁集团用来推进运动的另一个新手段是报纸，他们认识到了这是在民众中间传播新知识、新观念以及促进思想一致的有力工具。……利用学会和报纸来推进‘开民智’的工作，这一努力是近代中国社会和文化发展的里程碑。”①

我以为，报纸有此显功，很大程度上是由“报章文体”所造成的。近代盛极一时的“报章文体”，正是依托于思想精英主办的报刊，并且通过他们富有成效的写作实践，才得到长足发展的。而报章文体“是为那一时期的中国资产阶级的政治改良运动服务的”②。报章文体中主要是政论，但并不如阿英等所说的仅是政论的一种，其间还包括了新闻纪事等品类。报告文学就是一种政治文化的新闻纪事作品与旅行通讯。可见，报告文学产生于政治色彩十分浓郁的文化背景中，同时它又直接为当时的政治服务，成为宣传政治文化的重要载体。从另一视角观照，发生期的报告文学与其说是一种新闻题材的文学性制作，倒不如说是思想精英“参政议政”的政治化宣言。政治使命的负载，使作品更直接地介入现实社会，并在介入中实现其独特的文体功能。由此而为社会所重，为“政治文化人”所青睐，成为他们做“政治宣泄”的工具。这样，报告文学的发生、发展，就有了某种时代的必要性和必然性。而正是由于时代的催化，由于政治意识见强的文学家或报人的亲炙，报告文学的发生才成为一种实然可见的事实。

在治报告文学史的学者看来，梁启超是中国报告文学的重要奠基者。就其主体构成而言，他是文化人与政治家的组合。“梁启超本质上还是文人型的政治家，在‘觉世’与‘传世’之间，其前后期的侧重点虽有变化，但搞政治时不能忘情于文学，搞文学时又不能忘怀政治。”③ 如若他是一个

① 费正清，刘广京．剑桥中国晚清史：下［M］．郭沂纹，译．北京：中国社会科学出版社，2007．

② 方汉奇．中国近代报刊史：上［M］．太原：山西人民出版社，1981：142．

③ 夏晓虹．觉世与传世［M］．上海：上海人民出版社，1991．

纯粹的政治家，或许他会选择别种方式表达他的社会设计思想；如若他仅仅是一个文学家，那么他就会以文学特有的方式，发表他对人生与世事的看法。正是由于主体具有政治家与文学家交织的特异性，才使梁启超在报告文学发生期会对这一文体有所作为。报告文学与其他文体相比，是特别需要政治主旨的。梁启超是晚清最重要的政治家之一，是一位影响深广的启蒙主义思想家。他有自评，说“梁启超可谓新思想界之陈涉”，“启超等之运动，益带政治的色彩”①。这样的人物，其言行政治化色彩浓郁就是不言而喻的了。由于他是学问家、文学家底子的政治家，所以他往往通过学术研究或文学写作，表达他的政治见解和社会理念。其于写作，最值得称道的是“报章文体”。严复曾有评价，谓“任公文笔，原自畅达，其自甲午以后，于报章文字成绩尤多，一纸风行，海内观听为之一耸”②。在我看来，引起“海内观听为之一耸”的，主要不在于报章文体形式本身，而在于它所负载的政治见解和启蒙思想。梁启超好作政论，激扬文字，论时析事，其势不可阻遏。而又勤于纪事写人旅行文字的写作，通过时事报道、人物状写、政俗介绍，借人取事而见其大意，传达他的政治立场和观点。

长篇《戊戌政变记》发表于变法失败后约三个月。作品所写的是一个重大的政治题材。全篇分正编与附录两大部分。正编由“改革实情”“废立始末记”“政变前记”“政变正记”“殉难六烈士传”等五篇组成。由标题即可洞见作品总体的倾向性。我以为，《戊戌政变记》是一部有关维新变法的历史实录，同时又是一份主体性极强的政治告白。它是檄文，对以西后为首的“豺狼之政体”做了无情的揭露和控诉；又是颂歌，对致力于变法，献身于救国的仁人志士做了热情的叙写和褒扬。在这里，读者很容易看出，作者作为维新变法重要的参与者与见证人，他所必然具有的政治立场。或许我们还可以这样认为，《戊戌政变记》是作者对维新变法所做的一次系统

---

① 梁启超．清代学术概论［M］//梁启超．饮冰室合集．北京：中华书局，1989.

② 严复．与熊纯如书札［J］．学衡，1922，12（12）.

的总结，也是对自己变法思想、国事评判所做的集中宣教。要之，《戊戌政变记》并不是一部纯然的客观的新闻纪事，而可视为一份专题性的政治报告。《戊戌政变记》主旨的价值取向，反映了发生期报告文学作品主题的总体特征。

论评性是报告文学的重要文体特征。论当所论，议当所议，成为它的一种文体景观。在近代具有报告文学质素的作品中，议论风气，时有所见。从表面看来，这是由政论融入纪事纪游所致，但入其深层，可见是作者一定程度的思想解放，冲决言论禁锢的结果。作品中的论评，并不是空泛的玄说，或是微观的浅论，而是一种有的放矢的时评，是对国是大政的评说。这种时评在早先的文体中是少见的。在封建专制的政体中，“民议其政者有诛，民相偶语者有禁”。因此“庶人不议”“莫谈国事”，成为人们出言之诫。特别是有清大兴文字狱，由此而成“万马齐喑究可哀”的局面。直正打破这种无言的局面，一直迟至近代以降。近代中国出现民主主义思潮，这并不出自于清朝的开明，而是导源于西风东渐，知识分子主体意识的自觉。思想者接受西方的民主、自由的思想，结合中国的实情，引申其意。“国也者，人民之公产也。”① “君权日益尊，民权日益衰，为中国政弱之根源。”② 在这种启蒙思想的影响下，“慷慨论天下事”成为士人的义事。此间，知识分子的批判意识和独立思考的品格，得到了空前的强化。谭嗣同揭露晚清统治者，“日存猜忌之心，百端以制其民”③，“一遇外侮，反觍然乐受，且召之焉”④，抨击清王“凭陵乎蛮野凶杀之性气以窃中国”，“其残暴无人性，虽禽兽不逮焉”⑤。而章太炎则指名道姓斥骂君王：“载湉小丑，

① 梁启超．少年中国说［M］//梁启超．饮冰室合集．北京：中华书局，1989.
② 梁启超．西学书目表后序［M］//梁启超．饮冰室合集．北京：中华书局，1989.
③ 谭嗣同．谭嗣同全集［M］．北京：中华书局，1981：220.
④ 谭嗣同．谭嗣同全集［M］．北京：中华书局，1981：33.
⑤ 谭嗣同．谭嗣同全集［M］．北京：中华书局，1981：349.

未辨菽麦。"① 晚清出现这种蔑视王权的情形，其意义并不在于它本身，而在于它昭示了当时民主自由思想已深入得风气之先的知识分子的人心。从近代社会思潮史的角度考察报告文学的发生，可见民主主义政治思潮的兴起，从客观上为报告文学的生成创造了一种有利的政治氛围。而从微观上看，它还为报告文学论述性表达的形成，提供了一种思考的机制。这是我们在涉论政治文化与报告文学生成关系这一命题时，应该给予充分关注的一个重要因素。

四、近代写实文学观与报告文学

论及报告文学的发生，刘白羽曾有"古已有之"说。他认为："'报告文学''特写'，不过是后来加的名称。至于这种文学样式，自古以来就在大量发展着，诸如《左传》《国语》《战国策》《史记》以及后来陶渊明、杜牧、柳宗元、苏东坡，更不知写了多少好的'报告'、'特写'。"② 刘白羽的界说忽视了报告文学发生的时代条件和物质基础，将史传文学等同于传播性见强的报告文学。但刘白羽的观点也有其合理的成分，这就是他提示我们也应该从文体承继关系的视角，考察报告文学的文体构成及其发展。报告文学虽新生于近代，但它与古代的史传文学有着内在的关联。我们观察梁启超所写的人物类报告文学，可见作者明显地受到《史记》的影响。梁启超谙熟《史记》，"史记之文，能成诵八九"③。他特别推崇《史记》人物列传的写法，以为："《史记》每一篇列传，必代表某一方面的重要人物……每篇都有深意大都从全社会着眼，用人物来做一种现象的反影，并不是专替一个人作起居注。"④ 梁启超等对古代史传文学传统的继承，主要在于他

① 章太炎. 驳康有为论革命书［N］. 苏报，1903.

② 刘白羽. 早晨的太阳［M］. 北京：作家出版社，1959.

③ 梁启超. 三十自述［M］//梁启超. 饮冰室合集. 北京：中华书局，1989.

④ 梁启超. 中国历史研究法补编［M］//梁启超. 饮冰室合集. 北京：中华书局，1989.

们对于史家品格的认同与坚持。梁启超说："我以为史家第一件道德，莫过于忠实。"① 对人事物景情做"忠实"的反映，这是我国古代的文学传统。崇真，是古代文章美学的基本范畴。古人以为作文应做到"事信而不诞"。② 真实，也被用作衡文的重要标准。钱谦益对此做过形象的譬说："文章途彻，千途万方……真则朝日夕月，伪则朝花夕槿也；真则精金美玉，伪则瓦砾粪土也。"③ 司马迁之所以被人誉为"有良史之才"，也主要是因为"其文直，其事核，不虚美，不隐恶"④，有一种秉笔直书的"实录"精神。可以这样认为，发生期报告文学就其精神品格而言，它是对古代史家"实录"精神的一种呼应。

每一个时代都有其相应的文学理念。真实，作为文学家所崇尚的人文品格与文体精神，只有在相应宽宏的社会环境中，才能得到强化与张扬。因为写作的真实实际应是精神的真实，这从一定意义上说，也就意味着写作的自由（精神的自由）。清代统治者恰恰竭力剥夺文人的写作自由。这种剥夺有明目张胆地实施"文字狱"的酷政，更有以思想的统治、文化学术的引偏，诱使文人学士醉心于个人的功名利禄，埋首于书斋故纸，严重脱离社会现实。有清居于统治地位的正统思想，是以"三纲五常"为核心内容，以八股作文为表现形式的程朱理学。"三纲五常"，八股为文，这是统治者对知识分子的精神虐杀。特别是"八股取士，使天下消磨岁月于无用之地，堕坏志节于冥昧之中，长人虚骄，昏人神智，上不足以辅国家，下不足以资事畜，破坏人才，国随贫弱"⑤。在学术界，清朝以汉学为显，引导知识分子潜心考据，避触时事，"束发就学，皓首穷经"。在这种主流思

① 梁启超．中国历史研究法补编［M］//梁启超．饮冰室合集．北京：中华书局，1989.

② 刘勰思《文心雕龙·宗经》。

③ 《牧斋初学集·复李叔则书》。

④ 班固《汉书·司马迁传》。

⑤ 严复．救亡决论［N］．直报，1895.

想和学术导向的驱使下，知识分子逐渐丧失精神的自主，以至于从根本上消解主体真实地观照、反映客体所需要的独立的人文精神。

从与报告文学有文体关联的散文创作看，清代桐城派散文统领文坛。桐城散文强调“文以载道”，讲究“道统”与“文统”结合的“义法”。这种“义法”与清朝的统治思想声气相通。方苞在《古文约选》序中对“义法”做有表白：“盖古文所从来远矣，六经《语》《孟》其根源也……群士果能因是以求六经《语》《孟》之旨，而得其所归，躬蹈仁义，自勉于忠孝，则立德立功，以仰鉴我皇上爱育人才之至意者，皆始基于此。”可见，桐城古文实为“御用”的传道之器。这样的文字，从根本上说，不可能真正负起真实地反映人生与社会的使命。

在文学中开始找回失落的“实录”精神，并加以强化，这是近代写实文学观持论者与实践者所做出的具有文学史意义的贡献。近代许多有识之士力主文章当“务归实用，不尚虚文”。太平天国“总揽文衡”的洪仁玕，撰《戒浮文巧言谕》，主张“文以纪实”“言贵从心”“实叙其事”“语语确实”，认为“用浮文者不惟无益于事，而且有害于事也。”王韬也说：“文章所贵在乎纪事述情”①，“以耳目之所及为见闻，以形色之可征为记载”②，强调作者应写“所见所闻，可惊可愕之事”。近代写实文学观的提出，具有多方面的原因，一方面是对古代写实文学观念的继承，另一方面也是对桐城派古文的直接反拨，但更重要的是对激变时代于文学召唤所做的响应。19世纪中国风雨飘摇，命途多舛。偌大而古老的华夏民族竟屡被外敌所挫，割地赔款，民不聊生。当此艰危之时，有良知的知识分子幡然自觉，不再遁迹于象牙之塔，漠视生存的危局，而能关注于社会大势、民生国运，以如椽之笔，状写危如累卵的现实，鼓呼革新图变，拯民救国，以唤起人们的危机意识和救亡图存的斗志。19世纪中叶以降是西学东渐之时。“中兴垂

① 《弢园文录外编·自序》。

② 王韬《淞隐漫录自序》。

五十年，中外一家，梯航四达，欧和文化，灌输眼界，异质化合，乃孳新种。学术思想，大生变革。”① 所谓同治“中兴垂五十年”，实为虚拟，而“异质化合，乃孳新种”倒是实然。民主自由思想的输入，域外文学理论的引介，为文学的写实提供了思想理论基础。而另一方面，写实的文学，又成为民主自由思想传播的载体。此外，近代写实文学观与近代新闻的兴起直接相关。新闻文体、新闻文学其要旨即在于真实。郑观应在《盛世危言》中称赞新闻文体“据事直书，实事求是，而曲直自分，是非自见”，新闻的这种优长影响着当时的文风以及文学的观念。

被我们名之为发生期报告文学代表作家的梁启超、黄远生，他们对文学的写实颇为认同并多有实践。有人认为：“远庸文艺的信仰，是合自然主义和写实主义为一的。”② 他的文章“第一义在大胆，第二义在诚实无欺。夫惟大胆，故能创造。惟不欺，故工写实。兼此二义乃完全为今日之新文学家。而此文艺，亦天然成就其为新闻业之文艺”③。这里论者认定“写实主义”是黄远生的文艺思想，并将“写实主义”当作“成就其为新闻业之文艺”的某种条件。“新闻业之文艺”，或可别解为报告文学。这一文体的造就，从文艺思想角度视之，当以写实主义为其理论基础。写实，或写实主义是舶来的文艺学名词。我们从梁启超一段有关欧洲文学思潮分析的文字中，可以知道他对欧洲写实派文学的关注。写实派，梁启超另称为自然派。他在《欧洲心影录》④ 中专门分析了 19 世纪中叶欧洲自然派文学勃兴的原因：“自然派所以勃兴，有许多原因。第一件，承浪漫忒派之后，将破除旧套发展个性两种精神做个基础，自然应该更进一步趋到通俗求真的方面来。第二件，其时物质文明剧变骤进，社会情状日趋繁复，多数人无复耽玩幻想的余裕，而且觉得幻境虽佳，总不过过门大嚼，倒不如把眼前事

① 黄人《清文汇》序。
② 黄远庸．远生遗著［M］．北京：商务印书馆，1984.
③ 黄远庸．远生遗著［M］．北京：商务印书馆，1984.
④ 梁启超．欧洲心影录［M］//梁启超．饮冰室合集．北京：中华书局，1989.

实写来，较为亲切有味。第三件，唯物的人生观正披靡一时，玄虚的理想，当然排斥，一切思想，既都趋实际，文学何独不然？第四件，科学的研究法，既无论何种学问都广行应用，文学家自然也卷入这一潮流，专用客观分析的方法来做基础。”

梁启超从社会发展、读者心理、哲学思想以及自然科学研究方法等多维视角，推导文学流变的内在原因。他的分析大体上是正确的。这些分析也同样适用于对报告文学发生背景的解释。写实文学，主要包括自然主义文学、现实主义文学和新闻文学等。梁启超分析话语中所用的“通俗求真”、写“眼前事实”，排斥“玄虚”以及“客观分析”等，就可用以对报告文学写作规范与文体特征的表述。由此可见，梁启超在近代做报告文学的文体实验，既承继古代史家优秀的纪实品格，同时，也为域外写实文学思潮所影响。进而，我们可以做此推论，中国近代写实文学观念，正是在继承和借鉴中，基于当时的社会情状，而逐步确立发展的。发生期的报告文学就是近代写实文学观的积极实践。而这种实践，又有力地支撑了写实文学理论。

作为近代写实文学观的实践者，发生期报告文学作者将对客观真实性的追求作为写作之要务。为了确保所写的真实，作者往往择取个人经验中的材料加以叙写，作品的题材择取表现出亲历性、亲验性的倾向。而对于个人亲历之事，也不满足于道听途说，浅尝辄止，而能详加考核，以求可信。“驰驱英法意比四国”的薛福成，“据所亲历，笔之于书”，写成《出使英法义比四国日记》，对于所记之事能“逐事考求”①。梁启超做《新大陆游记》有两个目的：“一以调查我黄族在海外者之情状，二以实察新大陆之政俗。”②“调查”与“实察”，正是报告文学得其真实的重要手段。梁启超

① 薛福成. 出使英法义比四国日记［M］//钟叔河. 走向世界丛书. 长沙：岳麓书社，1985.

② 梁启超. 海外殖民调查报告书［M］//梁启超. 饮冰室文集：下. 上海：广智书局，1905.

对于新闻纪事的写作提出过“五字说”，包括“博”“速”“确”“直”“正”，其中“确”与“直”直接关系着作品的真实。他说：“本报纪事，以‘确’为主。凡风闻影响之事，概不登录。”“本报纪事，以‘直’为主。凡事关大局者，必忠实报闻，无所隐讳。”由梁启超的观点我们可以知道，新闻纪事的真实，绝不是指个人遭际的“小真实”，而是指“事关大局”的“大真实”。作为近代写实文学观实践的报告文学，它所反映的正是事关宏旨，“可惊可愕”可观的时代的真实。因此近代萌生的报告文学，绝不是一般的文学作品，而是具有文学性的更富含文献意义的历史实录。

第二章 | ◆

发生期报告文学的文景

19 世纪下半叶至 20 世纪 20 年代，是中国报告文学的萌发生成时期。一代有一代的文学。特定的社会文化生态，从总体上规定了这一时期报告文学的形态与内质。社会的陡转遽变，民族的险象丛生，西风东渐中异质文化的深度影响等，使知识分子的职志发生根本性的变异。当然仍有士人耽幻于象牙塔之中，做着学问中人。但一大批志士不再安心营构个人的事业，而为时代大潮所吸引，并以自己若干的原创性，制造着吞吐万象的时潮。知识分子，不是个别，而是作为群体，以“社会时代的眼睛与代言人”的身份在历史的舞台上进行着集体性的会演。而以非虚构的方式实录现实图景，表达主体社会关怀的报告文学，就是这些具有显见的“意识形态性格”的知识分子所新编自创的一个“节目”，其基本的主题是通过社会批判、秩序拆解、人道关怀、新知传播等表达新的社会理想和价值体系。林毓生在分析中国两代知识分子的心路时指出：“在十九世纪九十年代的中国第一代知识分子同二十世纪初的第二代知识分子之间，尽管存在着许多差异，但这两代知识分子中大多数人专心致志的却是一个有共同特点的课题，那就是要振兴腐败没落的中国，只能从彻底转变中国人的世界观和完全重建中国人的思想意识着手。"① 发生期的报告文学作为知识分子所创造的一种写作方式，它从一个方面表征了当时知识分子的情志思想，具有显见的重要的社会启蒙意义。

发生期的报告文学，作为一种文体，作者并没有一种明晰而自觉的"体"的意识，因为其时所谓的"体"正在自发性地形成之中。唯其自发，所以其体是不完形的。因此，我们并不能用今天似乎是被范型化了的文体规则去衡定发生期的报告文学。我们论析发生期的报告文学，宜采用历史的、辩证的观点，不从概念出发，不脱离特定的历史情景，举凡有新闻、有论理、有文学的杂性制作，都可视为初具报告文学质素的作品。

一、新闻性制作

论及报告文学的发生，有一种观点认为报告文学是"古已有之"的文体。持论者往往将古代的史传文学与晚生的报告文学视为同体。其实，史传与新闻（新闻文学）有着许多的区别："其最著者有四焉：史之所记，不嫌其旧，而新闻唯求其新，此材料去取之异一也；史记事结论于末，新闻记事撷纲于端，此体裁先后之别二也；史之作穷年以成，而新闻记事一挥而就，此著述时间之殊三也；史乃史家之专业，新闻则具营业性，此性质上之差四也。因此四种之不同，遂使其离史之范围而独立。"② 作为精神文化载体的报告文学，是立于一定的物质文化基础之上的。报告文学的物质基础是近代工业的伴生物新闻业。因此，在它的文体基因中，自然存有新闻的特质。国际报告文学研究者巴克认为："报告文学的物质基础就是报纸。它的存在是为了要给读者以新闻（News），读者在他早餐的时候需要有

① 林毓生. 中国意识的危机［M］. 穆善培，译. 贵阳：贵州人民出版社，1985：43.
② 黄天鹏. 新闻文学概论［M］. 上海：光华书局，1930.

一个世界动态记录的日志，他要知道发生了些什么事，为何发生和如何发生等。”① 由此可见，新闻性是报告文学区别于史传文学的主要特质。我国近代新闻业始于19世纪中叶，盛于新旧世纪嬗替之时。与此相应，作者与读者的新闻意识渐次增强。这是影响新闻文体发展的重要原因。报告文学就发生在这样的文化背景之中。

报告文学的新闻性可由多端释义。但我以为最主要的是体现在取事与传播两个方面。取事求真务新为其前提；传播，是实现其文体功能的通道。取事求真，是纪实作品的通则，而务新，则是新闻文学制作的要素之一。新闻文学的务新，虽不像纯新闻（消息）那样刻意即时报道，但它也力求做到“快速反应”。这正是这类作品见重于读者的重要原因。近代做报告文学文体实验的作家，对此已有明确的意识。梁启超就说：“……报之所以惠人者不一端，而知今为最要。故各国之报馆，不徒重主笔也，而更重时事，或访问或通信或电报，费重赀以求一新事，不惜焉。”② “重时事”，求“新事”，旨在获取报道的时效，正因为这样，新闻，包括报告文学总是会呈现出强烈的现实性和鲜明的时代特性。梁启超自己的创作就非常注意对当下社会生活中重大事件做迅捷的报告。十万字的长篇《戊戌政变记》，是梁启超以当事者的身份，所做的反映1898年那场影响中国历史并为世界关注的政治事件全景的实录。戊戌政变发生于此年9月21日。梁启超为清廷通缉亡命日本，11月于横滨创办《清议报》（旬刊），12月便在该刊第三册上发表《戊戌政变记》。在那种非常时期，以这样的速度、这样的篇幅披露戊戌之变，表明作者对作品新闻效值的重视。其后反映五四运动的《一周中北京的公民大活动》（亿万）和反映北伐战争的《从军日记》（冰莹）等作品，也都以对时事的迅捷报道而见长。

---

① 巴克. 基希及其报告文学［M］. 张元松，译. 国际文学，1935（4）。

② 梁启超. 清议报第一百册祝辞并论报馆之责任及本馆之经历［M］//梁启超. 饮冰室合集. 北京：中华书局，1989.

信息，是报告文学负载的主体。这种信息是一种包含新质而且具有某种旨归的社会性音讯。近现代转折期，王纲解纽，“天朝”的大门被西方列强的坚船利炮所轰开。外敌入侵使国人深感民族生存状态的艰危，“师夷长技以制夷”，成为当时救亡的要务。时代的“先觉者”开眼看世界，周游列国，寻找强我中华的参照与方略。正是在近代相对开放的社会背景中，报告文学所载播的音讯，就不只是民族自身万象的描摹，也有域外列国社会情状的介绍。这样取海外人事物景为题材，就成为发生期中国报告文学的重要景观。这类作品在这一时期的著作中占有很大的比重。钟叔河主编的“走向世界丛书”拟收录书籍百种，1985 年出版的第一辑就有 36 种之多。这一丛书“专收一九一一年以前中国人访问西方国家的载记。……所有载记，以亲身经历、直接见闻为限”，“是中国人在近代走向世界的实录”。在这些实录中，有的仅记域外风景，“无关宏旨”，有的当时并非刊布，直到 20 世纪 80 年代才被发现（如祁兆熙《游美洲日记》）。但的确也有如王韬《漫游随录》、李圭《环游地球随录》、梁启超《新大陆游记》等作品已基本具备报告文学的属性。这种游记的内存与功能与原先的游记已有很大的不同。梁启超在自评《新大陆游记》时称：“中国前此游记，多纪风景之佳奇，或陈宫室之华丽，无关宏旨，徒灾枣梨”，而此篇则将风物异景“删去”，“所记美国政治上、历史上、社会上种种事实，时或加以论断”①。薛福成认为他的《出使英法义比四国日记》“据所亲历，笔之于书。或采新闻，或稽旧牍，或抒胸臆之议，或备掌故之遗……于日记中自备一格”②。这种“破格”了的游记或日记，虽也描摹风物景致，但它所关注的主要是现实的政治上、社会上的具有新闻价值的人事，是一种负载社会信息而具有文学色彩的报告。这种报告对于闭关锁国之中的中国读者，特具新闻的

① 梁启超. 新大陆游记［M］//钟叔河. 走向世界丛书. 长沙：岳麓书社，1985.

② 薛福成. 出使英法义比四国日记［M］//钟叔河. 走向世界丛书. 长沙：岳麓书社，1985.

价值。中国报告文学的这种情形与国际报告文学倒是接轨的。川口浩曾指出，“从 Feuilleton 到 Reportage 的推移”，还是因为这些新型的旅行记而实现①。

报告文学写作是一种社会传播行为。它已不是“实利所归，一人而已”的私人写作，而是一种“公诸万姓”，意归大众的社会性写作。传播性成为报告文学的显性特征，也是报告文学主体实现其写作价值的必要条件。发生期报告文学作者的传播意识是较为自觉的。梁启超称言：“吾辈之为文，岂其欲藏之名山，俟诸百世之后也，应于时势，发胸中所欲言。”②“应于时势”一语可做双解，其中既有“文章合为时而著，歌诗合为事而作”的正统文学理念，同时更反映了作者择取时事，应势传播，求速效于今的新的写作价值取向。基于写作意识在传播的思想，早期报告文学作者有“立言为公”的胸怀。康有为在《欧洲十一国游记》自序中说：“今欧洲十一国游既毕，不敢自私，先疏记其略，以请同胞分尝一脔焉。”③ 这种“分尝”——传播，意在使读者从中获得对国际社会的某种参照，进而“冀收利国利民之效也”④。

再从发生期报告文学的传播方式看，许多重要的作品都曾首发于新闻性报刊上。李圭的《东行日记》发表于《申报》，梁启超的《新大陆游记》面世于《新民丛刊》“临时增刊”。20 世纪 20 年代周恩来所做《旅欧通信》，连载于《益世报》。其时，不仅新闻类报刊登载报告文学，而且文学类报刊也扶持新起的新闻文学。像报告“五卅”事件的《五月三十日的下午》(茅盾)、《五月卅十一日急雨中》(叶圣陶)、《街血洗去后》(郑振铎）等作品都刊于《文学周报》。茅盾的一篇刊于6 月 14 日，叶圣陶、郑

① 川口浩. 报告文学论 [J]. 沈端先，译. 北斗，1932，2 (1).

② 梁启超. 三十自述 [M] //梁启超. 饮冰室合集. 北京：中华书局，1989.

③ 康有为. 欧洲十一国游记二种 [M] //钟叔河. 走向世界丛书. 长沙：岳麓书社，1985.

④ 李圭. 环游地球新录 [M] //钟叔河. 走向世界丛书. 长沙：岳麓书社，1985.

振铎的刊于6月28日，距“五卅”事件发生的时间很短，可见作品的新闻性较强。《文学周报》是文学研究会主办的刊物，宣称对“以文艺为消遣品，以卑劣的思想与游戏态度来侮蔑文艺，熏染青年的头脑的，我们则认他们为‘敌’，以我们的力量，努力把他们扫出文艺界以外”①。从刊名可见，刊物虽为文学之属，却也是具有新闻性的周报。再如“三一八”惨案发生后，许多作家写作了悼念殉难者、谴责专制残暴的报告文学，其中有朱自清的《执政府大屠杀记》、林语堂《悼刘和珍杨德群女士》等，发表在当月29日出版的《语丝》周刊上。考诸晚清及现代初期的新闻史和文学史，我们可以发现，长于传播社会性信息的文学报告，促进了新闻报刊的发展，而新闻类报刊或是兼具新闻性的文学报刊，又成为近世报告文学发生的重要渊薮。

二、启蒙性主旨

报告文学作为一种社会传播性写作，它具有独特的文体功能。报告文学发生的时代，正是古老而腐朽的中国封建社会分崩离析之时。列强蚕食，民不聊生，国运多舛，民族危亡。此间的有品位的报告文学，成为心系天下、怀抱使命的志士觉世新民、救亡图存的政治化宣言。作品的主旨显现出某种思想启蒙意义。

漫长的封建社会禁锢着人们的思想，“民议其政者有诛，民相偶语者有禁”，“庶人不议”，渐使大众丧失评议国事的机能。有清一代，文化专制的酷政尤甚，士人“避席畏闻文字狱，著书都为稻粱谋”。打破这种无言的沉寂，一直迟至近代。这并不出自于王朝的觉悟开明，而是导源于西风东渐，知识分子主体意识的开始自觉。时至近代，欧西资产阶级的民主自由思想开始输入中国，有识之士认同并接受了这种异质的新思维。他们结合中国

① 郑振铎．本刊改革宣言［J］．文学，1923，7（81）．

的实情，引申其意。“国也者，人民之公产也。”① “君权日益尊，民权日益衰，为中国政弱之根源。”② 在这种启蒙思想的影响下，“慷慨论于下事”成为知识分子的义事。此间，知识分子的批判意识和独立思考的品格得到了空前的强化。谭嗣同揭露晚清统治者“日存猜忌之心，百端以制其民”③，“一遇外侮，反靦然乐受，且召之焉”④，抨击皇帝“凭陵乎蛮野凶杀之性气以窃中国”，“其残暴无人性，虽禽兽不逮焉”⑤。而章太炎指名道姓地斥骂君王：“载湉小丑，未辨菽麦。”⑥ 晚清出现这种蔑视王权的情形，其意义并不在于它自身，而在于它昭示了当时民主自由思想已深入得风气之先的知识分子的人心。

从近代社会思想史的角度考察报告文学的发生，可见民主主义政治思潮的兴起，从客观上为报告文学的生成创造了一种能够言说的氛围。在这样的氛围中，知识分子更多地肩负社会自新与改造的责任感和使命感，并将写作视为他们进行思想启蒙的有效形式。“学者以觉天下为己任，则文未能舍弃之也。”⑦ 报告文学与政治有着某种亲缘关系，它之所以被视为“危险的文学样式”，主要是因为直接表述着作者对社会以及人物事件的政治性评判。这正如川口浩在评论莱渥·拉尼亚时所说的那样：“他的报告——那是基休也是一样——报告本身并不是他的目的，这种报告，只是斗争的一种武器，他并不是为着要使读者高兴，他的作品，要使读者生气地起来做政治上的斗争……”⑧ 考诸发生期报告文学作者的背景，我们可以发现他们中许多人是政治家，或是政治意味甚浓的记者、作家。梁启超自谓：“吾二

① 梁启超．少年中国说［M］//梁启超．饮冰室合集．北京：中华书局，1989.
② 梁启超．西学书目表后序［M］//梁启超．饮冰室合集．北京：中华书局，1989.
③ 谭嗣同．谭嗣同全集［M］．北京：中华书局，1981：220.
④ 谭嗣同．谭嗣同全集［M］．北京：中华书局，1981：33.
⑤ 谭嗣同．谭嗣同全集［M］．北京：中华书局，1981：349.
⑥ 章太炎．驳康有为论革命书［N］．苏报，1903.
⑦ 梁启超．湖南时务学堂学约［M］//梁启超．饮冰室合集．北京：中华书局，1989.
⑧ 川口浩．报告文学论［J］．沈端先，译．北斗，1932，2（1）.

十年来之生涯，旨政治生涯也……”① 其师康有为也称：“考政治，乃吾专业也。”② 其后的周恩来、瞿秋白，则更以政治家、革命家的身份写作《旅欧通信》和《饿乡纪程》《赤都心史》。即如自言无党无派的黄远生，也因为“他做了新闻记者，所以虽非政客、政治家及政治学者，也不能不谈政治”③。早期报告文学者的这种特殊资质与身份，使得他们的作品具有浓郁的政治色彩。这种色彩，从整体积极的角度而言，反映作者试图觉世新民、强化中华的爱国主义思想。

报告文学发生的时代，是一个内忧外患，令人不堪回首的时代。这个时期的许多作品，作者以沉郁凄厉的笔墨状写民族危机、百姓被难的惨酷生存状态，溢于字里行间的是强烈的危机意识。这从客观上警示读者从麻木不仁的变态中走出，密切关注现实社会，肩负起革故鼎新，安民强邦的社会使命。发表于《申报》1878 年 6 月 27 日的《豫行日记》一篇，典型地写出了天灾人祸、民生凄惨的社会图景。作品篇幅较短，但叙写颇细。取形具象，列举见数，情寓于叙事之间，读来令人心酸动容。作品写灾民“皆失人形，食树叶若甚甘”。“途中见鸟啄死尸甚惨……哀呼救命之声，呻吟垂毙之声，不绝于耳”。这是一种怎样的惨状，令读者不忍卒读。生灵涂炭，无以为生，于是又有“贩人”之情形可见：“予至西门外，见牛车十余辆，载女四五十名，哭声载道，闻河北人居多……同行七舟，均装妇女，共四十三名……见有武弁买一妇，年二十四五岁，系河南修武人，能工书算，计钱八十九千文，其夫文质彬彬，大约读书人，其别离之状，余见之肝肠亦断。”在这里，作者的列举深有意味。武弁所买大约是读书人之妻。有一定身份的人家尚且如此，那么卑微之属更有甚者，已可见于言外了。时隔 40 余年，百姓的命运未有善变。半封建半殖民地的多重压迫，使劳苦

① 梁启超．吾今后所以报国者［M］//梁启超．饮冰室合集．北京：中华书局，1989.
② 康有为．共和平议［M］．上海：长兴书局，1918.
③ 黄远庸．远生遗著［M］．北京：商务印书馆，1984.

大众处于“生莫如死”的凄悲之境。这可从刊发于 1920 年 11 月 7 日《劳动音》的《唐山煤矿葬送工人大惨剧》中见其一斑。一场瓦斯爆炸“致死者五六百人”，而矿局“预知有险，然而只知要煤，不顾工人死活”。“矿局年利八倍于资本”，而这是“拿人类生物的性命换得的”。作者以极度的愤懑，以辛辣的反讽，抨击现实社会的“暗无天日”：“那死尸拖出来时面带笑容……那真好像死比生好过些。不然，为什么死了还笑，生了反哭呢?”资本家“把生受罪的矿工送到死乐地”。这就是当时人民真实的生存图景!

近代积弱的中国多有外事，列强频仍发动侵华战争，企图瓜分中国，征服炎黄。于国难之中具有爱国心的作家，或是其他稍有良知的作者，以其亲身经历，对敌人的侵略行径做了实录。这些实录可见于阿英所编的《鸦片战争文学集》《甲午中日战争文学集》《庚子事变文学集》等。在这些实录中，作者讴歌了将士与平民抗敌的勇武气概，而更多的则以实况摄录了外敌蹂躏华夏的暴行。这些作品是对帝国主义侵略罪证的血泪控诉。在这一类作品中，林鞾的《被难始末记》“可谓自成面目，别擅体裁者矣”。这篇万言纪事，作者为晚清名妓。（一说作家惜秋生根据林鞾“口述而写，或就其原作润饰而成。”）作者以其亲历血写“洋兵”为恶的罪行：“……洋兵忽大至。两岸人声，霎时鼎沸，儿啼女哭，惨不忍闻。”“岸上未能渡之难民，遂有被洋兵杀死者，妇女辈皆为其拉去……河中死尸顺流而下，殆不可以计数。”一部中国近代史，就是民族劫难、同胞杀戮的血泪史。这滴滴殷红淋漓的血泪，敲击了久已麻木的心灵，唤起志士救国拯民的热情。

报告文学发生的时代，是一个需要摧枯拉朽，对现存社会进行批判的时代。“日之将夕，悲风骤至。”严酷的社会生存现实，唤醒先时或应时的思想文化精英，对社会政治做出前所未有的沉思。西风东渐的时代，民主自由、精神反抗，渐次成为一时社会之思潮。在这种背景下，社会批判成为走向反抗的思想者或文化人所肩负的历史使命。当时的报告文学作者，许多是兼具思想者品格的“担道义”而“著文章”的志士。报告文学成为他们论评天下，激扬文字的重要形式，其内含也就更多了一种批判的精神。批判本应是文学的基本功能。“文学作为一种意识形态话语的生产，其主要的功能之一就是对意识形态本身（尤其是主导的意识形态）提出挑战，这种挑战可以是某作家对现存的意识形态提出的直接质疑，也可以是某作家对意识形态内在矛盾所造成的批判性启示。唯其如此，文学才是是一种推进文化发展的积极力量，而不至于沦为现存意识形态辩护人的保守力量。”① 而就报告文学而言，观察其发生的历史，无论中外，它基本上是作为一种批判的武器为人文主义作家所运用。其基本的价值也在于此。

在中国报告文学的发生期，社会批判不仅必要，而且成为可能。王纲解纽的时代，为知识分子提供了一种任性言说的社会文化生态条件。不仅梁启超、黄远生的作品具有鲜明的批判性，而且五四时期和大革命时期的一些作品同样也以尖锐的批判见长，批判的主题取向贯穿于发生期的报告文学中。在《执政府大屠杀记》中，朱自清站在人道主义的立场，痛惜年轻生命被残害，斥责军阀政府是“无脸的政府”。报告“五卅”事件和“三一八”惨案的一批作品大都具有强烈的批判力度。而论及20世纪20年代报告文学的批判性，我们应特别给出郭沫若的《请看今日之蒋介石》。这是一篇檄文，它鲜明地凸现了一代知识分子处于弱势而无畏挺立的精神品格。作者与蒋介石决裂之时，正是蒋介石得势猖狂、革命处于低潮的阶段。“革命的悲剧，大概是要发生了。”“但我要反抗到底。革命的职业可以罢免，革命的精神是不能罢免的。”② 基于对正义的维护，对邪恶的憎恨，当时具有独立精神的郭沫若，义无反顾将蒋介石“阴贼险狠”、“背叛国家、背叛民众、背叛革命”的恶行昭告天下：“蒋介石已经不是我们国民革命军的总司令，蒋介石是流氓地痞、土豪劣绅、贪官污吏、卖国军阀、所有一切反

---

① 周宪. 超越文学：文学的文化哲学思考［M］. 上海：上海三联书店，1997：277.

② 郭沫若. 脱离蒋介石以后［M］//郭沫若. 沫若文集. 北京：人民文学出版社，1958.

动派——反革命势力的中心力量了。”“他的总司令部就是反革命的大本营，就是惨杀民众的大屠场。他自己已经变成了比吴佩孚、孙传芳、张作霖、张宗昌等还要凶顽、还要狠毒、还要狡猾的刽子手了。”中国报告文学发生时期的知识分子，虽然在整体上远不及近代俄国知识分子具有崇高的精神风范和深刻的思想性创建，但那种对于有关公共利益的深切关怀与责任心，在中国知识分子身上也是具有的，他们对于公益与公理的求取与守望，驱使他们抨击专制强权，批判惨酷现实。

发生期报告文学的批判性有着不同的表现形态。有的凌厉强势，剖揭入里；有的典型用事，取象寓意。但无论何式，都把批判的矛头指向没落腐败、反动为恶的统治者。梁启超的报告文学鲜明地烙有政论家的印记。势如破竹的议论，具有大当量的批判力度。他在《戊戌政变记》中叙写清廷残杀六君子时的一段议论，可谓典型一例。作者先引史实起兴：“宋秦桧之杀岳飞也，以莫须有三字断狱，后世读史者犹以为千古奇冤……”后陡转笔锋，直接抨击朝廷的野蛮无仁：“今大烈士之就义也，……诏命毋庸讯鞫，即便赴市曹处斩矣，夫不讯鞫而杀人，虽最野蛮之国，亦无此政体也。”作者将批判的锋芒直逼慈禧为首的清廷，将封建政体指为甚于最野蛮者的极恶之物。这种批判全无遮拦，振聋发聩。与此相似，黄远生的名篇《外交部之厨子》也是一篇颇具批判力度的作品。但批判力度的实现异于前者。作者择取典型，通过再现真实的人物形象，深刻地揭露晚清朝廷和北洋军阀政府的腐败。作品视角独特，所写人物余厨子“二十年内盘踞外交部中”，“声势与王公大人比隆”。这样一个人物巧于“连结宫禁，交通豪贵”之术，以致“家产宏富”，“巨金储之外国银行”。作者叙写人物行状，表似不露声色，据实道来，但无声胜有声。它从一个侧面照见统治者腐败之面影，抨击之意自是不言而喻了。更为辛辣入味的是作品在叙写人事之余，摄入“狗景”展览：

外务部之厨，暴殄既多，酒肉皆臭。于是厨子乃畜犬狗数十匹于外务部中养之，部外之狗，乃群由大院出入，纵横满道，狺狺不绝。而大堂廊署之间，遂为群狗交合之地。故京人常谓外务部为“狗窑子”。“窑子”，京中谓妓院也。

这里所写形似闲笔戏言，实为犀利入骨之辞。作者将统治者“锦衣”剥去还原其糜烂无耻本相。其揭露入深，近于观止。

报告文学发生的时代，也是国门启开、走向世界的时代。由各种原因造成的社会发展不平衡，使近代中国与西方和其他一些先进的国家发生了落差。其时，寻找救国方略的有识之士，既批判当时现存的社会政制，又将视线投向域外，有的远赴他国，实地考察西方近世文明及后起的社会主义苏俄。他们成为传播近代文明和人类进步事业的使者，并以此作为社会批判和社会改造的武器。晚清至20世纪20年代刊布的大量涉外作品，其中很多成为传播新事物、宣扬新思想的启蒙读物。这其中就有如前所述的具有报告文学属性的著述。学者钟叔河也曾注意到作品的启蒙意义。他认为《新大陆游记》“继续介绍了资产阶级一些主义和理论，以及资本主义经济、政治、社会各方面的情况，对当时闭目塞听的国人继续起了启蒙的作用”①。梁启超思想颇为复杂，但他对欧美社会情状的介绍大体真实，对“新大陆”的民主自由平等颇为倾心，“以其所知者贡于祖国”，以“尽国民义务之一端”：“美国劳力者之地位，亦日高一日。‘劳力者神圣也’，此言殆美国通用之格言也。”“美国大小官吏，率由民选。”作者还从美国的建筑中拣出民主政体的理念：“全都中公家之建筑最宏敞者为国会（即喀别德尔），次为兵房，次为邮局，最湫隘者为大统领官邸。民主国之理想，此可见。”这部作品发表于1903年，作者所宣扬的思想对尚处于封建专制统治下的中国读者，自有一种思想解放的激发力。它对于形成反抗封建、推翻帝制的社会思潮起到了某种前导作用。此外，梁启超在《新大陆游记》中还介绍到时

① 梁启超．新大陆游记及其他［M］//钟叔河．走向世界丛书．长沙：湖南人民出版社，1981.

新的社会主义，称“国家社会主义者，其思想日趋健全，中国可采用者甚多，且行之亦有较欧美更易者”。他还对社会主义党员表示敬佩：“吾所见社会主义党员，其热诚苦心，真有令人起敬者。”这大概也是我国早期评价社会主义的稀有文字之一了。

传播进步观念，介绍新生事物，是涉外报告文学所呈现的一种总体性倾向，它贯穿于整个报告文学发生期。先于梁启超的李圭，他的《环游地球新录》中的《女工院》，是近代最早倡导男女平等的作品。作者介绍“泰西风俗，男女并重，女学亦同于男。故妇女颇能建大议，行大事……外国生男喜生女亦喜，无所轻重也”。由此反观中国“有轻视女子者，有沉溺女子者……”进而作者指责“女子无才便是德”“惟此语为能误尽女子矣”。对封建礼教进行直接的批判，这是作者开眼看世界所得思想精进的结果。后于梁启超的瞿秋白于1920年赴苏俄考察，他此行的目的是“研究共产主义”，“研究俄罗斯文化”，从而“担一份中国再生时代思想发展的责任”①。很明显，瞿秋白是负有传播新思想使命的。他的两部旅俄作品《饿乡纪程》和《赤都心史》对列宁主义及其在俄国的成功实践，做了热情的报道，对苏俄社会的新景做了多彩的描绘，而这些诚如郑振铎所说：“令无数的读者对于这个人类历史上第一个出现的崭新的社会主义国家，发生了无限的向往之情。”②

发生期报告文学对现实惨酷生存状态的诉说，对专制腐败统治的揭露，对域外文明进步新风的借取，其主旨在于醒世、警世与觉世，并由此造就一代“新民”，强我中华。由此可见，发生期的报告文学对于晚清及至20世纪20年代国人的思想启蒙，是有独特的意义的。

---

① 瞿秋白．瞿秋白文集［M］．北京：人民文学出版社，1985.

② 郑振铎．记瞿秋白同志早年的二三事［M］//《忆秋白》编辑小组．忆秋白．北京：人民文学出版社，1981.

三、互文性表达

从文体内视角考察，一种新的文体，它产生于对原先存在的文体的创造性转化中。杂型文体则由多种文体的因素融和而创造性整合生成的新文件。作为杂文体的报告文学，它具有显见的互文体性（intertextuality），即在这一文体中关联着其他文体的质素，这些文体质素主要包括新闻性、政论性和文学性。这“三元”共构具有新质的报告文学。

杂体互文的报告文学是新闻，是政论，是文学，但又非新闻，非政论，非文学，而展呈出一种“杂化”的文本景观。“杂化”并非是机械性的运作，或是将各构成要素配比组合。其中，新闻性是它的“本姓”。传播真实、时新、典型的社会信息，是报告文学基本的文体使命。文学性是新体定名之要，由新闻转型为报告文学，文学性是定其大体的主要参数。新闻而富有文学之形质，则为报告文学，反之，则仍为新闻。报告文学是一种“硬”性文体，作品的思想硬度，不仅由其总体性构成实现，而且也体现在它对于非叙事性话语——政论的运用上。这种插入式的政论，或曰论评性的话语，将报告文学与一般的叙事性作品做了区别。因此，政论性也就成了报告文学重要的文体标记。我们或可做这样的譬说，报告文学姓新闻，名文学，号为政论。这三者杂成为报告文学。报告文学的这种杂体互文性，在发生期的报告文学作品中已有了初步的“完形”。我们指认 19 世纪中叶至 20 世纪 20 年代为报告文学的发生期，就基于这一时期的不少作品具有“三性”合成的事实。

发生期报告文学新闻性特征前有所述，这里着重述论文学性与政论性的若干形态与功能。新闻与报告文学有着某种亲缘关系。在新闻基础上而衍生出报告文学，这主要是由于文学的“加盟”。文学的内涵丰富而有相当的不确定性，但在我看来，完成文体转型的主要是作品对于人物的关注和对主体的张扬。

一般而言，新闻重视对于事态的报道，它对于人物的叙写，也重在人物对于事件的制造方面。而报告文学重事亦重人，它对于人物的报告，既重视对人物外在行为的展呈，又重视人物品性的透视。文学是人学。报告文学对人物及其品性的关注，使之部分地成为人的文学，这使“本姓”新闻的报告文学相应地增加了文学的品位。人物报告文学在作为中国报告文学重要奠基者的梁启超和黄远生等人的写作中，占有了较大的比重。尤其是梁启超写有康有为、李鸿章、戊戌六君子等人物报告。他既写轰轰烈烈的人物，也写“三先生”这些位卑而格高的无名者。《李鸿章》一篇信息量大，有一种历史感，作品另署《中国四十年来大事记》的文名。作品写出了人物的复杂性和人性的多维性。全篇以“吾敬李鸿章之才，吾惜李鸿章之识，吾悲李鸿章之遇”作为行文之纲。作品主写人物一生的风云大事，也以细节见露其“生平好用小智小术”的人品之短。从文学角度而言，梁启超的人物报告文学，其短制最见精彩，尤以《殉难六烈士传》为最。《殉难六烈士传》是一个总名，由叙写“戊戌六君子”的独立成篇作品组成。“六君子”人生之终是共赴国难，但其性自相见异。作者每写一人，必更新取事视角，以还原出人物特异的本貌，凸现对象兀自独立的品性。

黄远生也是一位叙写人物的高手。这位青年而被害的“报界之奇才”（戈公振语）于报告文学也有创体之功。有研究者认为：“我国报纸之有通讯，实以黄远生为始。”① 通讯最接近于报告文学，其优者就是报告文学。黄远生所写通讯，不少就可视为报告文学，像前述《外交部之厨子》即是。他写人物显形见性，“其文字就像他的人，活泼泼的。”② 他所写《记太炎》即将人物品性栩栩如生地端给了读者。章太炎为一代名人，因反袁倒袁而遭监禁，但他威武不能屈，“由检察厅起诉，曾被一次次传讯，而太炎乃以

---

① 黄流沙．从进士到记者的黄远生［M］//黄远生．远生遗著．北京：商务印书馆，1984.

② 黄流沙．从进士到记者的黄远生［M］//黄远生．远生遗著．北京：商务印书馆，1984.

病辞……中间数致函总统，颇致愤懑之意”。袁世凯软硬兼施，允诺“可月给薪水（闻每月五百元）”，章太炎“决不愿居此名”。当袁世凯拒见太炎时，“太炎大怒，大闹不行……总统闻之，无法可施”。作者在叙写人物行状品节时，插入太炎大闹总统府招待室的细节：“报载，其时只穿官靴一只，手执团扇一柄，下系以勋章。”黄远生多维度给出了章太炎刚正不阿，傲视权贵的气质和名节。人物的这种品节，被鲁迅誉为“先哲的精神，后生的楷范”。

相对于言志文或抒情性强的文体，新闻是一种客观性文体。它强调报道客观的事实，以求其信度。“让事实说话”，成为新闻制作的某种规范。这样，主体性在新闻中就被人为地弱化或隐化。而从新闻中化出的报告文学，其主体性就明显地得到了强化和外化。在不影响作品真实性的前提下，主体的理念和情感得到适度的张扬。这种变化有显见的语式标志。新闻在表达上多采用叙述和说明的客观性表达方式，而报告文学则综合运用客观性与主观性结合的表达方式。它以叙述、说明为主，同时也运用描写、议论和抒情。作品的表达显现出互文性的特点。政论性，被认为是报告文学的特征之一。这种政论性体现在作品对于论述性（议论）语言的穿插式的运用上。报告文学的这一语言特点，被称为“政论插笔”。这种插笔，在梁启超的报告文学中已有较为娴熟的运用。并且，在梁启超看来，他还是论评性插笔的始创者。他说：“中国旧文体，凡记载一人事迹者，或以传，或以年谱，或以行状，类皆记事，不下论赞，其有之，则附于篇末耳。”他认为《李鸿章》“此书全仿西人传记之体，载述李鸿章一生行事，而加以论断”①。实情近似所言。封建时代文网森严，文人慎言。至近代以降，言论自由已渐有开放，这也反映在发生期的报告文学中。《李鸿章》一篇在叙写人物活动及其背景时，作者时下论语，体现着报告文学政论插笔的体式。

---

① 梁启超．李鸿章传［M］//梁启超．饮冰室合集．北京：中华书局，1989.

梁启超之后，在报告文学中激扬文字，挥洒政论，已为习见。

报告文学一体崇高“思想为美”。精警的论评，表达深刻的思想，增强作品的力度。论评性是报告文学的重要体征。论当所论，议当所议，成为它的一种文体景观。发生期具有报告文学属性的作品，议论风发，从文体流变的外观看，这是由评论融入纪事、纪游所致；而就其深层透视，可见这关联了社会生态环境的变异。特别是知识分子在特定的语境中的自觉和由此开始寻得话语的自主，为报告文学论评性特征的呈现创造了根本性的条件。激扬文字，这在古代文学中，除先秦文学外，是鲜见的，而至近代以降庶几成为一种寻常的景观。梁启超等男性作家议论生风，领导文坛潮流。而女性作家也开始了思想性的表述。谢冰莹《从军日记·从峰口到新堤》一篇表达了她对女性命运的关切和思索。篇中有一节写到新堤街“有一件使我不满意的地方，就是环绕新堤居住的人家十分之九是‘窑子’”。叙写出这一事实后，作者展开思考：“这是谁的罪呢？她们不是为被万恶的金钱压迫而来的么？不是万恶的金钱使她们流为娼妓吗?”继之又做论理：“革命的同志们，我们不要责备她们无廉耻，无人格，我们要将她们的罪恶归咎于社会的经济制度，我们要想援救他们……就只有根本推翻现社会的经济组织，取消不平等的经济制度。要想解放她们……那就只有……与旧社会奋斗、奋斗、努力奋斗！！永久奋斗！！！”这种发人深省、力透纸背的论理，见于一个20岁的“女兵”笔下，在当时（1927年）可谓惊天之论。作者能从眼见的事实，透见其中的本质，锋芒指向现存的社会制度，其眼光之锐利，批判之深邃，使《从军日记》这部随笔式报告文学平添了分量。类似《从军日记》这种深刻的政论，在发生期报告文学中不乏其例。

发生期报告文学对主体的张扬，另见于此间作品情绪化的倾向。情绪化，在新闻中受到控制，而在报告文学中，它有时成为优化表达的一种策略。情绪既是主体感应外界而生之物，同时又能生成摇曳读者心旌的感染力。融情的叙事、论理和直接的抒情，使报告文学更见丰腴和情致。梁启超的作品，不仅政论“笔锋常带感情”，而且报告文学也写得情势盎然，读来别有一种“魔力”。这与作者的心理气质有关。梁启超自评：“我是感情最富的人，我对于我的感情都不肯压抑，听其尽量发展。”① 朱自清于“三一八”“屠杀后五日写完”的《执政府大屠杀记》，被称为“我国早期报告文学之佳作”②。情绪化，是这篇作品的特征之一。适应于情绪宣泄之需，作品多用感叹句，一篇之中用了40多个感叹号。开篇即情绪冲决：“三月十八日是怎样可怕的日子！我们永远不应该忘记这个日子！”至结尾处，作者对段祺瑞军阀政府屠杀爱国学生暴行的愤懑已如火山爆发：“我们国民有此无脸的政府，已何以自容于世界！——这正是世界的耻辱呀！”这种情绪化的表达，真实地扫描出作者在特定背景中的心境图，并且又易于引起读者情感的共鸣，有效地增强作品控诉与批判的力度。

发生期报告文学初步形成杂型体式，这与作者独特的资质构成有关。杂家型人物是这一时期报告文学作者的一种典型特征。作为发生期报告文学作者中的代表性人物，梁启超、黄远生、瞿秋白等便是复合型人物。梁启超是著名的报人、政论家和有一定创作实绩的文学家。黄远生为才华横溢的记者和论家、作家。瞿秋白作为革命的宣传家、政治家和新文学家而载入史册，他是以特派记者的身份赴苏俄考察，写作《饿乡纪程》和《赤都心史》的。这三位作者基本上由三种角色组合而成，而他们的记者（报人）、论家（政治家、学问家）和文学家的“杂色”，正好相应于报告文学新闻性、政论性、文学性的文体特征。可以这样认为，他们是以自己的本色在写作报告文学，而报告文学也映照出他们作为杂家的风采。

发生期报告文学作者尚无自觉的文体意识。时代的际遇和志士所负的社会使命，驱使他们自发地写作为后人称名为报告文学的作品。所以这一

① 梁启超．“知不可而为”主义与“为而不有”主义［M］//梁启超．饮冰室合集．北京：中华书局，1989．

② 中国报告文学丛书编辑委员会．中国报告文学丛书［M］．武汉：长江文艺出版社，1981．

时期的报告文学是不完善的。有的作品如梁启超《新大陆游记》、康有为《欧洲十一国游记二种》等，因作者思想的复杂而见良莠并陈。有的在表达上未臻成熟，如《戊戌政变记》叙述芜蔓，《李鸿章》政论过于恣意；有的则尚不能辨体，在《饿乡纪程》《赤都心史》中可见抒情诗等入内。但无论如何，作为一种历史性的存在，发生期报告文学自有其奠基意义。它立定了报告文学新闻性、政论性、文学性“三元”合一的基本体式，它的批判精神导引着后续的创作，并为发扬光大。

第三章

左联时期报告文学的突起

左联，是中国报告文学史上一个重要的关键词。芦焚在《中国新文学大系（1927—1937）·报告文学集》的序言中明确地指认："报告文学由'左联'的号召而兴起。"① 这个观点是符合文学史实情的。20 世纪 30 年代以前，历史上已经有报告文学，但它尚处在自发的阶段，并未取得独立的文体地位。"报告文学正式在中国新文学中确定了地位，成为中国新文学底一分支"，② 是在 20 世纪 30 年代。30 年代是中国报告文学由无名到定名，从蛰伏到突起的重要时期，而 30 年代报告文学的定名突起，正是左联大力倡导与积极实践的直接的结果。对此，许多研究者多有确认。早在 20 世纪 40 年代，以群就说："一九三二年以后，在中国革命的文学团体底有计划的推进之下，报告文学与'文艺通讯员'运动相结合，它底作者范围及于专

① 芦焚. 中国新文学大系：1927—1937：报告文学集［M］. 上海：上海文艺出版社，1985：序.

② 以群. 抗战以来的中国报告文学［J］. 中苏文化，1941，9（1）.

门文艺工作者以外的”各类人物，从而使这一时期的作品“更真实、更深刻、更动人地写出了中国人民大众生活底惨重与艰辛，同时也说明了中国报告文学底进一步跃进”。[①] 以群所说的“中国革命的文学团体”，就是中国左翼作家联盟。左联酝酿于1929年秋，成立于1930年3月2日，于1936年春，为建立更广泛的统一战线组织而自动解散。左联存在的6年，正好与我国报告文学由自发而至称名崛起的时期相契合。这种“正好”，并不是一种历史的偶合，而是在特定的社会生态中，由于左联的专门倡导与特别实践而造就的。左联促进了报告文学的发展，而报告文学的实绩，丰富了左联的文学内存。政治化的左联所生成的文本，成为特定历史时段报告文学发展的一种基础性的文体资源。

一、左联属性与报告文学体性

从形而上的层面观照，文体就像语言，色彩诸类是无性的，将意识形态的属性附加于文体，这是非学理的。就报告文学而言，有学者对这一文体“阶级性”的给定表示异议，认为“我国报告文学的发生与发展，确与无产阶级事业，与战争与政治有很大关系，但我个人不主张仅仅把报告文学说成是‘无产阶级的文体’。一种文体，不宜于与‘阶级’直接联系在一起的，这有可能缩小它的功能，使之走向狭窄化”[②]。从一般意义上说来，这无疑是正确的。但这只是问题的一个方面。将对象置于特定的具体文化政治生态中加以考察，其情形就会变得复杂起来。“语言、声音、文字，在它们作为一般抽象物的时候，并无政治文化意义，但当他们与某种特定的政治心理联系在一起的时候，就会成为政治文化的外延。”[③] 文体等一般被视为写作形式的，也有这样的变化。

① 以群．抗战以来的中国报告文学［J］．中苏文化，1941，9（1）．

② 雷达．序［M］//陈进波，马永强．报告文学探论．兰州：兰州大学出版社，1997．

③ 孙正甲．政治文化［M］．哈尔滨：北方文艺出版社，1992：84．

英国学者伊格尔顿指出："形式通常至少是一种因素的复杂统一体：它部分地由一种'相对独立的'文学形式的历史所形成；它是某种占统治地位的意识形态结构的结晶……马克思主义批评所要分析的正是这些因素之间的辩证统一关系。因而，在选取一种形式时，作家发现他的选择已经在意识形态上受到限制。他可以融合和改变文学传统中于他有用的形式，但是，这些形式本身以及他对它们的改造具有意识形态方面意义的。一个作家发现身边的语言和技巧已经浸透一定的意识形态感知方式，即一些既定的解释现实的方式。"① 童庆炳在论述同一话题时显然受到了伊格尔顿的启发。论及形式的意识形态性，童庆炳认为："艺术家们选择什么样形式，如何运用某种形式，都不是与思想意识无关的小事。形式的选择与运用往往反映了时代的、阶级的意识形态，也充分地体现了艺术家个人的感知现实生活的方式和对生活的认识的深度和广度。""形式中有意识形态的投影。"② 上述的阐释完全适用于我们对报告文学这一文体在具体的历史语境中生成意识形态属性的分析。

报告文学的意识形态化，这是一种历史与主体附加的属性。它显见于这一文体颇为特殊的传统。报告文学文体发生于近代，一些具有近代意识的作家以此作为观照现实，揭示社会真相，表达人文精神等的一种方式。近代社会的风云变幻"要求着斗争意识强烈的作家们采取最快的手法和最直接的方式来加以反映和批判"，"'报告'作家的主要任务是将刻刻在变化、刻刻在发生的社会的和政治的问题立即有正确尖锐的批评和反映。"③ 报告文学在近代的生成，这是时代对其选择的结果。从国际报告文学的发展史看，早期的许多作品，为有意识形态倾向的作者用以社会批判或本阶级本集团价值信仰的歌颂。其中的一些作品特别地受到无产阶级领袖人物

① 伊格尔顿. 马克思主义与文学批评［M］//陆梅林. 西方马克思主义美学文选. 桂林：漓江出版社，1988：686.

② 童庆炳. 文体与文体的创造［M］. 昆明：云南人民出版社，1992：292.

③ 茅盾. 关于"报告文学"［J］. 中流，1937，2（11）.

的重视。有的领袖甚至亲炙其体。巴黎公社革命参加者、新闻记者利沙加勒所写的《一八七一年公社史》，再现了巴黎公社斗争的历史性进程。它被黄钢认为是国际报告文学史上第一个重要的里程碑，是“一部开创性的”①著作。这部长篇报告文学法文原著初版于1876年。当法文版尚未面世的时候，马克思就致函德国出版家白拉克，建议出版德文译本。他高度评价利沙加勒的作品，认为“这将是第一部真实可信的公社史。利沙加勒不仅利用了所有已经出版的资料，而且掌握了所有其他人不易得到的材料，更不用说他所描述的事件大部分是他亲眼看到的”。恩格斯以自己的写作实践丰富了早期的报告文学创作。《马克思恩格斯全集》第五卷主要收录了两位马克思主义创始人发表在《新莱茵报》上的文章。其中由恩格斯撰写的《6月23日事件的详情》《6月23日》《6月24日》《6月25日》和《六月革命（巴黎起义的经过）》等五篇，是对1848年6月巴黎工人起义所做的连续性的深度报道。作品对起义的叙写“力求尽量忠实”，各篇内容互相关联，对起义全程的报告细致、清晰，不乏形象，且洋溢着浓郁的感情色彩，表达了作者对起义工人的崇敬：“工人在战斗中表现出来的那种英勇精神真是令人惊叹！”同时作品又揭露了资产者“杀戮野兽一样杀戮工人”的“狂暴性”。这部作品被研究者认为是“最早的无产阶级报告文学作品”。②

美国共产党员，著名的国际报告文学作家约翰·里德于1917年在彼得堡做了深入的观察调查，实地采访攻打冬宫的战斗，于1918年撰写了长篇报告文学《震撼世界的十天》。这部作品详尽真切地描述了十月革命最初几天彼得堡发生的重大事件，热情地记录了世界上第一个社会主义国家诞生的历史实况，因而获得列宁的高度评价。列宁以极其兴奋的心情，亲自为《震撼世界的十天》美国版撰写序言：“我衷心地把它推荐给全世界的工人

① 黄钢．总序［M］//中国报告文学丛书编委会．中国报告文学丛书．武汉：长江出版社，1981.

② 杨如鹏．国际报告文学的起源、形成和发展［M］//尹均行，杨如鹏．报告文学纵横谈．成都：四川人民出版社，1983.

们。我希望这本书能被印成千百万册，被译为各种文字，因为它给那些对于理解什么是无产阶级革命和无产阶级专政具有重要意义的事件，做了正确而异常生动的描写。”报告文学发展中的这种情由，使之渐次积淀了某种意识形态的因素，形成政治文化色彩比较鲜明的文体传统。

报告文学作家对现实、观照、反映、剖析方式的选择，部分地也受到意识形态的影响，即某种特殊方式的选择，反映着主体对某种意识形态的趋近或认同。报告文学是以非虚构的方式直接反映当下现实的一种体裁，并且这种反映还要求作者直接地评判对象。日本文艺家川口浩在诠释这一文体时指出：“报告文学的最大的力点，是在事实的报告。但是，这决不是和照相机摄取物象一样地，机械地将现实用文字来表现。这必然的具有一定的目的和一定的倾向。”川口浩认为：“和左拉的例子一样，只将现实平实地描写，决不能成为真实的报告者的。”对于怀具政治心态的报告文学作家而言，“报告本身并不是他的目的，这种报告，只是斗争的一种武器，他并不是为着要使读者高兴，他的作品，是要使读者生气地起来做政治上的斗争”①。在现实急变，社会矛盾激化，政治主体冲突剧烈的时代，以现实报告为职志的报告文学作者，他很难寻找躲避政治化“浸透”的伊甸园。他们在作品中所表现出的“目的”和“倾向”，必然地打上阶级的、集团的、民族的价值观念的烙印。在这种时期选择报告文学的方式反映生活，从某种意义说，也就意味着对某种意识形态的选择。

从报告文学发展史的某一阶段加以考察，可以发现这一文体往往成为“在野”阶级进行社会发言的一种制式，成为“政治亚文化”的构成因素。政治亚文化或曰“政治次文化”。“在较具冲突性的政治文化中，在政府的正当性和解决问题的途径这两个问题上，公民间观点相互对立”，“公民政治态度和价值上发生严重分歧的时候，就出现我们称之为‘政治次文化’

① 川口浩. 报告文学论［J］. 沈端先，译. 北斗，1932，2（1）.

（Political subculture）的那种群体，它们……在一些基本问题和意识形态等问题方面都持有不同的看法”①。政治亚文化群体对国家政治体制及其意识的对立、拆解等，导引其操用一些有着某种反主流文体传统，又有一定现实秩序颠覆功能的文类。在二三十年代的大半时间里，国共两党尖锐地对立着。蒋介石政权在1927年对共产党及其左翼力量进行疯狂的镇压，实行专制独裁统治。中国共产党对此进行了针锋相对的斗争。血雨腥风的阶级斗争广泛而深刻地影响或决定着当时中国的社会生活，包括文学的存在。对这一时期政治与文学的关系，有学者做了甚为系统而深入的论析，从文学群体的政治功能，文学论争主体的政治立场，作家文学选择时政治意识的驱动等方面，全面揭示了政治文化对文学制控所生成的独特景态：“30年代特殊的政治文化语境构成了特殊的文学氛围，它在很大程度上决定了文学的生存状况，产生了特殊的文学现象，并由此形成了文学发展在总体上的政治化趋向”，而“某些特殊的文体形式的盛行”② 也与其时“非官方的普遍的政治风气、政治需求和普遍的政治心态”紧密相关。报告文学在20世纪30年代的盛长，就是因为时代造就了适宜于报告文学发展的政治文化生态。

报告文学文体吸附的意识形态因素与中国左翼作家联盟的性质及其政治文化策略，在很大程度上实现了契合。报告文学并不是一种纯文学的体裁，左联也不是一个纯文学性质的组织。关于左联的性质，在左联通过的有关重要的决议中有明确的表述：“‘左联’这个文学的组织在领导中国无产阶级文学运动上，不容许他是单纯的同业组合，而应该是领导文学斗争的广大群众的组织”③“中国左翼作家联盟在目前不独是中国无产阶级革命

---

① 阿尔蒙德. 当代比较政治学［M］. 上海：上海人民出版社，2010.

② 朱晓进. 文学与政治：从非整合到整合：20世纪中国文学的政治化思潮管见［J］. 社会科学辑刊，1999（5）：152－155.

③ 无产阶级文学运动新的情势及我们的任务［J］. 文化斗争，1930，1（1）.

文学的基本队伍，且又负起中国无产阶级革命文学总的领导任务”①。要之，左联首先是一个具有政治属性，或政治亚文化性质的文学组织。用萧三的话说：“左联内部工作许多表现，也绝不似一个文学团体和作家的组织……而是一个政党，简单说，就是共产党!”② 在左联这里，革命是第一的，文学居其次，革命的文学家“应该不迟疑地加入这艰苦的行动中去，即使把文学家的工作地位抛弃，也是毫不足惜的”③。在左联的旗帜上，染上的是鲜明的、革命的、无产阶级的政治色彩，它以“求新兴阶级的解放”，“反对一切对我们的运动的压迫”为“行动总纲领”。基于这样的纲领，左联将“吸收国外新兴文学的经验”、“提拔工农作家”、“确立马克思主义的艺术理论及批评理论”、“从事产生新兴阶级文学作品”、加强出版等五个方面作为“主要的工作方针”。④ 值得我们注意的是左联将“吸收国外新兴文学的经验”标列其首。左联对国外新兴文学特别重视。后来成为左联机关刊物的《大众文艺》月刊在第2卷3、4期上推出“新兴文学专号”，介绍苏美德日英法等国的文学，而报告文学是新兴文学的重要文类。左联对新兴文学的倡导，部分地可以被视为是对报告文学的倡导。

二、价值定位与组织化推进

在左联的框架中，报告文学被赋予了无产阶级文学的使命，因而被认定为一种无产阶级的文体。在《无产阶级文学运动新的情势及我们的任务》这一决议中，左联首次明确地提出“创造我们的报告文学”：

> 从猛烈的阶级斗争当中，自兵战的罢工斗争当中及如火如荼的乡村当中，经过平民夜校，经过工厂小报，壁报，经过各种煽

---

① 中国无产阶级革命文学的新任务［J］．文学导报，1931，1（8）．

② 肖三．肖三给左联的信［M］//马良春，张大明．三十年代左翼文艺资料选编．成都：四川人民出版社，1983．

③ 左翼作家联盟的两次大会记略［J］．新地月刊，1930．

④ 中国左翼作家联盟的成立［J］．拓荒者，1930，1（3）．

动宣传的工作，创造的我们的报告文学（Reportage）吧！①

这里，报告文学的所有格是“我们”。在左联看来，报告文学为“我们”所有，具有多重意义：大众化——“这样，我们的文学才能够从少数特权者的手中解放出来，真正成为大众的所有”；革命化——“这样，才能够使文学运动密切的和革命斗争一道的发展，也只有这样，我们作家的生活才能切实的改变”。由此可见，左联所倡导的报告文学，是具有“无产阶级斗争意识”的文学，是反映人民大众斗争生活的形式大众化的文学。斗争的、大众的、无产阶级的报告文学，也就成了特定时期具有特殊战斗功能的“时代文学”。“报告，不但它所反映的生活形象在创作内容上引进了广茂的现实世界，使文艺主题和时代内容走向了进一步的接近，而且，它的通过个别事件底特征的内容来反映时代性格的艺术方法，也争得了作为战斗的文艺体裁（genre）底存在。”② 报告文学与左联的结缘，是特殊的文学样式与无产阶级文学特殊需求之间所达成的一种“双向选择”。作为战斗的体裁，报告文学自然成为左翼文学优选的一种“利器”，而报告文学也正是在革命文学的助推中而异军突起。

无产阶级要实现其政治行为的最大效值，就必须组织动员人民大众；与此相应，无产阶级文学履行其阶级的使命，就必须推进文学大众化的运动。“文艺大众化”是左联力倡与特别运作的主题性话语。左联是在“文艺大众化”的总体格局中，推进报告文学创作的。工农兵通信员运动的开展和报告文学的写作，是实施“文艺大众化”策略的具体举措。大众化的报告文学既有如上所述的题材选择与主题取向等方面的规约，又有表达形式等方面的要求。1931 年 11 月左联执委会通过了《中国无产阶级革命文学的新任务》的决议，其中关涉报告文学等的一些表述，就是从形式大众化的

---

① 无产阶级文学运动新的情势及我们的任务［J］. 文化斗争，1930，1（1）.

② 胡风. 民族战争与新文艺传统［M］//胡风. 胡风评论集. 北京：人民文学出版社，1984.

角度加以考虑的：

> 作品的体裁也以简单明了，容易为工农大众所接受为原则。
>
> 现在我们必须研究并且批判地采用中国本有的大众文学，西欧的报告文学，宣传艺术，壁小说，大众朗诵诗等等体裁。[①]

将报告文学归属于西欧，这种指认并不确切。20 世纪 30 年代引进的只是报告文学的文体名称，而并不是文体的整体。左联的表述导致了一些误解，如贾植芳就认为："报告文学作为一种新兴的文体，是三十年代初期，我国左翼文艺运动兴起时期，我们把它当作国际无产阶级文艺运动中所发现的一种新式文艺武器介绍进来并学习运用的。"[②] 我以为吴福辉的言说倒是比较唯实的，他以为"正式由外国传入'报告文学'这个名称（从英语 Reportage 译出），并有意识地提倡这种文体，是和三十年代的'左联'分不开的"[③]。左联提倡报告文学，着眼于内容与形式两端。就形式而言，要求它与"壁小说""大众朗诵诗"等一样，在表达上简单明了，容易为工农大众所接受。报告文学的文体基础是新闻，它是一种旨在进行传播的写作方式。左联的决议从接受与传播的角度设计报告文学的形式规范。这既合乎报告文学的文体特性，又有利于作品的传播。具有无产阶级斗争意识的报告文学只有在广泛的传播与接受中，才能实现它的文体使命。对于包括报告文学在内的大众文艺，左联是特别重视的。在 1932 年 3 月 9 日秘书处扩大会议决议《各委会的工作方针》中，将"创作革命的大众文艺（壁报文学、报告文学、演义及小调唱本等等）"，列为"众委（大众文艺委员会——引者注）目前最紧要的工作"的头条。

左联对报告文学的提倡，大者由决议做出安排，小者见诸征订启事。在刊于 1930 年 8 月 15 日《文化斗争》第 1 卷第 1 期的《左联中心机关杂志

---

① 中国无产阶级革命文学的新任务［J］. 文学导报，1931，1（8）.

② 贾植芳. 序［M］//范培松. 报告文学春秋. 长春：吉林文史出版社，1989.

③ 钱理群，吴福辉，等. 中国现代文学三十年［M］. 上海：上海文艺出版社，1987：388.

征求直接订户》的广告中就有这样的文字：

从农村，工厂，战线，一切地下层，同志们，快送你们的报告来!!!

左联中心机关杂志迫切地需要此类文字，火急送来，以一切革命情绪，斗争感情，生活苦痛，来充实革命运动啊!

征订广告中特别激动地加以标出的“报告”，就是通常所称的报告文学。广告文字简短，但它言简意赅地揭示了左联所提倡的报告文学的取材、内涵以及重要的功能。一种文体，被这样多方位地举拔，这在左联时期乃至在整个新文学中并不多见。

左联将报告文学作为无产阶级的、大众化的一种文学样式加以举拔，这使左联时期的报告文学相应呈现出一些独特的性状。首先表现在题材方面就是大量地反映工农兵大众的生活与斗争。“从农村，工厂，战线，一切地下层”取材。楼适夷的《战地的一日》、白苇的《火线上》、戴叔周的《前线通信》等摄取了有关抗日斗争的场景；突如（夏衍）的《劳勃生路》、苍剑的《矿工手记》等则表现工人的斗争与惨苦的生活；而刘志清（柔石）的《一个伟大的印象》则直接取材于无产阶级（苏维埃）的革命活动。

柔石的《一个伟大的印象》（发表时署名刘志清）值得我们关注。这是一篇体现左联报告文学价值取向的代表性作品。柔石任左联执委、常委、编辑部主任，1930 年 5 月入党。他的作品是对左联设计的报告文学范型的一种实践。《一个伟大的印象》直接反映无产阶级革命，直接表达无产阶级的思想，是文学与革命相结合的一个例证。这一作品发表在左联机关刊物《世界文化》1930 年 9 月出版的创刊号上。该期的《编辑后记》中称“刘志清君的《一个伟大的印象》的通信，不但是难得的报告，又是很好的文学作品”。“报告”，是报告文学的另一称名。《一个伟大的印象》的“难得”又“很好”，主要在于作者真切而热情地报道了在上海召开的全国苏维埃区域代表大会的景况。柔石作为左联的代表，参加了这一次会议。作者以这种特殊的身份写作自己亲历的革命活动，全篇洋溢着革命人的政治激情。作品以《国际歌》中“这是最后的斗争，团结起来到明天，INTERNATIONAL，就一定要实现!”开篇，内中运用了许多政治色彩鲜明的语汇：“同志”“革命”“苏维埃”“共产主义”“红军”“无产阶级”等，甚至还有“打倒军阀!”“打倒帝国主义!”“猛烈地扩大红军!”等口号。但柔石的作品并不是概念化的，其中有生动的场景的描写，有对人物特征的凸现，并且通过有效的穿插，表现出苏区生活的若干细节。因此这部作品确如编者所说既是报告，又是文学。

其次，作品更多地采用通俗易懂的大众化形式。左联接受革命文学的主张，特别重视文学的宣传功能。因此作品的形式设计充分考虑到让更多的大众能够接受。有一些报告文学直接采用了壁报的形式。如署名突如（夏衍）的《劳勃生路》，副题用“××棉四厂工场壁报第十号号外”标出，作品中的小标题采用新闻标题的形式：“沪西民众反日大示威”“大自鸣钟下集合群众万余”“打死日捕，走狗!”三题分行排列，显得简洁醒目。作品第三部分“受伤工友访问记详”，以问答的形式写出，运用底层劳动者的口语，述事朴素明白，生活化的语言写出工人生活、斗争的原色。

左联不仅基于自己的文化策略特别提倡报告文学，而且以建设性的实践，富有成效地促成了中国报告文学的崛起。左翼作家的报告文学实践是全方位的，包括译介、研究和创作，也具有某种“全员”性。左联的许多重要成员都参与这一实践。作为左联盟主的鲁迅，他对写实的、反映被压迫者生活斗争的报告文学给予了关注和评价。1932 年 9 月 19 日，鲁迅在他为所编辑的苏联短篇作品集《一天的工作》写的后记中，指认集中的《枯煤·人们和耐火砖》一篇“不只是‘报告文学’的好标本”，而且也“是实际的知识和工作的简要教科书”。次年 5 月，鲁迅为曹靖华翻译的高尔基所著的《一月九日》题写“小引”，认为报道沙皇独裁统治与工人英勇斗争信息的"这小本子虽然只是一个短篇，但以作者的伟大，译者的诚实，就正是这一种范本"。他指出这一类作品"从此脱出了文人的书斋，开始与大众相见，此后所启发的是和先前不同的读者，它将要生出不同的结果来"①。20世纪30年代以前，报告文学还是一种没有自己名号的文体。行至30年代，报告文学虽然称名而流行，但在一些以小说、诗歌为文学正宗的文学家那里，报告文学是一种等而下之的文体："对于这种文体底出现，曾经有人煞有介事地下过批评，说这是四不象的东西，破坏了小说底'样式'，亵渎了文艺园地的神圣。"② 因此，鲁迅对报告文学的肯定，既是对左翼作家创作的直接导引，又是对报告文学文体地位的有力提升。重视报告文学，是左翼作家的共识；有为于报告文学，成为他们中许多人的同一追求。30年代，左翼作家在中国报告文学史上原创了许多具有历史价值的成果。

对域外报告文学信息与理论的译介，并在此基础之上进行初步的研究，是左联对报告文学发展做出的重要贡献。左联成员冯宪章、陶晶孙在译介国外新兴文学的动态时，最先将报告文学英文音译和意译的文体名称介绍给读者。此后不久，袁殊于1931年7月在《文艺新闻》18期上发表了《报告文学论》。这篇论文是国内最早译介报告文学理论的文章。袁殊为左翼新闻工作者，据赵风《袁殊传略》说，他"参加'左联'工作，还以《文艺新闻》代表身份当选为中国文化同盟总会（简称'文总'）常务理事，和潘梓年、朱镜我共同负责'文总'的日常事务"③。1931年10月入党，后进入隐蔽战线从事对敌斗争，袁殊一生充满了传奇色彩。《报告文学论》原是讲演稿。作者说他于"1931年6月11日，曾以这个题目在上海劳动大学劳动文艺研究会讲演"。就这篇文章的内容看，它主要转述了日本川口浩的同

① 鲁迅．译本高尔基《一月九日》小引［M］//鲁迅．集外集拾遗．沈阳：辽海出版社，2009．

② 胡风．关于速写及其他［J］．文学，1935，4（4）．

③ 赵风．袁殊传略［M］//《袁殊文集》编辑组．袁殊文集．南京：南京出版社，1992．

名论文，对传播国际报告文学的理论信息，起到了积极的作用。

袁殊以外，左联期间对报告文学理论有所研究的还有胡风等。胡风1933年从日本回国后，即参加了左联的领导工作，“七月初，被驱逐回上海。即在左翼作家联盟任宣传部长，数月后改任书记”。① 胡风发表于1935年2月的《关于速写及其他》，是一篇标志着我国报告文学理论由译介转述走向独立研究的重要论文。在这篇论文中，已没有了搬用国外报告文学理论的大段引述，有的是论者对报告文学文体独特的理解和阐释。而且作者不是从文学政治化的角度，而是注意到从文学本体的角度论析报告文学的体性。胡风通过将对象与诗歌、散文、杂文、小说等文体的比较，描述出报告文学文体杂交性的情状，概括了它基本的文体特征：新闻性、文学性和论评性。胡风论述的“速写”，即报告文学。他认为：“‘速写’，就是这种杂文底姊妹。”意在强调这一文体应“更生动更迅速地反映并批判社会上变动不息的日常事故”，应由“形象的侧面来传达或暗示对于社会现象的批判”。② 胡风对报告文学“批判”功能的关注，具有十分重要的理论意义。胡风在抗战期间创办《七月》等刊物大力倡导报告文学，积极扶持丘东平、曹白、阿垅等报告文学作者，使他们成为现代重要的作家。对《七月》的意义，胡风自己曾有评价：“《七月》上从实际生活中（特别是共产党所领导的部队和地区）来的作者，主要地以诗和报告冲破了文坛上热烈但却浮嚣的、正统的但却陈腐的文风，为现实主义开拓了道路，得到了读者的接受。”③

钱杏邨（阿英）也是左联的一位重要领导成员。在左联成立大会上，与鲁迅、沈端先三人被推定组成主席团，曾任左联党团书记。钱杏邨对报告文学发展做出的努力是独特而重要的。他主持选编的《上海事变与报告

---

① 胡风. 我的小传［J］. 新文学史料，1981（1）.
② 胡风. 关于速写及其他［J］. 文学，1935，4（2）.
③ 胡风. 胡风晚年作品选［M］. 桂林：漓江出版社，1987.

文学》，是现代第一部报告文学作品集。阿英做有《从上海事变说到报告文学》的序言。他对“一·二八”事变中中国人民对日寇的英勇反抗给予了高度的评价；通过转述、引用川口浩、基希的观点，阐释报告文学的文体特征及其写作主体应具有的基本质素。论及作品集编辑的目的，阿英以为：“第一，是为着纪念这一次伟大的事变……第二，是使青年读者能把握得Reportage这一文体的在这一时代的重要性，努力的加以学习。”① 由此可见，编辑者有着促进报告文学文体发展的明确的意图，尽管所选作品质量不一，故而并不是一个报告文学的范本。但《上海事变与报告文学》的编辑出版的意义是显见的，它不仅保存了珍贵的史料，而且也是对新兴的报告文学的一次隆重的张扬。

国际报告文学研究者T. 巴克指出：“报告文学的物质基础是报纸。”报告文学作为一种社会传播性的写作形式，它的发展依赖于传播媒体的支撑，而报刊成为报告文学流通的最重要的载体。左联时期报告文学的快速发展，与左联机关刊物和左联领导的进步报刊对报告文学的重视有关。左联把“出版机关杂志及丛书小丛书等”作为“主要的工作方针”之一，而从左联的有关决议以及刊物征订广告等中可见，左翼刊物是擢拔报告文学这种新文体的。据姚辛《左联词典》统计，左联报刊有52种，其中《北斗》《文学导报》《世界文化》《文学》《文学月报》《大众文艺》《文艺新闻》《文艺月报》《今日文学》《十字街头》《海燕》《萌芽》《文艺》等都曾刊载过报告文学的作品、译论或理论研究的文章。在同期，左联刊物较其他刊物发表报告文学的数量要多。《中国新文学大系（1927—1937）·报告文学集》共收录左联时期的作品29篇，其中16篇是在左联刊物上发表的。《中国报告文学丛书》第1卷第1分册，收录左联时期作品18篇，其中11篇发表在左联的刊物上。《文艺》月刊等还开设了报告文学专栏。在该刊创刊号

---

① 阿英. 从上海事变说到报告文学［M］//中国报告文学丛书编委会. 中国报告文学丛书，1981，1（3）.

和第2、第3期的专栏中，发表了尹庚的《从美洲带来的故事》（连载）、拙夫的《一群》、丘东平的《滦河上的桥梁》、周汶的《抢险》、劳生的《石塘》等。《世界文化》是左联的机关刊物，在其创刊号的《编辑后记》中就宣言："《世界文化》是这个对立斗争中产生出来的文化之忠实报导者……它报告资本家阶级的残酷统治（白色恐怖、法斯蒂化），也报告中国的无产阶级的阶级斗争，也报告各国的解放运动。它报告无产阶级文化的发展，也报告歪曲、反对、压迫无产阶级文化的各种实情。它报告国内文化上种种组织和建设。"由此可见，发表过《一个伟大的印象》这一作品的《世界文化》是以"报告"为其要务的。由丁玲主编的左联机关刊物《北斗》，倡导报告文学多有实绩。除刊发沈端先译川口浩著的《报告文学论》外，还发表了许多重要的报告文学作品，有丁玲《多事之秋》、杨格《长江风景》、芦焚《请愿正篇》、戴叔周《前线通信》、白苇《墙头三部曲》等。

在众多重视报告文学的左翼刊物中，应当特别提及的是《文艺新闻》。《文艺新闻》于1931年3月16日在上海创刊，主编为袁殊。对该刊于报告文学发展所发挥的作用，以群在20世纪40年代曾有评说。他认为："在'一·二八'的时期中，对于报告文学尽力最大的，是当时唯一的文艺报导性刊物《文艺新闻》，大部分短小的报告文学作品都是发表在这刊物上的。在这同一时期，这个刊物第一次介绍了报告文学底初步的理论，这也是中国关于报告文学理论底最初的介绍。"[①] 为及时报道"一·二八"事变，《文艺新闻》出版战时特刊《烽火》，共13期，并结集出版《上海烽火》。它还热心于介绍报告文学的研究成果，普及报告文学的基础知识，开设"给在厂的兄弟"专栏，发表了《关于工厂通信的任务与内容》《如何写报告文学》等文章。据袁殊回忆，《文艺新闻》是根据左联领导成员夏衍的意见而提倡报告文学的："《文新》初期，我便与夏衍相识了……他经常提供

① 以群. 抗战以来的中国报告文学［J］. 中苏文化，1941，9（1）.

‘左联’的消息。”“夏衍首先提出‘报告文学‘的名称，并要求《文新》提倡。楼适夷写了几篇倡导文章，并翻译了日本《赤旗》杂志的墙头小说——《洼立》，作为报告文学的介绍。根据夏衍、适夷和我的讨论，并参照了苏联的理论，我写了《报告文学论》一文……”① 袁殊的回忆有两处不确。报告文学的名称并不是由夏衍首次提出；他们的参照物，应是日本川口浩的同名论文，而不是苏联的理论。但袁殊的回忆证实了《文艺新闻》受左联影响而力倡报告文学的史实。

三、“报告文学年”的实绩和意义

1935 年 11 月，远在莫斯科的萧三根据王明等人的指令，写信给左联，提出：“我们的工作要有一个大的转变”，“在组织方面——取消左联，发宣言解散它，另外发起组织一个广大的文学团体，极力夺取公开的可能，在‘保护国家’，‘挽救中华民族’，‘继续五四精神’或‘完成五四使命’，‘反复古’等口号之下，吸引大批作家加入反帝反封建的联合战线上来。”② 1936 年春，左联党团负责人周扬等根据新的形势和萧三来信的要求，在与党中央失去联系的情况下，决定解散左联。从左联的内部情况和当时民族的使命看，左联的解散是顺乎大势的。

左联与中国报告文学的发展密切相关，左联存在的 6 年，为报告文学的发展做了铺垫与蓄势。它使报告文学在中国现代文体序列中有了自己正式的文体命名，同时，左联的大力提倡与积极实践，在客观上又提升了它的文体地位。另外，有一点是特别重要的，这就是左联为报告文学准备了人才。但左联的解散又没有影响报告文学的进一步发展。这是因为解散的只是一个政治化的文学组织，而文体是无法“解散”或取消的。报告文学在

---

① 袁殊．袁殊文集［M］．南京：南京出版社，1992：67 - 68.

② 萧三．萧三给左联的信［M］//马良春，张大明．三十年代左翼文艺资料选编．成都：四川人民出版社，1983.

特定的时代中，依据它内在的某种规律而发展。左联的解散也并不意味着作家创作的“歇业”，具有左联情结，钟情于报告文学的作家继续有为于这一独特的文体。这正是1936年形成“报告文学年”的一个背景。

在现代中国报告文学史上，1936年是不能被删除或淡写的年份，就像1988年一样。这一年在某种程度上显示着报告文学的真正繁荣，而且应该说是第一次的繁荣。言及繁荣，当然应该有一个量的标志。仿照高尔基《世界的一日》，由茅盾等发起的《中国的一日》征文活动，掀起了空前的报告文学写作热潮。这年9月，收录490篇、合80万字的《中国的一日》，由上海生活书店出版。此外，1936年除群众性的写作外，诸多作家、记者如王统照、萧军、范泉、夏征农、萧乾、洪深、王任叔、白薇、孙陵、范长江、宋之的、夏衍等发表了众多的作品。由梁瑞瑜选编的《活的记录》也在这一年由上海天马书局推出。这部作品集收录了从1932年到1936年各种报刊上的各式报告文学52篇，编选者在本集序言中有一释名：“因为都是活生生的真实的生活的记录，所以就称这辑子做‘活的记录’。”他以为“没有一篇是存心造作的‘文章’，全部都是活的现实生活的‘记录’，——它们当中，没有‘虚构’，没有‘粉饰’，也没有‘幻想’或‘夸张’”。这一年报告文学获得了立体的推进，译介国外理论与创作形成了一个小的高潮。新创刊的《文学界》月刊成为这种译介的重要载体。在其创刊号上，发表了由徐懋庸译、梅林著的《报告文学论》和沈起予译、马尔克劳斯著的《报告文学的必要》。其中，梅林的《报告文学论》是一篇重要的专论，文章包括“今日的报告文学者”“事实的暴露”“报告文学的艺术”等内容。论者对他指认的报告文学作家如斯沫特莱、约翰·里德、辛克莱、基希及其作品做了简练而精到的论评；比较具体地从作品报告的客体及其报告的艺术等方面，阐释了报告文学文体的特性。梅林关于作品报告的事实应有“系统”性的观点，具有重要的理论意义。他指出：“在报告文学中，事实，单独的事变，现实的一断片，都是观察的对象。但那当然是跟周围的世界相关联的事实，那种事实和它的结果须经过科学的系统的考察。”这里，梅林对报告文学中事实的性质做了某种规定。这就是事实，并不是孤立的存在，而是与社会整体相关联的。这一观点对我国的报告文学理论研究和写作有相当的启示价值。

与理论译介同时的是译介重要的报告文学作品。基希是一位公认的重要的报告文学作家。1932 年他来到中国，通过实地考察、访问，写成一部内含 23 个单篇的报告文学集《秘密的中国》。作品从一些具体的角度，反映了当时中国社会政治、经济、文化的种种景况。周立波为《秘密的中国》的题材及其表现风格所吸引，将其全文译出，并以单篇的形式于《文学界》《申报周刊》《通俗文化》等刊物先行发表。在《文学界》上刊发的有《士兵墓地的吉原》《污泥》（创刊号）、《纱厂童工》（第二号）、《死刑》（第三号）等篇。《秘密的中国》影响颇大。著名报告文学家黄钢曾说：“基希冷静的风格及其对中国旧社会的揭露和嘲讽，对于我那时的文学进修发生过深刻的影响。”① 还有一些细节可以见出《秘密的中国》的引力：“一九三九年，延安鲁艺文工团员出发到晋东南时，几位团员的背包里就装着世界著名报告文学家基希的报告文学《秘密的中国》的手抄本，并在行军途中背诵。”②

周立波不仅翻译了基希的《秘密的中国》，而且还对此做了研究，并形成自己的报告文学观。发表于 1936 年 4 月 25 日出版的《读书生活》上的《谈谈报告文学》，是这一年报告文学研究中的重要成果。周立波对基希做有论定：“他并不是事态的旁观者。根据确凿的事实，他表露出他的有着正确的世界观的批评意见，要是碰到颠倒、误错、不公，甚至残酷的事，他毫不掩饰的流露他的激越的正义感，他原是最有名的一位激烈的报告文学

① 黄钢. 我是怎样写作报告文学［J］. 芙蓉，1980（3）.

② 《延安文艺丛书》编委会. 延安文艺丛书：报告文学卷［M］. 长沙：湖南人民出版社，1984：前言.

家。”周立波通过对优秀作家品格、心理等的分析，反映了他评价作家的某种尺度。在周立波看来，报告文学作家应该是现实的卷入者。他不仅要尊重事实，而且应该正确地评判事实，这种评判应体现出作家的理性精神、人文精神，作家应该成为人类普遍价值的守望者。他的“激越的正义感”正源于此。

根据对基希及其作品的体认，并联系当时中国报告文学的实际，周立波对报告文学这一文体做了自己的阐释，报告文学是作家“用那由精密的科学的社会调查所获取的活生生的事实，同正确的世界观和抒情诗人的喜怒与力，结合起来，造成这种艺术文学的新的结晶”。简化周立波的这一表述，可知事实、思想和艺术是构成报告文学这种“结晶”体的要素。

我们指认1936年是报告文学繁荣的一年，这不仅因为这一年报告文学具有数量上的可观，表现出一种全方位跃进的趋态，更重要的是因为这一年产生了在报告文学史上有着里程碑意义的作品。报告文学年的确认正在于此。尽管茅盾“对于有些‘批评家’之审定《包身工》为标本曾表示了怀疑”①，但《包身工》的价值还是得到了广泛的认同。《光明》创刊号在编辑部“社评”中认为《包身工》“可称在中国的报告文学史上开创了新纪录”。应该说，就题材而言，《包身工》并不见新。在此之前，杨潮发表在《太白》杂志上的《包饭作》已对纺织包身女童工的惨苦生活遭际做了形象而颇具感染力的叙写。《包身工》的创新在于它通过富有特质性的文体精神与艺术化的表达形式的展示，建构了一种优化了的文体范式。

报告文学最为基本的文体精神就是批判的精神。报告文学之“报告”，既是对客体信息——新闻事实的报导，同时也指对主体情思理念的陈述。报告文学作为人文知识分子关注社会，表达自己价值取向的一种方式，对不合理的社会存在做理性化的批判，成为它的文体之魂。当一个社会需要

① 茅盾. 关于“报告文学”[J]. 中流，1937，2（11）.

批判而缺乏批判时，批判就成了报告文学的重要使命。报告文学的批判应是一种理性的批判，它通过对客观事实的真实报导和主体的科学思辨而实现的。在这里，对有意义事实的获取与准确的传达是至关重要的。夏衍《包身工》的创作无疑具有某种示范的作用。《包身工》发表于1936年，但作者说他“对包身工这个罪恶制度的情况的了解，却在八九年前我在沪西做工会工作时就已经开始了。到1935年，上海党组织遭到又一次大的破坏，组织上要我暂隐蔽一下，我就利用这个时间认真搜索有关包身工的材料”。除了采访工人、到工厂实地观察外，夏衍还进行实际体验。“从三月初到五月，足足做了两个多月的‘夜工’才比较详细地观察到了一些他们的日常生活。”[①] 因此，作者确认《包身工》“这是一篇‘报告文学’，不是一篇小说”，“我写的时候力求真实，一点也没有虚构和夸张……是铁一般的事实”[②]。而报告文学，正如川口浩所说，它的“最大的力点，是在事实的报告”。《包身工》以无可辩驳的事实将对象的生存景况做了实录，所以作品的批判力度就因事实的高信度而得到了强化。

报告文学是关于事实的报告。但这并不意味着主体可从文本中淡出。相反，它要求主体表现出鲜明的价值评判的倾向。报告文学是一种主体外化的文体；报告主要是指事实的报告，同时也应是研究分析思辨的报告。《包身工》的文体范型意义在这一点也得到了体现。夏衍在展示对象具体的生活境遇的同时，对包身工制度形成与维持的原因做了分析，并且基于大量惨酷的事实，并不只做现象展览或客观的评说，而是亮出自我，充满激情地论评事实：

> 在这千万的被饲养的中间，没有光，没有热，没有温情，没有希望——没有法律，没有人道。这儿有的是二十世纪的烂熟了的技术，机械，体制，和对这种体制忠实地服役着的十六世纪封

① 夏衍. 关于报告文学的一封信［J］. 时代的报告，1983（1）.
② 夏衍. 从《包身工》引起的回忆［J］. 中国工人，1959（6）.

建制下的奴隶！

这种深得现象本质的议论，有效地增强作品批判控诉的逻辑力量。优秀的报告文学作家应当是思想家或者应该具有思想家的质素。由《包身工》昭示，夏衍不仅具有正直的知识分子那种善良、勇气和正义感，而且也有思想家鞭辟入里的深刻性。报告文学文体中的论评性文字，是主体人格与理性智慧外化的一种载体。

在分析《包身工》时，有一点是值得我们思考的。这就是当时大多数的报告文学因其内容新闻性的消逝而成为过眼烟云，而《包身工》却能从过去走到现在走向未来，留存在文学史上。这是一个复杂的问题，其原因应有多解。但我以为作者观照对象所采用的复合视角，是其中一个重要的原因。政治文化制导期的作家，他们往往从政治的角度，即从阶级、民族、党派的立场出发观察评判对象。夏衍特殊的政治身份使他当然无法超越政治。《包身工》所体现出的政治倾向性是很鲜明的，作者的民族情感、阶级情绪外溢可感。但与政治视角并用的还有人文视角，即作者从文学本体的角度，着力展示对象的人性特征。作品表现的基本主题是人性关怀、人道批判。夏衍是一个政治人，但同时他又没有忘却自己是作家。他自己曾说，包身工的悲惨生活“更使我们这批知识分子感到‘灵魂的震动’”①。作者在这里给出自己“知识分子”的身份。知识分子作为人类普遍价值的代表与社会的良知良心，他对人的关怀就成为其职业的习惯。因此，在《包身工》中夏衍不仅站在阶级、民族的立场批判包身工制度的罪恶，而且更从人性人道的角度控诉现实对包身工基本人权的践踏。作品着力叙写包身工的人生命运，凸现包身工制度造孽者的人性异化。这样处理，使作品突破了一般的阶级斗争、民族斗争的主题表现，表达更为普泛深刻的人文主题。对人道异化的揭露与批判，这是《包身工》超越时代所限而具有长久价值

① 夏衍．从《包身工》引起的回忆［J］．中国工人，1959（6）．

的重要原因。

《包身工》的成功还在于它建构一个报告与文学相生相成的文本样式。报告文学具有“互文性”的特征，而从报告文学创作的实际情况看，许多作品更多的是报告，而文学性相当缺失，其形制近似于通讯或随笔速写，新闻味颇浓，真正具有文学品格的报告文学并不很多。《包身工》对事实的揭露，对非人现实的批判，是通过对人物事件做真实具体形象可感的叙写来实现的。作品没有铺陈生活事件，仅仅截取包身工一天的生活场景，但都典型而充满张力地凸现出他们悲剧命运的全景：“两粥一饭，十二小时工作，劳动强化。工房和老板家庭的义务服役，猪猡一般的生活，泥土一般的作践，——血肉造成的‘机器’……”作者在报告包身工生存状况时，又选择其中“大概很少有人知道她的姓名，手脚瘦得象芦棒梗一样”的“芦柴棒”作为个例，从而特写镜头似的将包身工的悲剧推置读者的眼前。这样的结构设计颇见作者的艺术心智，但这又没有虚设生活。作者对生活的选择是艺术的，又是真实的。《包身工》中有一段联想是令人心痛而难忘的。作者由眼前包身工制度——“这种饲养小姑娘营利的制度”，“禁不住想起孩子时候看到过的船户养墨鸭捕鱼的事”。这里不仅可见作者有丰富的艺术想象力，同时更为他艺术化的批判而颔首：“船户对墨鸭并没有怎样的虐待，而现在，将这种关系转移到人和人的中间，便连这一点施与的温情也已经不存在了！”在这种类比之中，人性异化的惨酷令我们的灵魂不由自主地震动起来。

1936 年除了有《包身工》这样的“标本”式的作品外，宋之的《一九三六年春在太原》也是一篇值得称道的报告文学。茅盾在这一作品发表次月所写的《技巧问题偶感》中对此做有评价：“宋之的则因为是亲身经过来，‘实生活’供给了他新的形式和技巧。”① 《一九三六年春在太原》以

① 茅盾. 技巧问题偶感 [J]. 中流，1936，1 (3).

“新闻剪集”与细节强化等形式技巧，报告了专制统治下的太原“春被关在城外”的景况。作品中设置4段“新闻剪集”，以此极经济地反映了社会现实的形形色色。宋之的是一个剧作家。在这篇报告文学中，注意选择戏剧化的场面反映现实的某种存在。“好人证”是一种贯穿全篇的道具，又是一个揭露专制统治的细节。在太原，“出城，要通行证；到街上去，要好人证。”“‘好人证’分五类，象花生、牙梨、瓜子那样的把人也鉴别了货色。”作者以近似戏谑的笔法写出了特定背景中太原城的滑稽与荒唐。

《包身工》和《一九三六年春在太原》等作品表明，报告文学既不是一般的新闻报告，也不是小说类的纯文学，而是报告与文学相生而成的特殊文体。1936年推出的这些作品，在较高的层次上实现了两者的有机结合，因而独具文体史的意义。

1936年报告文学的收获与此前左联的报告文学播种密切相关。直接造就报告文学年的作家，如夏衍、茅盾、周立波、徐懋庸、沈起予等原是左联的重要成员。左联与报告文学不可分离。

第四章 | ◆

当代报告文学的自立自觉

报告文学是一种国际性的文体，但在中国的文化生态和现实境遇中，报告文学的发生发展有了更多的中国特色，它被赋予了更多的中国价值。在某种意义上说，报告文学已然是一种中国化了的非虚构写作方式。照理以其本体而言，文体是书写者的公器，它本身是中性的，不带意识形态色彩。但是，书写者独处世外，其写作是有立场的，生成的作品有着自己的态度和目的。“报告文学的最大的力点，是在事实的报告。但是，这决不是和照相机摄取物象一样地，机械地将现实用文字来表现。这，必然的具有一定的目的和一定的倾向。”① 报告文学虽为客观的写实文体，但作为一种主体行为，它必然是客观性与主体性结合的生成。我们可以看到，报告文学在中国化的过程中，逐渐形成了它的意识形态特质，政治化是其基本特征，因而，有时被称为“政治的文学”。

---

① 川口浩. 报告文学论［J］. 沈端先，译. 北斗，1932，2（1）.

政治有着多种义项。在政治与文学的关联中，政治不应该被简单化地处理成一个贬义词。我们在评估政治与文学的关系时，首先要分析文学所表现的政治的性质，其次，还要考察文学表现政治的方式等。具体到七十年中国报告文学，尤其是前端十七年的报告文学，其总体导向是毛泽东的《在延安文艺座谈会上的讲话》，从延安文艺到十七年文学，尽管社会历史发生了重大的转变，但文学更多的只是时空转换，内在的价值取向和基本要求没有更多的变化。毛泽东在讲话中强调“我们的文学艺术都是为人民大众的，首先是为工农兵的，为工农兵而创作，为工农兵所利用的”，“文艺从属于政治”。在当时的背景中，就是突出文艺为民族解放斗争服务，为无产阶级政治服务。基于此，他在讲话中特别要求，“我们的文学专门家应该注意群众的墙报，注意军队和农村中的通讯文学。”这里所说的“通讯文学”，就是一种作为工农兵写作方式的报告文学。作为新中国早期党的文艺政策重要解释者的周扬，在 1949 年 7 月召开的中华全国文学艺术工作者代表大会所做的报告中，更明确了文艺为人民大众服务、为政治服务的具体路径：“我们的文艺既然是为政治服务，具体地说，就是为战争服务，为生产服务的。”① 由于报告文学与现实的关联性更为密切，而且直接以非虚构的方式书写战争、书写生产建设等，所以这一文体更能服务于主流意识形态价值的达成，因而更为受到高层的关注和肯定。1983 年 10 月 12 日中共十二届二中全会在北京召开，邓小平在会上作了《党在组织战线和思想战线上的迫切任务》的讲话。在这篇讲话中，他特别提到，“近年来反映社会主义建设新生活的文学作品多了一些，这是值得欢迎的。但是，能够振奋人民和青年的革命精神，推动他们勇敢献身于祖国各个领域的建设和斗争，具有强大鼓舞力量的作品，除了报告文学方面比较多以外，其他方面也有，可是不能说多。”这里凸显的是报告文学在新时期初期所具有独特意义。这

① 周扬. 新的人民的文艺［M］//周扬. 周扬文集. 北京：人民文学出版社，1984.

些情况是我们在言说当代中国报告文学史时一个不可淡去的重要背景。

站在当下的时空中，检视过往的报告文学作品，俨然是在翻阅一部多卷本五光十色的当代中国史。这也印证了这一文体的重要价值，即它报告的是时代，反映的是现实，但它有可能存活的是历史。新中国 70 年的报告文学正是这样，它体现了这一文体最为基础性的功能，报告—记录。写作时的新闻性已经退去，后来的读者认知的主要是它的历史性。历史渐行渐远，写实性作品的意义与日俱增。同时，报告文学在记录时代，成为行进中国新“史记”的同时，作为一种较晚形成的文体，走向了自立独立、自觉自强，成为中国当代文学建构的重要一体。

一、作为当代中国的史志

一时代有一时代的现实，也有着它特有的主题。1949 年开国到 1966 年的十七年，通常归为一个时期。这一时期的社会存在，决定了报告文学的基本内存，一些具有这一时期历史性、特征性的重大事件、人物等，报告文学都给予了及时的真实的报告。1949 年 10 月 1 日五星红旗在北京天安门广场升起，这是一个载入史册的划时代的标志性意象。《人民日报》记者林韦的《记中央人民政府成立典礼》，在第一时间以目击记的形式记写了这“震撼世界”的时刻。作品篇幅精简，但现场感很强，作者着重再现现场参与者的声响、物景色彩、武装部队的检阅，特别是表现人们欢欣无比的情绪，真实生动地捕捉住了历史性的盛典气象和氛围。《大公报》记者杨刚的《毛主席和我们在一起》，则从整体性的盛典场景的摄照聚焦到领袖人物的表现。作品以书信的方式写来，营造一种亲和亲切的基调，与所写内容相谐和。“人民”是这篇作品的主题词，强化的是“毛主席是一直和人民在一起的”核心叙事。随着时间的后移，《记中央人民政府成立典礼》《毛主席和我们在一起》等作品，其历史文献价值更为突显，披阅展读，扑面而来是一种珍贵的历史气息。

20 世纪 50 年代的报告文学有两大主题：战争与建设。中华人民共和国成立之后的抗美援朝，保家卫国，是新中国不期而遇的第一大事件。书写这一事件，成为其时报告文学写作的一大热点。面对战争，作家没有缺席，巴金、刘白羽、靳以、黄钢、华山、杨朔、李庄、李蕤、葛洛、胡风、菡子、陆柱国等入朝采写，形成了以此为题材的报告文学写作热潮。1952 年 7 月《朝鲜通讯报告选》由人民文学出版社出版。1953 年 8 月和 1953 年 12 月分别出版了《朝鲜通讯报告选二集》《朝鲜通讯报告选三集》。中国人民志愿军政治部还发布“志愿军一日”征文决定，1956 年 9 月人民文学出版社出版《志愿军一日》。这些作品及时记写了战争的景况和英勇的将士，歌咏了志愿军伟大的爱国主义、英雄主义和国际主义精神。魏巍的《谁是最可爱的人》是抗美援朝报告文学中的标志性作品，发表于 1951 年 4 月 11 日《人民日报》，作者三次赴朝，写作了大量的通讯报告和散文。《谁是最可爱的人》取材于志愿军入朝作战第一阶段的英雄事迹，以三个典型材料，真切凝练而富有抒情性地反映了志愿军战士崇高的精神品格，作品的感染力很强，产生了久远的影响。巴金发表在 1952 年 4 月 11 日《志愿军报》的《我们会见了彭德怀司令员》，则以质朴的语言、白描的手法，真实细致地记写了与彭德怀的会见，传神地表现了有着“一张朴实的工人的脸”，但“全世界人民都尊敬他为一个伟大的和平战士”的彭德怀司令员的形象。反映抗美援朝战争的报告文学，记录了一个时代的风云和民族情感，也成为纪念志愿军将士的一种特殊的“墓志铭”。

五十年代人民共和国一穷二白，百废待兴，国家建设自然是时代重大使命。一大批作家奔赴火热生活的一线，以极大的热情、多样的笔调，描写改天换地、日新月异的壮美的建设场景。此类写作成为抗美援朝题材以外的另一个热点。重要的作品有李若冰的《柴达木手记》《在勘探的道路上》、徐迟的《我们这时代的人》《庆功宴》、华山的《黄河散记》、靳以的《佛子岭水库》、刘白羽的《熊熊的火焰》、杜鹏程的《速写集》等。人民文学出版社先后编辑出版了《经济建设通讯报告选》《经济建设通讯报告选二集》等。这类作品既报告了一个时期巨大的建设成就，更存录了一个时代的火热生活和精神气场，成为刻写新中国奠基者创业史的重要篇章。

人民是时代的创造者，也是时代精神的体现者。十七年报告文学中记写各式先进模范人物的作品，其中有不少至今依然具有重要价值。虽然这些人物烙有特定时期的某种印痕，但作为普通劳动者和精神高尚者，他们的精神形象已经超越时代，流淌在民族精神的巨流河中。《钢都的老英雄——孟泰》《王家斌》《追老姚》《向秀丽》《毛主席的好战士——雷锋》《红桃是怎么开的？——记党的忠实女儿赵梦桃》《耿长锁的故事》《大庆精神大庆人》《小丫扛大旗》等，这些作品中的主人公都是生活在基层的平凡人物，但他们热爱集体，关爱他人，舍己为公，敬业善良，在寻常的人生中彰显着崇高的品格，其中有的成为时代精神的标志性形象。穆青等人写作的《县委书记的榜样——焦裕禄》，1966 年 2 月 7 日发表在《人民日报》。这是一篇广有影响的报告文学，作品的主人公是已故兰考县委书记焦裕禄。作者将焦裕禄置于人与自然、人与社会等多重矛盾中加以真实地叙写，充分地表现了焦裕禄“他心里装着全县人民，唯独没有他自己”的崇高的精神品格，鲜活地塑造了“当群众最困难的时候，共产党员要出现在群众面前”真正的共产党人的感人形象。《县委书记的榜样——焦裕禄》以其叙事的真实和人物精神的开掘使其超越了具体的时代，成为影响一代又一代后来人的经典性作品。

1966 年至 1976 年，这是特殊的十年。“文化大革命”的“革命”所生成的政治生态，从根本上决定这一时段整体上不可能产生具有理性精神的报告文学。因此，此间的这一类写作，大可从略不论。1977 年是一个过渡性年份。“文革”的某些因素依然存在，但促成历史新时期到来的气息已明显可感。1978 年岁末召开的中国共产党十一届三中全会，正式宣告了一个改革开放新的历史时期的开启。拨乱反正，解放思想，释放着被原有规制束缚日久的社会机能，政治、经济、文化等生机渐显，特别是人们的主体意识得以唤醒，一代知识分子的思想能力被重新激活。20 世纪 70 年代末至 20 世纪 80 年代大约十年，这是中国当代历史的新时期，也是文学的新时期。历史在这里急转直上，文学于此大放异彩。

新时期文学中的报告文学独树一帜，由原来的文体附庸，而蔚为大观，成为在文坛和社会引起注目并造成广泛影响的文体。一方面，巨大的社会变革，为报告文学的写作供给了繁富多质的题材资源；另一方面，改革开放、思想解放的社会氛围，为报告文学作家以报告文学的方式报告时代、介入时代、思考时代，创设了可能与动能。相比于十七年的报告文学，新时期的报告文学除了继续发挥着文学“轻骑兵”真实快速反映现实的功能外，还能在反映现实中能动地直接地影响现实。具体地说，就是报告文学既及时推出报告改革开放进行时态的作品，有效放大时代主题的社会效应，如张锲的《热流》、程树臻的《励精图治》、李延国的《中国农民大趋势》等作品，对改革初启时中原河南省域和东北工厂、胶东农村等呈现的种种可喜的变化，给予了热情的礼赞；同时像《哥德巴赫猜想》《人妖之间》《三门李轶闻》等作品，又以某种精准深刻的思想性的先声传播，自觉介入复杂艰难的改革开放历史进程。“1977 年 10 月，《人民文学》杂志社得到一个消息，全国科学大会将要召开。科学大会的召开，预示科学的春天即将到来。我们深受鼓舞，同时也就想到了自己应负的责任和使命。作为一家全国性的文学刊物，《人民文学》如能在这个时候组织 1 篇反映科学领域的报告文学，读者一定会喜欢看的，同时也可借此推动思想解放，呼吁人们尊重知识、尊重知识分子。”① 这是《哥德巴赫猜想》写作组织者之一周明的记述。这一记述表达了当时《人民文学》对报告文学价值的某种期待。而“推动思想解放，呼吁人们尊重知识、尊重知识分子”，正是《哥德巴赫

---

① 周明. 春天的序曲：《哥德巴赫猜想》发表前后［J］. 百年潮，2008（10）：67 – 70.

猜想》主旨之所在。

这一时期这种双面双向的独特性，成就了一个不可重复的报告文学时代。一个报告文学的时代，可能就是一个知识分子的时代。知识分子的身份职志与时代主题议程设置的高度契合，使得作为知识分子写作方式的报告文学，就有了更多可能和更大的作为。报告文学与知识分子的写作方式之间并不能画上等号，能够体现这一文体理想精神的写作，才可谓之知识分子的写作。所谓理想精神就是现实精神、介入精神和反思精神等，而这些即是知识分子精神的要义。正是在这里，新时期的报告文学体现出了它的力度和品格。

从“以阶级斗争为纲”到提出改革开放，建设“四个现代化”，中国社会的急转体现了民族国家现实理性的觉醒。在这个轴线上，1978 年 3 月的全国科学大会和此年底的十一届三中全会，都是具有当代史重大意义的会议。在这样一个背景上，新时期第一批报告文学显示出它的独特价值。在这批作品中，科技题材的写作形成了一定的规模，科学家、科技工作者光明正大地成为报告文学报告的主人公。这在中国当代文学史上是一个开创。尽管在 20 世纪 60 年代，徐迟的《祁连山下》、徐开垒的《雕塑家传奇》等就是以艺术家、雕塑家为叙写对象，但其时这类写作数量甚少。而到了新的历史时期，顺应社会大势，科技写作一时成为重点，其影响逸出科技、文学，广达社会各面。徐迟的《哥德巴赫猜想》发表在《人民文学》1978 年第 1 期，《人民日报》《光明日报》等随即转载，形成了“哥德巴赫猜想”热。在此前后，徐迟有《地质之光》《在湍流的涡旋中》《生命之树常绿》等作品发表，这些科学家报告文学的集束推出，引发作家写作科技工作者等知识分子题材的热情和激情。较有影响的作品有黄宗英的《大雁情》、陈祖芬的《祖国高于一切》、理由的《痴情》、孟晓云的《胡杨泪》、霍达的《国殇》、胡平和张胜友的《世界大串联》等，这些作品或反思过往强加给对知识分子的不实之词，或吁请重视知识分子英年早逝的生存状况，或歌颂他们虽历经磨难而矢志不渝的崇高精神。《哥德巴赫猜想》不仅标志着中国报告文学文体的走向自觉，更重要的也是新时期文学发轫的代表性作品。这是一枝预告了科学的春天到来的“报春花”。徐迟以信实的内容和诗情的笔墨，再现了陈景润这样执着于学术、为国争光的知识分子形象，以报告文学的形式反思了与此相关的历史，以对现实的直接介入和新的启蒙，参与了拨乱反正的社会思想解放运动，显示着报告文学在中国历史新时期无可替代的独特而重要的价值。

问题报告文学是新时期报告文学的重要组成部分。所谓“问题报告文学”没有定一的概念，大致如李炳银所言，它“不再以某一个单一事件或人物为中心，而是环绕着某一个具有广泛社会性的，人们普遍关注的社会问题、社会现象为中心，进行选材和采访报告”①。以问题性存在为题材，以反思性指向为主旨，这样的作品并不是在新时期才新生。苏联时期，“我们通常在报刊上看到的写真人真事、有真实姓名、地点、时间的特写，在苏联叫做记录特写，或写实的特写”。“但特写并不限于去记录真人实事，特写也不限于只是去描写我们生活中发生的所谓‘新人新事’。有一种特写，它的任务是着重提出生活中的问题，概括一定的社会现象，战斗地帮助人民发现和解决生活中的矛盾与冲突。”“这种特写，是比较大型的，叫做深思的特写，同时也叫作研究性的特写。”② 受苏联特写创作与理论的直接影响，20 世纪 50 年代中期，出现一批干预生活的作品，主要有刘宾雁的《在桥梁工地上》《本报内部消息》、李易的《办公厅主任》、荔青的《马端的堕落》、耿简的《爬在旗杆上的人》等。这些作品批判现实中存在的种种官僚主义现象，写法上可以说是苏联“研究性特写”的中国实验，主题的取向是“干预生活”，是对社会问题的一种批判。但在特殊的社会政治生态中，这类作品注定只能是昙花一现。

---

① 李炳银. “问题报告文学”面面观［N］. 解放日报，1988（1）.

② 奥维奇金. 谈特写［N］. 刘宾雁，译. 文艺报，1955（7）.

新时期报告文学中的问题写作，不只是简单的孤立的题材选择，实际上是报告文学对改革开放全局的一种自主介入。改革开放是史无前例的事业，其间阻力和困难必然是重重巨大。社会存在的各种问题是这种阻力和困难的表征，而深藏背后的机制体制不适，尤其是人们思想观念的滞后，正是阻碍改革开放前行的症结之所在。有价值的问题呈现，旨在引起关注，寻得解决的途径和办法。因此，可以说新时期的问题报告文学，从总体上看，它与其时时代主调是声气相通的，与改革开放同频共振。这类作品反映的问题广及社会各个方面，有腐败问题（《人妖之间》）、交通问题（《中国的要害》）、独生子女问题（《中国的“小皇帝”》）、婚姻问题（《阴阳大裂变》）、教育问题（《神圣忧思录》）、体育问题（《强国梦》）、知识分子问题（《国殇》）、高考问题（《黑色的七月》）、环境问题（《北京失去平衡》）等。由《人民文学》《解放军文艺》等108家刊物于1987年11月共同发起的“中国潮”报告文学征文，以“改革”为主题，历时一年，刊出征文作品近千篇，100篇作品获奖，其中麦天枢的《西部在移民》、徐刚的《伐木者，醒来!》、胡平和张胜友的《世界大串联》等10篇作品获得一等奖。《西部在移民》是报告文学中最早反映移民扶贫中精神扶贫问题的作品；《伐木者，醒来!》以严峻的生态问题，开启新时期生态报告文学的流脉；《世界大串联》则以典型的人与事，报告了人才流失的问题。可以说，这些问题报告文学，成为“中国潮”中独具分量的部分。

二、报告文学的时代

斯蒂芬·茨威格在《人类群星闪耀时》的序言中曾说：“我并不会通过自己的虚构来增删已发生的一切的内在真实性，因为历史——这个真正的诗人和戏剧家，已经把那些时刻表现得十分完全。无须任何外来的帮手，而且，伟大的历史凌驾于所有的作家之上，谁都甭想超越他。"① 从新时期到新的世纪新的时代，中国的这一段历史，完全称得上"伟大的历史"。现实的变化急激迅捷，社会呈现出前所未有的大变局，其间的丰富复杂多质，甚至它内置的某种传奇性，已经超出一般的小说家虚构想象的可能。这确实是一个报告文学和报告文学作家可以大有作为的最好时代。这样的现实存在，使报告文学有了丰沛的源头活水，得以激流奋进，演绎出多姿多彩的文体风景。现实的广阔达成了报告文学的丰富，主体的自主获得了作品表达的深度。

新时期以来的中国报告文学，大致可以分为三个阶段。第一个阶段是20世纪70年代后期到20世纪80年代这十多年的新时期，第二个阶段是20世纪90年代，第三个阶段是21世纪以来这近二十年。从文体自身发展的角度而言，三个阶段的报告文学各具特质，第一个阶段的创作，是史与诗的结合，新闻信息与思想穿透的结合。第二个阶段则是在特殊背景下的盘整和调整，作品思想和激情让位于内敛与求真。第三个阶段总体特征是一方面是意识形态主题设置的强化，另一方面是走向非虚构本体的叙事建构。

最重要的当然是第一个阶段，这是文学的新时期，也是报告文学的新时期，这一时期立定了报告文学在新时期文学中的独特地位和价值。我们说新时期文学发轫的重要标志不只有刘心武的小说《班主任》，也有徐迟的报告文学《哥德巴赫猜想》。以1978年第1期《人民文学》发表的《哥德巴赫猜想》为代表作的一批科技题材的报告文学，书写知识分子的遭际和品格，宣告了一个时代文学的终结，表示着一个文学新时期的开启。新时期的报告文学和时代实现了双向互动，一方面，改革开放的源头活水有效地供给报告文学以写作材料，另一方面，报告文学以自己特有的方式、特有的主题表达等，参与了思想解放的讨论，介入了改革开放的时代进程。

---

① 茨威格. 人类群星闪耀时［M］高中甫，潘子立，译. 天津：天津人民出版社，2011.

新时期报告文学的代表性作家陈祖芬就说过，“我要继续写报告文学的‘硬通货’，——写改革，写经济改革，写改革中的人的观念的变化。中国不搞改革没有出路，报告文学不写改革，就脱离了时代的大趋势”①。

正因为如此，邓小平在中共十二届二中全会讲话谈到文学方面的情况时，有两处提到报告文学：“文艺出现了空前的繁荣，在反映现实生活的深度和广度上，在艺术的表现力上，都有显著的进步。小说、报告文学、电影、电视剧、话剧、戏曲、诗歌、音乐、美术、舞蹈、曲艺等各个方面，都出了一批优秀作品。”② 这是全面评说文艺各门类所取得的成绩。还有一处特别肯定了报告文学在振奋人民精神，鼓舞人民力量所具有的突出贡献。“近年来反映社会主义建设新生活的文学作品多了一些，这是值得欢迎的。但是，能够振奋人民和青年的革命精神，推动他们勇敢献身于祖国各个领域的建设和斗争，具有强大鼓舞力量的作品，除了报告文学方面比较多以外，其他方面也有，可是不能说多。”③ 这样的评价，客观地反映了新时期报告文学卓尔不凡的价值。这种价值首先是政治的，当然也是文学的。“政治的”新时期报告文学，深度地参与了拨乱反正、思想解放和改革开放，在与国家主题异构同质的表达中，最大限度地释放了报告文学的文体能量。徐迟的《哥德巴赫猜想》是一个典型样本。作为改革开放重大标志的十一届三中全会，在 1978 年 12 月召开。作为这次会议的一个重要前奏——全国科学大会，在这一年的 3 月召开。徐迟的作品于 1 月份刊出，2 月 16 日、17 日《光明日报》和《人民日报》先后转载。从以政治为中心转到以经济建设为中心，转到“四个现代化”建设，其中的前提是科学技术的现代化，而科技现代化的关键是科技工作者，是知识分子。《哥德巴赫猜想》的主题

---

① 陈祖芬. 挑战与机会［M］. 北京：北京十月文艺出版社，1986.

② 邓小平. 党在组织战线和思想战线上的迫切任务［M］//邓小平. 邓小平文选：第三卷. 北京：人民出版社，1993：39.

③ 邓小平. 党在组织战线和思想战线上的迫切任务［M］//邓小平. 邓小平文选：第三卷. 北京：人民出版社，1993：42.

是明确的，作者通过陈景润事迹和遭遇的叙写，直接否定了“文革”强加给知识分子的不实之词，热情肯定了他们为国争光，勇于登攀科学高峰的精神。由此可见，作品主题和国家政治逻辑之间的紧密关联。而这一时期“文学的”报告文学则是显见的。徐迟是诗人，《哥德巴赫猜想》中有诗人的激情，有诗美的语言。不仅是徐迟，还有理由、黄宗英、陈祖芬、柯岩、孟晓云、徐刚等更多的作家，他们的报告文学，一改原有的新闻化制式，创造了别具报告文学自身特质的审美规制。在整体上看，新时期的报告文学成就了这一文体的一个历史标高。

20 世纪 90 年代的报告文学，基于多种因由，从新时期的高程有所回落。此间的写作，既能坚守着报告文学关注时代，介入现实的基本精神，但很明显的是，在对重大现实问题的直面，在对书写对象思想力度的表达等方面有所退化。《沂蒙九章》是《人民文学》1991 年 11 期以整本篇幅刊出的作品，刊物给了很高的评价：“这是刊物创刊 12 年来，首次几乎倾尽篇幅刊载的一部作品。时代需要黄钟大吕。这颤栗发烫的文字，是血的潮动与真实的结晶。”《沂蒙九章》是沂蒙精神的礼赞，沂蒙精神的要义是牺牲，是担当，也是创造。黄传会致力于底层生活和“希望工程”等的书写，被称为中国“反贫困报告文学作家”。他的《“希望工程”纪实》，包括后来的《我的课桌在哪里》《中国新生代农民工》等作品，叙事素朴真实，充满着善良悲悯的人文情怀。赵瑜的《马家军调查》突破以体育说体育的视界，避免了简单地臧否人与事的写法，将马家军与体育文化、体育文明、东北文化、中国社会文化等关联起来，在平和纪实的调查中完成了一个立体的多质的真实的马家军的还原。

进入 21 世纪以来，中国报告文学的叙事发生很多变化。造成这种变化的因素有许多，其中全媒体传播的文化生态是很重要的一点。在全媒体传播时代，原本基于新闻而生的报告文学，其新闻性优势显然正在弱化。在这样的情势下，具有报告文学文体自觉的报告文学作家，开始注意回到文学叙事的本身，注重通过故事讲述、人物形象再现等，建构报告文学非虚构叙事的文体优势。这种努力，使得报告文学的影响力不再只是依赖新闻传播或者意识形态宣传等，而是主要依凭文体叙事本身的内生魅力。赵瑜的《寻找巴金的黛莉》，巧妙地从真实书写对象中，建构“寻找”的叙事策略，以“寻找”布置作品悬念气氛，推进叙事发展，增强了对于接受者的召唤力；同时注意了个体小叙事与社会大叙事的结合，使个人故事中透视出时代演变的面貌。傅宁军的《此岸，彼岸》，作者着力于从战争与和平的大历史中，设置民间小叙事，以此开掘掩映在历史褶皱中别有意趣的故事。作品写实写活了沧桑变迁中的历史的戏剧性，同时在这样的戏剧性中，表现出两岸人民骨肉相连的情分与和谐相生、和平发展的历史大势。

改革开放以来的报告文学，无疑，主旋律的作品占了更大的比重。这是由报告文学反映的客体所决定的，当然也与主流意识形态的规制有关。所谓主旋律作品，就是反映中国力量、中国创造，体现时代精神和主流价值导向的作品。主旋律作品的主导性，并不是人为的设置，而是现实生活的一种实然。这与报告文学非虚构地报告对象的文体基本要求是一致的。改革开放是40多年来中国社会的基本主题，与此相应，书写改革开放人和事的作品，从新时期贯穿到新时代。20世纪90年代以后重要的作品有杨守松的《昆山之路》、陈锡添的《东方风来满眼春——邓小平同志在深圳纪实》、陈秉安等的《深圳的斯芬克斯之谜》、王宏甲的《中国新教育风暴》、吕雷和赵洪的《国运：南方记事》、李春雷的《木棉花开》、高艳国和赵方新的《中国农民书》、宁肯的《中关村笔记》、唐明华的《大风歌——中国民营经济四十年（1978—2018）》杨黎光的《横琴——对一个新三十年改革样本的五年观察与分析》、何建明的《浦东史诗》等，这些作品有对改革开放设计者、决策者的直接记写，也有对深圳、上海以及昆山等改革开放先行区的叙事，还有对教育、科技、民营经济、农村农民等在改革开放中呈现出的新景象的描写。作品实录了中国这段大历史的诸多大事，更留存了与此有关的大量具有某种传奇性的细节。这些作品汇聚成一部别样的波澜壮阔的当代中国改革开放史，成为中华民族的另一种新“史记”，具有极其珍贵的文献价值。

40多年的改革开放史，是中华民族砥砺奋进，创造时代新传奇的历史。报告文学作家为民族伟大复兴的成就所鼓舞，以作品宏大的国家叙事，大写细述具有标志性的国家建设工程和科技进展。李鸣生《飞向太空港》《中国863》、卢跃刚《长江三峡：中国的史诗》、徐剑《东方哈达》《大国重器》、梅洁《大江北去》、许晨《第四极》、王雄《中国速度——中国高速铁路发展纪实》、何建明《大桥》、长江《天开海岳》等，这些作品，分别报告了中国的航天事业、长江三峡工程建设、青藏铁路建设、导弹事业、南水北调工程、深海探潜、高铁发展和港珠澳大桥建设等。阅读这样的作品，如同披阅一部部专门史。它们分别属于不同的专业门类，有关的知识谱系尽在其中。但更有意义的是，在一项项重大工程建设中，不仅体现了中华民族的智慧和力量，而且事在人为，通过工程中人物精彩故事的叙述，彰显了中国创造中伟大的民族精神。

文学是人学，报告文学也是如此。无论是改革开放的推进，还是重大工程建设和科技创新，人是时代的创造者。报告文学作家愿意自觉地将时代的主人公作为作品书写的主人公。徐迟《哥德巴赫猜想》中的陈景润、陈祖芬《祖国高于一切》中的王运丰、柯岩《船长》中的贝汉廷、理由《中年颂》中的索桂清、鲁光《中国姑娘》中的女排队员、王宏甲《无极之路》中的刘日、李存葆和王光明《沂蒙九章》中的老区人民、李鸣生《发射将军》中的李福泽、何建明《山神》中的黄大发、李春雷《县委书记》中的廖俊波等，这些人物有个体，也有群像，分布在社会的各个方面，作品的体量有大有小，作者对人物再现的方法也多有不同，有的作品具有记传性，有的则特写人物的某一时段、某一断面。但人物都是真实鲜活的。作品不仅叙写对象外在的行迹作为，更通过具体的故事和生动的细节，透视他们的心灵世界，丈量出令人崇敬的精神高度。人物既具有时代的公共性，更秉持自身独特的个性，以其丰富性和典型性，充实了当代中国文学中人物画廊。

我们通常由报告文学之“报告”（报道或报导），将其诠释为新闻文学。作为新闻文学，其书写的自然多为当下的、现实的题材。报告文学由此被称为“时代的报告”“现实的报告”。但这种情况到了新时期以来有了改变。历史报告文学或者说史志报告文学，逐渐成为报告文学另一个重要门类。历史报告文学的成立，是因为“历史”与“报告”（新闻）之间存有一定的逻辑。新闻主要是，但不只是指新近发生的有报道价值的事实，也包括新近发现的过往的重要存在。因此，历史题材为报告文学拓展了写作空间。而从新时期历史题材报告文学的发生看，它实际上还关联着现实的和历史的需要。改革开放需要思想解放，思想解放又必然要求对现实和历史进行重新审视。在此背景中，一些过往的人物和事件被解冻，尘封的历史被拂拭后得以呈现真相。历史报告文学的写作，不是个别存在，而是作为一种重要现象应运而生了。黄济人的《将军决战岂止在战场》的主角是国民党战俘，董汉河的《西路军女战士蒙难记》为蒙受不白之冤者昭雪，并深刻反思悲剧的成因，大鹰的《志愿军战俘纪事》聚焦战俘的命运，李辉的《文坛悲歌》实际叙写的是一代知识分子的遭遇，钱钢的《海葬》在 1988 年回溯 1888 年的历史，旨在建构历史与现实的有机对话机制。

20 世纪 90 年代后，历史题材报告文学的写作更为趋热。我们可从鲁迅文学奖的评奖中，观察到这样一种趋向。第一届鲁迅文学奖（1995—1996）报告文学获奖作品共 15 部，其中《黄河大移民》《东方大审判》《温故戊戌年》等近半数作品为史志。这是一种价值评价，也是一种导向。此后每届获奖作品减至 5 部，《远东朝鲜战争》《瘟疫，人类的影子——“非典”溯源》《革命百里洲》《部长与国家》《长征》《解放大西南》《胡风案中人与事》《底色》《西长城》等历史叙事的作品，都获得了报告文学奖。这一方面，反映了报告文学写作的实际状况，历史写作总体水准更高，另一方面，这种情况是值得我们省思的，在历史写作趋热的同时，是现实观照的某种缺失。报告文学应当主要是现实的报告，这是这一文体基本功能的规定。

三、特写·报告文学·非虚构

塞尔维亚作家巴克认为："报告文学的物质基础就是报纸。它的存在是为了要给读者以新闻（News），读者在他早餐的时候需要有一个世界动态记录的日志，他要知道发生了些什么事，为何发生和如何发生等。"① 巴克的观点是有价值的，他给出了报告文学发生的载体和它的基本功能，其关键词就是新闻。这里的新闻，是基于近代新的印刷技术，面向大众传播的信息媒介。由此我们也推知，报告文学不是古已有之的文体，而是近代生成的新的写作方式。

中国的报告文学，虽然20世纪30年代已有夏衍《包身工》、宋之的《一九三六年春在太原》等被后来称为经典的作品，但其实，在很长一个时期，报告文学并没有成为一个独立的文体。我们看20世纪五六十年代的作品名称就可知道这一点。现在我称为报告文学的作品，如《谁是最可爱的人》《为了六十一个阶级兄弟》等，其时称作通讯报告。一度受到苏联特写的影响，写实类作品大多名之特写。而从作品的形态看，大多取材新闻性强，篇幅较短，写法单一，较多地近似通讯特写；有一些作品则抒情性较强，描写也多，偏向了散文一体。"从全国解放以后，对报告文学的称法就很不一致了。有一个时期，'特写'这个名称很流行，它的性质近似报告文学，却又不能全包括报告文学的多种形式；而且这种"特写"，同过去我国报纸上的特写，也不相同。此外，在有的报刊上，又称之为'文艺性通讯'、'文艺性速写'，有的还称为'文艺性的调查报告'……等等，名目一

---

① 巴克. 基希及其报告文学［J］. 张元松，译. 国际文学，1935（4）.

多，就比较乱，容易混淆不清。”① 这是全国第一次报告文学座谈会对报告文学称名混乱所做的列举。正是这次会议提出，报告文学“现在很需要‘正名’，也都认为还是恢复‘报告文学’这个名称较好。”称名的不定一，一方面说明报告文学文体并没有自立，另一方面也表明它尚未取得公认的文体地位，有“二等文学”之意。这些自然会影响报告文学的发展。

中国报告文学真正取得独立的文体地位，是在改革开放的历史新时期。报告文学作家文体的自觉，报告文学文体的独立和与之相应的文体地位的提升，主要是由实际的创作成就和巨大的社会影响奠定的。报告文学由文体附庸而蔚为大观，这是无法遮蔽的基本事实。另外，也与特定的文学制度的设计紧密关联。其中很重要的是国家层面的评奖制度。我们看张光年《文坛回春纪事》的日记②，可以发现原来中国作家协会设置的首次全国文学奖，没有考虑报告文学。1981 年 3 月短篇小说奖已评出，另外，已在进行中篇小说和诗歌的评奖。张光年 1981 年 3 月 29 日日记写道：“秦兆阳在电话中建议中篇小说评奖与报告文学评奖同时举行，使评奖结果增加昂扬气息，我表示同意，请他在明天评奖会上提出供商讨”。31 日日记写道：“下午 3 时，应邀参加中篇评奖会，听了吴强、韦君宜同志发言后，我谈了对评奖工作的希望与建议，表示赞成秦兆阳同志提出的与报告文学同时举行或同时公布的意见，请大家考虑。”4 月 7 日日记写道：“上午去沙滩参加党组办公会扩大会，罗荪、葛洛、子奇、张僖、剑青、唐因、唐达成、李枫等与会，讨论举办报告文学评奖问题。我对此做了说明，提出几个问题，经过讨论，大家同意由《文艺报》《人民文学》两家合办，提出设以冯牧为首的评委会，以阎纲、周明等组成工作组，及早形成一个备选名单，征求各地编辑部意见，希望能在 5 月中、下旬完成任务，请剑青召开第一次工作组会。”当时文学杂志的主编张光年是资深的编辑和文艺理论家。因为有创

① 袁鹰，朱宝蓁，吴培华．报告文学座谈会纪要［J］．新闻业务，1963（Z1）：27－35.
② 张光年．文坛回春纪事：上［M］．深圳：海天出版社，1998.

作实绩的铺垫，所以确定并进行报告文学的评奖比较顺利。1981 年 5 月 25 日与中篇小说、诗歌同时召开三项评奖发奖大会。到 1996 年中国作家协会设立鲁迅文学奖，报告文学就顺理成章地列为七种奖项之一。这样的评奖制度的确立，既是对报告文学的肯定，也是对这一文体的重要推进。

建议报告文学列入中国作协评奖的秦兆阳，可以说是推进新时期报告文学发展的关键人物之一。他曾以何直的笔名，在《人民文学》1956 年 6 月号上发表《从特写的真实性谈起》，产生过很大反响。后来，他作为人民文学出版社主办的大型文学杂志《当代》第一任主编，对报告文学情有独钟，重视组织编发报告文学作品。在朱盛昌《秦兆阳在〈当代〉（日记摘录）》中①，我们能看到许多有关记写。如 1980 年 2 月 20 日日记："上次秦兆阳曾说过下期要搞个报告文学专辑，经过这一段努力，约了一批稿子。秦说，这一期至少上三篇。他说，只要有一篇好就可以做头条。他说，对报告文学的取舍标准可以宽一点。有的文艺性强些，有的政论性强些，都可以。《当代》如能在报告文学方面闯出一条路，也会很有特点。"同年 8 月 27 日日记："在编辑组会上，秦兆阳讲了对于编辑工作的意见。""要加强现实性。我们名为《当代》，作品就要有当代水平。《命运》就是当代水平。我也寄望于张锲的报告文学，就是要记录下时代的精神状态。光靠小说不行，要报告文学。"正是在秦兆阳的主导下，《当代》发表了像《命运》《热流》《励精图治》等大量有影响的报告文学，和《人民文学》《文汇月刊》等成为新时期报告文学的重要孵化器。

我们说，报告文学到了新时期才有了真正的文体独立，还在于此间的写作已形成了某种范式化的形制。所谓范式化的形制，主要是指报告文学具有自身的一些特征或特质，通常所认可的是它的新闻性、政论性和文学性。新闻性不仅表示着取材的时效，还意指它的非虚构的客观真实性和贴

① 朱盛昌．秦兆阳在《当代》（日记摘录）[J]．新文学史料，2015（3）．

近时代的现实性。政论性是报告文学写作的传统方式，到了新时期在思想解放、释放主体意识的社会氛围中，又有了新的强化。报告文学作家直面写作对象，对其认为不可不议、不可不论的人和事以及现象，直接以报告文学式的表达方式加以论评、分析、揭示，形成一种“思想为美”的风致。报告文学的文学性，因其不可虚构，自然不同于小说等文体的文学生成，在满足非虚构的客观真实的前提下，兼取小说、散文乃至电影等艺术手法为“我”所用。报告文学的文学性是一种整体性呈现，包括结构设计、语言表达、现场感体现、叙事节奏、人物再现等。新闻性、政论性和整体文学性的有机融合于一体，使报告文学具有了有别于其他文体的独特性，从而凝练成这一文体自足而又开放的文体美学。新时期的优秀报告文学正好体现了自身的审美属性，它不再模糊于新闻散文之间，而有了自己的“尊姓大名”。徐迟等报告文学作家的作品，整体上是史与诗的结合，新闻与文学的融合。这是报告文学写作的一种理想模式，作品所取的是具有现实性的有价值的存在，叙写力求“史”的真实客观；并且，作家面对写作的对象，并不做被动的反映，而是在尊重作品非虚构性的前提下，在结构营篇、语言表达等方面，既能充分地对象化，又能表现主体的能动性和个性化。在《哥德巴赫猜想》中，徐迟真实地写出了陈景润“传奇式”的人生，在个人的人生历程中又透视出社会演进的大局；又以诗化的语言描述深奥的数学语言的唯美：“这些是人类思维的花朵。这些是空谷幽兰、高寒杜鹃、老林中的人参、冰山上的雪莲、绝顶上的灵芝、抽象思维的牡丹。”这样的表述使作品平添了灵动和诗意，有了飞翔的美丽姿势。

与叙写对象的阔大和写作主体的开远相关，新时期以来的报告文学，在结构方式和叙事体量等方面有了很大的变化，明显的表征是作品的长篇化。原有的基本载体是报纸，因而一般篇幅较短，适合新闻文学的快速传播。此间则在报纸之外，先有刊物发表，有的作品以刊物整本方式推出，再由出版社出版。这样的生产方式适应了中长篇作品写作的需要，在形制上与一般的新闻作品和散文迥然有异。宏大叙事是中长篇报告文学的重要特征。何建明的《浦东史诗》《那山，那水》《部长与国家》《国家行动》《根本利益》等长篇，题大体重，体现作品国家叙事的容量和分量。陈启文的《命脉——中国水利调查》有60多万字，这既是一部“关于中华江湖水系的族谱和传记”，又是一种全景式地凸显中国主要水系的即时状态的“现场直播”。这样的写作突破原来了较为单一的新闻式框架，建构与报告对象相适配的结构体系。作品内存在某种主题的统摄下，趋向于丰富多质、浑厚复调，既有现实的在场，又有历史的复现，综合有社会学、政治学、历史学、新闻学以及文学诸多学科的信息要素。钱钢的《唐山大地震》就是一个典型的文本，它“是作者为今天和明天的人类学家、社会学家、地震学家、心理学家……为我们整个星球上的人们留下的一部关于大毁灭的真实记录，一部蒙受了不可抵御的灾难的人的真实记录”①。这样的作品超越了一般的地震灾难书写，走向一个真实的多面立体，由此就达成复合厚重的多种价值。

适应于作品宏大制式的需要，新时期以来的报告文学在结构模式上多有取新，如有全景式、集纳式和卡片式等方式。全景式结构的作品，对较为重大的题材构成要素，做全面的多视角的摄照，徐刚的《大森林》是一部宏阔的生态书写，作品所及不限于一时一地，而思接古今，广纳多维，尽呈森林生态之“大”；集纳式作品在现象类或问题类写作中较为多见，围绕某种现象或问题，收纳与此相关的种种材料集成一体，由此强化所写的普遍性或严重性，何建明《中国高考报告》《落泪是金》等以这种方式，反映颇具中国特色的高考和高考文化；卡片式是一种灵动的结构方式，李延国的《走出神农架》作品有100小节构成，一节如同一张卡片，节与节之间相对独立，全篇如同由卡片组合而成。报告文学这些结构方式的新变化，

---

① 徐怀中．凝神于北纬40°线的思考（代序）［M］//钱钢．唐山大地震．北京：解放军文艺出版社，1986.

都可视为这一文体走向自觉自立的标识。

“诗文随世运，无日不趋新。”文随世移，是文体存在与演化的基本规律。在报告文学的发生发展中，形成了它的一些基本的规定性。这些规定性就是它的体性，它给文体以定性定体。但文体又不是固化不变的，社会新的存在，主体新的思维等，都会引发文体的新变。变体是一种必然，是文体保持活力的要素。进入 21 世纪，全媒体时代形成的媒体文化生态，改变或正在改变文学的生产、传播和接受。原以新闻性立体的报告文学，在题材新闻性弱化的语境中，作品的叙事发生了明显的变化。挖掘新闻背后的故事，深化文本的故事性建构，成为这一时期报告文学写作的一种优先策略。基于此，好看可读是其中一些作品留给读者的阅读体验。赵瑜的《寻找巴金的黛莉》，以“寻找”为主线进行叙事，“寻找”之旅推衍出峰回路转的故事，作品恰如一部悬念剧引人入胜。何建明的《浦东史诗》，寻访浦东地标性建筑背后的人和事，可见的地标和正在远去的故事，生成了独特的叙事张力，招引读者的阅读兴趣。王树增是 21 世纪以来一位具有重要影响力的写实作家，他的《1911》等现代史系列和《解放战争》等战争史系列，皇皇宏巨，作品以真实的细致生动的故事叙说复位历史。基于历史的新故事性建构，是王树增作品独具魅力的关键所在。

2010 年《人民文学》杂志开设“非虚构”专栏倡导此类写作，此后非虚构成为一个热词。其实，非虚构并非新的称名。早在 20 世纪 80 年代国内就有徐迟等人对这个生成于 60 年代美国的文类有过介绍，也有王晖等学者做有研究，但当时的反响有限。在新的文化生态中，《人民文学》的力推正好得其契机。一方面是对小说等虚构文学想象匮乏而又凌空蹈虚的反拨，另一方面也是对报告文学写作存在的不满。非虚构的乘势再现，既满足了读者求实的普遍社会心理，又改变着报告文学写作取材相对有所局限、表达的个人性缺失和叙事的模式化等不足。“希望由此探索比报告文学或纪实文学更为宽阔的写作，不是虚构的，但从个人到社会，从现实到历史，从微小到宏大，我们各种各样的关切和经验能在文学的书写中得到呈现。”（《人民文学》2010 年第 9 期“内容简介”）《人民文学》的“希望”，正是非虚构写作的意义之所在。梁鸿在非虚构栏发表的《梁庄》，以自己的亲历亲验，用素朴质实的笔墨，将城市化进程中梁庄种种凋敝境况加以呈现。作品内涵的取向令人深思。陈庆港的《十四家——中国农民生存报告（2000—2010）》，作者以 10 年之久，跟踪关注记录西部 10 多户人家的生存图景，让读者在流连于城市霓虹璀璨之外，也不忘现实的另一种真实存在。丁燕的《工厂女孩》《工厂男孩》等作品，则将珠三角工业奇迹背后青年工人生活与心路，做了真切的记写。这些作品的取材取向和写作姿态等不同于原先的报告文学，是对报告文学有意义的拓展和补足。

“现实题材的报告文学、纪实文学创作一家独大，优势明显”①。这是梁鸿鹰在综述年度各门类文学创作情况后的一个判定。事实上不只是 2018 年报告文学创作具有凸显的实绩，其实在当代 70 年，这一文体也有着它彩显的历史。是否为“一家独大”，这似乎并不重要。重要的是报告文学这一近代后发生的文体，在中国进入历史新时期后，它确实已经成为一种独特而重要的文体。只是我们的文学史叙事对它不是视而不见，就是轻轻地一笔带过。现在应该是到了给予报告文学应有文学史地位的时候了。

① 梁鸿鹰．坚守、创造与再出发：2018 年文学创作管窥八段［N］．光明日报，2019 - 01 - 09（14）．

第五章

21 世纪初年报告文学的新变

21 世纪初 10 年是文学进一步边缘化的时期。在文学内部则是以小说为中心文体，报告文学和散文等就是边缘的边缘文学了。报告文学以非虚构文学的独特性自成一体。这一时期的报告文学曾经并不被看好，甚至评论界还有报告文学文体“枯竭”“消亡”“尴尬”之说①②。现在的实际证明报告文学未曾“枯竭”“消亡”或是“尴尬”，相反它以自己的姿势描画出在新世纪中国文学版图中的应有位置。我不赞成片面化的文学断语，如同报告文学文体“枯竭”“消亡”“尴尬”论一样，说现在是文学的非虚构时代也是不真实之见。新的世纪是文学更加纷呈多态的时期。在这样一个社会继续发生着深刻变动的时期，现实生活的无限丰富性、复杂性，为报告文学提供了不竭的写作资源。这是一个需要报告文学有为，而且也是报告

① 李敬泽．报告文学的枯竭和文坛的“青春崇拜”[N]．南方周末，2003－10－30．

② 黄浩，黄凡中．报告文学：文体的时代尴尬：对报告文学“生存艰难”的本体质疑[J]．北方论丛，2009（1）：54－57．

文学能够有为的时期。最近报告文学评论家王晖用“裂变与复兴”评说新世纪报告文学：“可以说，裂变与复兴，既是报告文学当下状态的真实写照，也是其赖以生存的转型时期政治社会生态特性的深刻反映。”① 所谓“裂变”是指报告文学呈现“多元态势”，而“复兴”是与20世纪90年代的相比较所呈现的一种趋势。这大致是符合新世纪报告文学创作实际的。

王晖的“复兴”说涉及20世纪的90年代。20世纪90年代是报告文学发展的盘整期，相对于80年代它明显地冷寂了，虽然此间也有《沂蒙九章》《昆山之路》《以人民的名义》《落泪是金》《马家军调查》《“希望工程”纪实》《没有家园的灵魂》《淮河的警告》《走出地球村》《大清王朝的最后变革》《远东朝鲜战争》等影响广泛的优秀作品，但无论是文体创作的整体规模、表达深度，还是文体发展的历史推进意义等，都不是可以和80年代比拟的。到了新的世纪，报告文学开始走出它的盘整期，进入到新的活跃的时期。但这种活跃是不同于新时期的“轰动”的。我们观照新世纪报告文学，无法淡化20世纪80年代这一巨幅的背景。言及报告文学，我们往往会情不自禁地怀念那一特殊的年代。事实上20世纪80年代是一个真正的报告文学时代，报告文学成为当时文学大潮中的主潮，很多读者和研究者，正是在那时才认知这一独特文体的。但由此界内与界外形成了一种情结，往往将20世纪80年代作为观察评估报告文学的基本标尺，以此衡量后续这一文体的创作。这一般来说是可以理解和接受的。但问题是这样的定式就有可能忽视文体存在具体的历史语境，影响到对报告文学文体发展的准确评价。这就需要我们认真观照并且把握特殊时期报告文学的基本生态。20世纪80年代报告文学留给我们最深的印象就是“轰动”，轰动不仅在文坛，而且广及社会，报告文学写作与传播成为一种特殊的社会行为。“轰动”是社会情绪化的一种直观，它源于报告文学与时代启蒙主题的谐振。

① 王晖. 新世纪十年：报告文学的裂变与复兴［N］. 光明日报，2010-08-26（12）.

其时，包括报告文学在内的文学主流承载着社会思想启蒙的责任。作为“中心”的文学与社会政治在一定层面上具有某种同构性，意识形态写作色彩浓郁的报告文学更是这样。而在新的世纪，随着社会转型的深刻推进，思想启蒙让位于经济中心，物质崇拜成为社会趋重的价值尺度。作为精神生产重要方式的文学，也被日益的边缘化。这一时期有“知识分子到哪里去了”的强烈设问，可见从一定程度而言，知识分子应有的社会担当被搁置。而报告文学作为公共知识分子的一种写作方式，正是在这样的社会文化场域中，难以理想化的达成。对于现实的深入介入和对于报告对象的深刻反思等报告文学文体重要的精神品格，不以我们的意志为转移地弱化了。但文学的边缘化，是常态社会的正常图景，它有可能生成适宜文学自由发展的社会政治文化生态。21 世纪初 10 年是多元纷呈的 10 年，当然也是良莠不齐的时期。就报告文学而言，一方面有祛知识分子写作的倾向，另一方面依然有作家坚守既有的文体写作理想，将报告文学设置成一种特殊的“社会预警”方式。一方面，报告文学作家充分认知文体反映现实的独特功能，以报告文学记录新的世纪中国社会发展的重大进程和这一时段发生的重大事件等，另一方面，作家又注意拓展报告文学的题材空间，写作大量具有史志意味的作品。一方面，报告文学作家顺延这一文体的写作范式，以新闻、文学和政论建构文本，另一方面，又努力于文体的新变，在新闻性渐次、主体性表达退位中，重构非虚构叙事本身对于受众的召唤力。简而言之，新的世纪报告文学对于意识形态写作的淡化，对于启蒙写作主题预设模式的分化，使其在题旨价值、话语空间和叙事形式等诸多方面显示出相当充分的开放性，而这种开放性在一定程度上造就了新世纪文学边缘化时代报告文学创作的活力和张力。多维多态的“复调”与“复式”，成为 21 世纪初年报告文学文体重要的特质。

一、“复调”的题旨设置

我们说 21 世纪初 10 年报告文学写作的知识分子特性有所弱化，这是基于这一时期和20世纪80年代报告文学比较而得出的判断。报告文学的知识分子写作，既关乎写作主体自我的角色定位，也与时代社会给予这一特殊文体的可能性相连。总体上，新世纪的社会存在没有可能使报告文学实现如同20世纪80年代那样的整体的批判性、启蒙性。在新世纪社会非启蒙的总体规约影响下，报告文学作家自觉、不自觉或可能是无奈地放弃了报告文学“启蒙唯一性”的坚持。无疑，批判性、反思性、启蒙性是报告文学文体的历史传统，也是这一文体基本的功能，报告文学写作仍然必需坚守这样的品格。但是应该说报告文学除了启蒙批判反思等重要的价值外，它更常态化的功能是“报告”，是基于理性精神的文学“非虚构”。这样，批判性是报告文学评价的重要尺度而不是唯一的尺度。正是由于在新的社会文化生态中，报告文学作家对文体有了更为开放客观全面的认知，所以在作品的主题设置上有了更多的选择。

一个时代有其特殊的时代主题规定。21世纪初10年社会主导性的思潮是非启蒙的。启蒙大体意指对于存在的质疑、反思，由此表示对人类公共价值的守持，对社会理想的追寻。它指向人的精神建构。所谓“非启蒙”是基于社会发展阶段性目标而设计的以物质利益为务的价值准则。经济GDP崇拜强势地制导着社会及其成员的行为，人们普遍地关注自身生存的物质配置以及在物化社会中所具有的“身价”，无暇或不愿作为一个思想着的主体思考人类应有的精神取向。20世纪90年代还能启动关于人文精神的大讨论，但在21世纪开始这10年中，似乎连这样的动议都没有了。这从一个侧面反映了新世纪“非启蒙”的特点。社会的这种情势必然影响到报告文学作家的价值追求。因此一般而言，新世纪报告文学的思想性写作是比较缺失的，以对象的呈现代替主体的思考成为一种通常的方式。并不是所有揭示现实矛盾、人性丑陋等的作品就一定具有思想的品格和精神的高度，如果把握不当，这类作品就只是事象或问题的铺陈展览。欲望写作是新世纪报告文学一个的话题类型，但反映腐败的作品多数停留于浅层的叙说。

2008 年汶川大地震成为报告文学写作的一个热点题材，发表出版的地震非虚构作品数量甚多，但真正具有思想分量的作品很少。作家的“非启蒙”取向也体现在报告文学的表达上。与 20 世纪 80 年代的激情抒写明显不同的是，新世纪的报告文学更多的是中和叙事。表现在具有知识分子特性的报告文学写作类型中，可以分出显性的知识分子写作和隐性的知识分子写作。显性的知识分子写作如《中国农民调查》《天使在作战》《集体离婚》《胡风案中人与事》等，题材极具前沿性和尖锐性，但作者采用的是较为客观叙事的方式，在语言类型上节制使用激扬文字的政论语言，克制主体对于对象的直接评说，尽可能地让事实本身说话。《胡风案中人与事》是与知识分子关联的题目，内涵具有难以尽言的社会历史与个人命运的悲怆性，但作者对此的处理却是少露声色的，以“白描式”的叙写，讲述普通人在重大历史事件中莫名的却是宿命的故事。这与启蒙时代这一类型的报告文学写作的主观化有着明显的不同。隐性的知识分子写作如《震中在人心》。这部作品取材于 2008 年四川汶川大地震。大地震的写作有很多可能性，在第五届鲁迅文学奖报告文学评奖中就有 5 部（篇）作品入围备选篇目，最终《震中在人心》脱颖而出，并且名列获奖作品第一。《震中在人心》显示了隐性的知识分子写作的意义。这是一部具有“复调”主题的长篇摄影报告文学，它“用镜头定格真相，让文字留下思考”，作品不仅有通常的抗震救灾感人场面，而且有对人类遭致重大创伤的生命之痛，还有对于地震灾害做出的时刻反思。作品不仅观照地震的视角独异，而且在情感与思考的深度上超越了同类作品。《震中在人心》不经意阅读咀嚼不到它特别的价值，但进入其间，感染随生，像“守望红领巾的狗”“废墟上的儿童节”这样的文字，给读者造成的震撼挥之不去。

题材的日常生活化是 21 世纪初年报告文学一个重要趋向。其深层的原因也与对“启蒙唯一性”报告文学写作伦理的放弃有关。题材的日常生活化的标志物是《人民文学》的“非虚构”。曾经发表过徐迟《哥德巴赫猜想》的《人民文学》，进入新世纪以来对于报告文学发展的贡献率远不如《当代》《中国作家》《北京文学》等。大约是考虑到作为国家文学重要品牌应该在某些方面发挥它应有的引领作用，《人民文学》从 2010 年第 2 期起推出《非虚构》栏目。“何为‘非虚构’？一定要我们说，还真说不清。但是，我们认为，它肯定不等于一般所说的‘报告文学’或‘纪实文学’。……我们其实不能肯定地为‘非虚构’划出界限，我们只是强烈地认为，今天的文学不能局限于那个传统的文类秩序，文学性正在向四面八方蔓延，而文学本身也应容纳多姿多彩的书写活动。”主编李敬泽例说的“非虚构”，就是“写你自己的生活自己的传纪。还有诺曼·梅勒、杜鲁门·卡波特所写的那种非虚构小说，还有深入翔实、具有鲜明个人观点和感情的社会调查，大概都是‘非虚构’”。[①]“希望由此探索比报告文学或纪实文学更为宽阔的写作，不是虚构的，但从个人到社会，从现实到历史，从微小到宏大，我们各种各样的关切和经验能在文学的书写中得到呈现”。[②]《人民文学》还举办“非虚构：新的文学可能性”研讨会，启动名为“人民大地”的非虚构写作计划。这里所说的“非虚构”显然是一个包含了报告文学在内，但比报告文学内涵更多、外延更大的文类概念。其实，《人民文学》的“非虚构”并非是一个新的文学命名，它源于美国的非虚构文学，“新新闻报道”（new journalism），“非虚构小说”（nonfiction novel），20 世纪八九十年代我国学界对此已有介绍。《人民文学》“非虚构”的意义不在于命名，因为探讨“非虚构”与报告文学之间到底具有怎样的异同并无多少实际的意义。在我看来《人民文学》对于“非虚构”所做的倡导，其重要价值在于赋予了关于“非虚构”更多新的诠释和中国价值。它在现时对“非虚构”的标举，或许能推动包括报告文学在内的非虚构写作。《人民文学》推出的“非虚构”代表作，为这一类写作提供了新的写作伦理和新的表达可能。首

---

① 《人民文学》2010 年第 2 期“主编留言”。

② 《人民文学》2010 年第 9 期“内容简介”。

先，此类写作应当是经由个体生命体验的写作。现场感和个人性是“非虚构”写作的两个关键词。只有亲验，才能有真正的非虚构，才能呈现真实的生活现场，才能溢出滋味情意，才能生成我们所期待的文学的非虚构。萧相风的《词典：南方工业生活》是他打工生活的写真。“打工”“电子厂”“流水拉”“五金厂”“加班”“打卡”“集体宿舍”“出租屋”“爱情”等，构成了“南方工业生活”的基本词汇，由此白描出一类人群的基本人生样态。其次，这类非虚构写作，现实的普通人的日常生活以某种“原生态”的面目进入作品。这不仅拓殖了文体叙写的空间，而且也形成了作品新的表达风致。“非虚构”在表达上由启蒙叙事的“激扬文字”转型为生活叙事的客观言说。梁鸿的《梁庄》在《人民文学》的“非虚构”中是最耐读的作品。中原梁庄是作者生长于斯的故乡，是中国现代化进程中乡村存在的一个标本。梁鸿设置了“静默叙事”，讲述乡村景象和百姓的生活故事，表现的是城市化进程中内地农村的现实危机，其间流溢着一种深深的涩味。《梁庄》的“祛政论教训”式的叙事，是对原有报告文学写作范式的一种有意义的改变。这样的一种方式为读者以自己的感知去解读作品提供了更多的可能。

其实，“非启蒙性”只是21世纪初年报告文学的一种显性取向。这并不表示这一时期报告文学作家全体地放弃他们的社会职志和责任担当，无视社会的问题存在，迁就物化欲望对于人的腐蚀，满足于社会发展所取得的巨大成就而作一味的讴歌。检视新世纪初10年的报告文学，我们可以发现一些作家依然坚守着报告文学文体的基本精神，在现实生活的前沿进行独立的观察、思考并写作反思性的报告。作为知识分子写作方式的报告文学，有一现成的链接就是“问题报告文学”。“问题报告文学”对于“问题”的介入、观照和思考等和知识分子关注社会、质疑批判不合理存在、追求价值公理等精神具有内在的关联。因此，“问题报告文学”往往成为知识分子介入现实的一种顺手的方式。20世纪80年代“中国潮”，报告文学成为其时文学的主潮之一，重要的原因是《人妖之间》《中国的“小皇帝”》《神圣忧思路》《世界大串联》《国殇》《伐木者，醒来!》等“问题报告文学”产生了重大的社会影响力。显然新世纪的“问题报告文学”的规模小了，其影响也大不如 20 世纪 80 年代的作品，但它部分地承接了 20 世纪 80 年代“问题报告文学”的基本精神，并且在问题的题材选择以及题旨表达等方面形成了新的特色。在享乐主义盛行的年代，报告文学作家在“繁华”背面看到了“问题”，秉具报告文学作家应有的“问题意识”。《中国农民调查》（陈桂棣、春桃）、《昂贵的选票——“230 万元选村官事件”再考》（魏荣汉、董江爱）、《天使在作战》（朱晓军）、《集体离婚》（曹筠武）、《我的课桌在哪里》（黄传会）、《老年悲歌》（曲兰）、《矿难如麻》（长江）、《王家岭的诉说》（赵瑜等）、《红与黑》（一合）、《中国式拆迁》（阮梅等）等，这些作品提取的问题涉及广泛，有的题材题旨严肃重大，具有很强的反思意识、批判力度和悲悯情怀。

发表于 2003 年第 6 期《当代》的《中国农民调查》是新世纪“问题报告文学”中的重要作品。尽管作品可能存在以局部而概说整体等的不足，但作者陈桂棣、春桃以严肃认真的态度，历时三年采写安徽农村、农业、农民“三农”问题的长篇报告，至少在题材的选取和问题呈示的重大等方面具有重要意义，其引起广泛反响也主要在此。作品于 2006 年获得世界报告文学尤利西斯奖一等奖。

对于心灵物化的批判（如《集体离婚》等）和对于弱势人群的关注（如《我的课桌在哪里》等），是新世纪“问题报告文学”中最有新世纪特质的部分，“欲望书写”和“底层叙事”，生成了新世纪“问题报告文学”重要的叙写类型。《集体离婚》这一短篇所揭示的问题发人深省。为了获取开发区建设征地补偿政策设计漏洞中可能的利益，成百上千的人上演“集体离婚”的活剧。在这里，开发区实际上成为一个现代物化的意象，婚姻这样人生的大事演化为儿戏。这一切只是为了一个利益。《集体离婚》提供的是一个极端化的样本，它给出了物质时代人们精神沙化的严肃话题。《昂贵的选票——“230 万元选村官事件”再考》《矿难如麻》《红与黑》等作品尽管所写内容不同，但都指向欲望对于人性乃至生命的破坏。投入巨资参与村干部选举，其驱动力来自投资后利益回报的预期，而蝇头小利即可收买民意。金钱操控了“民主”，左右着选举。矿难是中国之痛，而矿难其实很大程度上是欲望之难。作者长江洞察到了这一点：“中国人能在‘原始资本积累’的过程中既发展了经济又保持住一份头脑的清醒？如果我们不能有效地控制住自己的物欲，如果我们的法制不能有效地发挥作用，那么今后等待我们的灾难也许还有许多。”这是发人深省之见。新世纪无疑社会的物质文明更加发达，但与此同时民生问题也日益凸显。在城市化建设中辛劳奉献的大批外来务工者，自身和他们的子女却在现代化之外。《我的课桌在哪里》以深沉的设问诉说生活在底层的弱势者的无奈，偌大的城市竟不易找到外来务工者子女学习之所。坚硬而华彩的城市对建设它的底层者少了应有的温情。父母到了都市打工，孩子留守农村，他们的生存境遇堪忧，阮梅的《农村留守孩子，中国跨世纪之痛》，以“跨世纪之痛”这样很有分量的重词，真实地叙写了农村留守儿童这一重要题材。在我看来，《人民文学》的“非虚构”，其最有价值的作品也是如《梁庄》这样反映底层生活真相的作品。

二、“复式”的话语空间

报告文学的文体命名规定了它的基本体性，“报告”所指意味着叙事内容具有新闻性、现实性和当下性。茅盾对报告文学做过颇具经典性的诠释：“每一时代产生了它的特性的文学。‘报告’是我们这匆忙而多变化的时代所产生的特性的文学样式。读者大众急不可耐地要求知道生活在昨天所起的变化，作家迫切地要将社会上最新发生的现象（而这是差不多天天有的）解剖给读者大众看，刊物要有敏锐的时代感——这都是‘报告’所由产生而且风靡的根因。"① 茅盾的言说指出了报告文学与时代所具有的特殊联系。在报告文学史上，许多名篇如夏衍的《包身工》、徐迟的《哥德巴赫猜想》等都是具有很强的现实性的。新世纪的报告文学继承了既往非虚构现实主义的传统，注意发挥这一文体及时反映现实的重要功能，使报告文学成为实录新世纪社会面目的现场报告。新的世纪中国社会进一步转型，时代的步履更为"匆忙而多变化"，重大事件更为密集，对此报告文学做出了极为快速的反映。记录2003年的"非典"，重要的报告文学作品有何建明的《北京保卫战》、杨黎光的《瘟疫，人类的影子——"非典"溯源》、徐刚的《国难》等，这些作品为历史留存了十分珍贵的关于这场"非典"发生、控制、救治等材料。摄录2008年四川汶川地震境况的报告文学更是数以百计，代表作品有《震中在人心》《感天动地——从唐山到汶川》《天堂上的云朵》《生命第一》《热血师魂》《废墟上的觉醒》《让汶川告诉世界》《北线大出击》《晋人援蜀记》《震不垮的川娃子》等，作者从不同的角度、不同的方面，各有重点地记写了地震灾害的惨烈、抗震救灾的感人和震后的恢复和重建。孙大光的《中国申奥亲历记》、孙晶岩的《五环旗下的中国》、李琭璐的《光荣与梦想》等作品，对中国申办、承办和举办奥运会的历程做了较为完整的叙述。2010年上海世博会刚结束，孙晶岩就出版长篇《珍藏世博》，在第一时间从文化的视角全面地描写世博仪态万方的场馆。除了这些重大事件以外，报告文学作家对国家的重大工程也做了迅速真实的载记，李春雷《宝山》、北方《大漠飞天》、孙晶岩《中国动脉》、徐剑《东方哈达》、蒋巍《闪着泪光的事业》等作品，分别以非虚构文学的方式，报告了特大型钢铁企业宝钢的发展、中国首次载人航天的发射、西气东输、青藏铁路以及高铁工程的建设。上述这些作品和反映社会问题的报告文学，成为真实生动地记录新世纪中国社会存在与进展的重要档案。

---

① 茅盾. 关于"报告文学"[J]. 中流，1937，2（11）.

在全面叙写现实生活的同时，新世纪的报告文学又特别重视开拓历史题材的写作，拓展非虚构写作的话语空间，形成了鲜明的报告文学叙事历史化的倾向。报告文学与历史题材发生较多的关联是在20世纪80年代，这一时期出现一批被称为“史志报告文学”的作品，主要有钱钢的《海葬》、董汉河的《西路军女战士蒙难记》、大鹰的《志愿军战俘纪事》和李辉的《文坛悲歌》等。在那样一个特殊的时代，一些“解冻的历史”因其具有某种特殊的新闻性而成为报告文学取材的重要对象，在价值生成上这类作品构成了历史与现实有意味的对话，也就是说这些作品不是单纯的历史非虚构，其意是指向现实的，带有很强的历史反思意识。到了新的世纪许多重要作家都参与了历史题材的报告文学写作。如何建明《破天荒——中国对外开放的划时代事件》《台州农民革命风暴》，李鸣生《千古一梦——中国人第一次离开地球的故事》《发射将军》，吕雷、赵洪《国运：南方记事》等都是历史非虚构叙事的作品。有的作家如出版《长征》《朝鲜战争》《解放战争》的王树增则专事历史题材的写作。第五届鲁迅文学奖报告文学奖入围作品历史题材比例之高，是创纪录的。初评入围22部（篇）作品，其中贾宏图《我们的故事》、李春雷《木棉花开》、岳南《陈寅恪与傅斯年》、丰收《王震和我们》、张培忠《文妖与先知》、陈愉庆《多少往事烟雨中》、彭荆风《解放大西南》、李洁非《胡风案中人与事》、赵瑜《寻找巴金的黛莉》均为历史纪实，或以历史纪实为主的作品。优秀的历史题材作品被鲁迅文学奖所认可，新世纪三届评奖每届都有两部（篇）作品获奖，占每届获奖总数的五分之二，2004年《瘟疫，人类的影子——“非典”溯源》（杨黎光）、《革命百里洲》（赵瑜、胡世全）获奖，2007年获奖的是《部长与国家》（何建明）和《长征》（王树增），2010年《解放大西南》（彭荆风）、《胡风案中人与事》（李洁非）得奖。这从一个特殊的方面表明，历史非虚构已成为世纪报告文学的重要组成部分。

历史叙事之所以在新世纪为报告文学作家所重视并且赢得图书市场的

青睐，主要在于叙事对象本身所具有的价值，同时也与作家的叙事智慧有关。王树增的作品是对长征、朝鲜战争和解放战争等的重新叙事，这些历史题材本身是内涵极其丰富复杂的立体，给作者的再述提供了可能的空间。以往相关的著述，大多是党史或军事史的结撰模式，是基于集体性的写作设计。而王树增关于解放战争等的叙事，他在遵循历史本身的逻辑规定性的前提下，强化了作为个人的历史叙事的某些个人性。在叙述的结构安排上，不照搬历史事件的时间秩序，而是根据表达之需进行调度重构，注意凸显出其中有滋味的段落，以造就叙述的魅力。胡风案是当代中国一个重大的文化事件，对此的写作不少。《胡风案中人与事》在众多的同题材叙写中，选取诸多普通人在胡风案中的遭际，显示出非常政治中寻常人生命运的无常，取事的视角和开掘的深度，使这一作品得到了有效的增值。何建明的《部长与国家》是一部大气感人之作。作品以老一代石油人艰苦创业建设大庆油田的丰功伟绩为主线，将时代大叙事与人物的性格叙事有机地结合了起来，再现激情燃烧时代特别的场景，又复活余秋里、康世恩等独具个性和人格魅力的可敬形象。作品对于过往光荣岁月与人物的缅怀，也正表示了新的世纪开创未来需要继承那种感天动地的时代精神。新世纪报告文学历史题材写作的热门，也应和了改革开放 30 年纪念的主题活动。2008 年和 2009 年之际，站在已经发生深刻变化的现实，回望 30 年前改革开放的发端和 30 年来的历程，别有深意，一些报告文学作家意识到这一叙事的特有价值，写作“纪念”非虚构作品，其中何建明、张胜友、李春雷、吕雷和赵洪、傅加华等人的作品更具特点和价值，吕雷和赵洪的《国运：南方记事》可谓是这类写作中的代表作。作者将“国运”和“南方”关联起来，以彰显广东改革开放对于中华民族振兴之旅的先锋意义。作品名为“记事”但重在写人，着力描写了与广东深圳经济社会发展深有关联的中央高层和省市领导，通过写人而记事，提供了许多有价值的历史细节。写人而突破了一般政治人物写作的不足，注意写出在重大历史进程中人物个人的气质和个性，是一篇可读性强的政治题材报告文学。

新世纪报告文学历史叙事的意义是不言而喻的。但新世纪报告文学对历史题材规模化开发所形成的历史化倾向，也成为这一文体招致诟病的一个话题，说者认为这是报告文学躲避现实前沿的一种表征。其实它的形成有着多种原因。这固然有躲避现实的一面，但同时也与价值拓延的新世纪报告文学出现的题材泛化有关。在这种泛化中，历史题材的写作对报告文学作家具有很大诱惑力。现实题材的写作风险、写作成本相对于历史题材的写作明显要高。历史题材是一座富矿，其中很多既可规避现实的限制，又为读者所期待，具有较好的市场预期。它的写作也需要采访，但有的“取巧”者，更多地依赖于资料写作，减轻大量采访的辛劳，这样有些历史非虚构就成为纸面“搬运的”写作。在我看来，面对文体泛化的实情，我们需要突破的是对报告文学的既有认知。“报告”意指第一是非虚构，这是从内容的品质认定的。第二是“新闻”，主要考虑对象的时间性。具有新闻特性的报告文学应以报告当下现实为主，但历史存在中那些未被知晓的、对于读者而言具有某种“新闻的意味”的部分，也是报告文学应该加以记写的。但是报告文学的历史化确是值得我们关注的。历史叙事面临着历史想象如何规避主观虚构的难题，有些作品在还原历史人物与事件时，无节制地采用小说故事化的处理方式，使作品的非虚构性遭到了质疑。另外，报告文学的历史化和某些现实前沿题材写作的缺失，也是为人指说的一个重要原因。新世纪 10 年既是经济社会快速发展的 10 年，又是各种矛盾凸现的时期，作为时代记录者的报告文学对此是有所反映的，其中也有一些具有相当深度的作品，但总体上少有观照广泛、思考深刻、文学表现力强的优秀作品，如对底层问题、民生问题、公共安全问题、腐败问题和社会管理问题等，还没有兼具整体性、容量丰富和思想力度的大作品。这些话题的写作显然比很多历史叙事难度系数大。新世纪报告文学的就易避难、就轻避重、舍近就远，成为这一文体写作的一个问题。

三、叙事形制的建构

报告文学是一种“新闻文学”，它的新闻性不仅要求所写取事时新，内容非虚构，而且也体现在作者写作与读者接受的方式上。一般而言，报告文学的写作讲究快速反应，读者也需要以较少的时间阅读作品，因此篇幅大多较短，也有中篇，但很少有长篇作品，《包身工》《谁是最可爱的人》《哥德巴赫猜想》等都是万字以内的作品。20世纪八九十年代开始出现长篇报告文学的写作，到了新的世纪，报告文学则进入到一个全面长篇化的时期。现成的例证是新世纪10年历经三次鲁迅文学奖评奖，共有15部作品获奖，其中长篇占13部，仅有朱晓军发表在《北京文学》2006年第6期的《天使在作战》和李洁非发表在《钟山》2009年第5期的《胡风案中人与事》不是长篇，但也是中篇作品，短篇报告文学已经连续三届没有在鲁迅文学奖中取得一席之位。

报告文学在新世纪出现长篇化的形制，这有其内在的理据。其一是题材本身的需要。有些作品的题材容量大，适宜以长篇的格局加以叙写。如王树增的《解放战争》，所写是现代中国最为重大的事件之一，时间跨度较长，事件关联错综复杂，人物林林总总，所以不是短篇或中篇的形式能够容纳。当然是否有必要以上下两大册一百多万字的巨著型规模安排，也是可以探讨的。有些题材是新生的，需要对相关的要素做相对完整全面的报道，如傅宁军的《大学生“村官”》，题材关系着国家的一项重大的战略安排，作品以集纳的方式选取具有代表性的“村官”加以叙写，这样的设置篇幅会长一些，但也有效地增加了报告的信息容量。连载于《报告文学》的王宏甲的《休息的革命》，在题材上独具特色。作品具体地生动形象地从“休息的革命”这一独特的视角，反映了中国改革开放的历史进程。作品所说的“休息的革命”是指近30年来旅游业的深刻变迁，但其中主要的价值并不是编写当代中国旅游发展史，而是通过特有意味的人物和重要事件的叙述，展示具有特殊史意的中国形象的演进。对于这样的题材显然应以一定体量的作品才可承载。

其二是题材的新闻性相对弱化后，作者注重以叙事的细密化、故事性等的设置，生成作品对于读者的阅读魅力。新的世纪是一个全媒体竞呈的时代，资讯发达而空前活跃。原先以新闻性作为作品基本支撑的报告文学必须寻找新的吸引读者的因素，而且这种因素能够最大化地体现语言艺术的特长。这样加大作品内在的叙事密度，强化作者思考的深度等，就成为非虚构作品写作可以选择的重要路径，但实际上在这样一个“非启蒙”时期，达成思考的深度只是一种理想，普遍的问题是作者的思想能力不济。因此作家能够首选的就是通过多种方式细密叙事，在细密叙事中造就局部的细节的“新闻性”。航天报告文学作家李鸣生的《千古一梦——中国人第一次离开地球的故事》《发射将军》，从题材类型而言并无新的开拓，但作品在叙事构件的处理上有新的作为。《千古一梦》设计了“双声叙事”，即作者（采访者）叙事和人物（被访者）叙事的结合，通过这样的方式丰富了作品的内容，特别是导入当事人的自述，以人物的亲历亲验，真实地还原出特定时空中人物和事件的现场情状。《发射将军》则注意在实体叙事中有机地穿插软性叙事，所谓“实体叙事”是指与作品主人公“发射将军”直接关联的主干内容的记写，而软性叙事则如导弹部队饥饿、文艺生活极度贫乏等的叙说，其中有现在看来难以置信而在当年却是实情的生活故事。有些作品适应于读图时代的需要，采用文图结合的叙述方式，以文字的言说为主，同时配以照片。照片是特殊的文字，但更直观真切，与文字的描写相得益彰。获得第三届鲁迅文学奖的西藏作家加央西热的《西藏最后的驮队》，是对藏族“驮盐”文化所做的一次别有滋味的纪事，作品附有许多与叙述内容相关的反映藏地风土人情的图片，读图看文，增强了作品的美感。李鸣生的《震中在人心》则是一部自觉运用镜头观察和叙事的作品，“用镜头定格真相，让文字留下思考”，大量的照片极具视觉冲击力和情思震撼力，不只是为文字的叙述提供了直观的背景，而且照片本身成为作品的一种独特的叙事元素，生成了超越文字的叙述力量。

其三是新世纪报告文学叙事的粗放也与一些作家对于报告文学体性的把握偏颇、与他们文学表现力的退化有关。报告文学是一种非虚构的文体，因此，从某种角度而言也是一种对报告对象做有效选择的文体。选择不仅反映了作家的眼光和认知能力，而且也体现出作家的文学表现能力。选择不仅要求对于题材能有整体的把握，而且对于所选人物事件进行“二度选择”也是写好作品的关键环节。不注意对材料进行精选，不能对材料做有表现力的呈现，这样叙事的粗鄙就是必然的了。

造成新世纪报告文学长篇化的另外一个重要原因是市场的推力。作者和出版商为“利益最大化”驱使，助长了报告文学的“长风”。新世纪报告文学的生产方式和传播方式较前有明显的不同。许多重要的作品先在一些重要的刊物以大篇幅推出，同时进行必要的评论和宣传，有的作品在报纸连载、广播电台连播，造势热身，然后再由出版社出版，而出版社的出版就有了一定的规模要求。这是“一箭多雕”的事，作者、刊物媒体和出版社甚至出版商均有利可图。而这样的机制诱发了报告文学写作的长篇追求，由此伴生出报告文学叙事的粗鄙。一些作品小题大做，以无效叙事充填作品，一些作品演绎为枝蔓芜杂、挥洒无度、滋味寡然的“随笔”。

正是在这样的背景中，中国报告文学学会倡导报告文学的精短化，先后举办“‘雪凡妮杯和谐美’全国短篇报告文学征文”“‘是谁感动我们’全国短篇报告文学征文”和“‘瑞安华富杯’全国短篇报告文学奖”等活动。但真正对报告文学精短化具有直接推动作用的还是报纸媒体，《人民日报》《光明日报》《南方周末》和《文汇报》等发表了不少有影响的作品。由于报纸版面的限制，促使作者自觉地注意在精选材料、精心结构、凝练叙事、优化语言等方面下功夫。何建明的《永远的红树林》（《光明日报》2004年7月9日）所写关涉树立和落实科学发展观的时代核心主题。作品所写的人物及其事迹，包括“红树林”的寓意，无不指向并演绎着科学发展的时代命题。作者借象寓意，述事明理，是一篇写得凝练有致的作品。韩小蕙的《吉妮丽吉情歌——写在“中国南方喀斯特”申遗之际》（《光明日报》2006 年 8 月 4 日），是一篇抒情散文式的报告文学，所写的是“中国南方喀斯特”申报世界自然遗产之事，作者没有线性地铺叙相关的申遗活动，而是以散文的方式将瑰丽奇异的自然、美丽丰富的想象和美好的人情品格，有机地融合在一起了。曹筠武约 5000 字的《集体离婚》（《南方周末》2006 年 5 月 25 日），其间浸润着杂文的滋味，具有很强的阅读张力。题目设置了某种悬念，激发读者的“猎奇”心理，作品通过所叙“奇”事，凸现了我们这一时代某种“时代病相”。《集体离婚》与其说是闹剧，不如说是现代人集体的精神悲剧。张胜友的《让汶川告诉世界》（《人民日报》2009 年 5 月 12 日）是一个大题目，作品宏阔势壮，取高端视角统摄材料，以跳跃的语言段落，重点报告生命抢救、灾民安置、震后重建等关键环节，以有限的篇幅表现了丰富的主题内容。

四、报告文学生产力的格局

观照报告文学文体的独特，我们还可以从报告文学作家的基本构成取事言说。新世纪三届鲁迅文学奖报告文学类获奖者共 17 人，年龄最大的彭荆风 20 世纪 20 年代出生，获奖时 81 岁；40 年代出生的有王光明、胡世全和张雅文 3 人；50 年代出生的有 8 人，是王树增、杨黎光、王宏甲、朱晓军、赵瑜、李鸣生、何建明和加央西热；60 年代前期出生的有姜良纲、党益民、关仁山、李洁非 4 人；年龄最小的李春雷 1968 年出生。由此可见报告文学作家的中坚力量是 50 年代和 60 年代初期出生的，具有全国性重要影响的年轻报告文学作家较少。从新世纪报告文学创作的实际贡献看，“跨世纪”报告文学作家支撑了这一文体写作的基本局面。所谓“跨世纪”作家是指 20 世纪八九十年代进入报告文学，在创作已有重要实绩，并且在新的世纪仍然保持着良好写作状态的一批作者。这里我们可以列出一长串的名字，主要有徐刚、赵瑜、何建明、杨黎光、李鸣生、徐剑、王宏甲、黄传会、陈桂棣、梅洁、孙晶岩、王光明、王树增、胡平、蒋巍、杨守松、刘元举、一合、长江、徐江善、曲兰等，报告文学可能不是属于年轻人的文体，我们自然不指望也有“80后”的报告文学作家，甚至“70后”的报告文学作家在2010年《梁庄》作者梁鸿“冒出”之前似乎也未有所闻。在这样的情势中，新世纪报告文学能有一种稳定常态的局面，主要有赖于跨世纪报告文学作家的作为。跨世纪报告文学作家他们的存在具有多端的意义。他们持久的具有活力的质量较高的创作，使20世纪80年代以来的中国报告文学史的行进未曾终止或停歇；他们中的许多人赓续了20世纪优秀报告文学作家襟怀天下、肩担道义的品格，使报告文学的文体精神在新的世纪得以基本守持。

何建明是报告文学作家中少有的全国劳动模范，他以自己数十部作品诠释着作家劳动模范的真实含义。1995年推出的《共和国告急》，是当代报告文学中第一部反映矿产开发、管理，揭露矿难问题的作品，获得首届鲁迅文学奖；1998出版的《落泪是金》叙写大学生贫困问题，引起广泛影响。新的世纪何建明的报告文学写作进入峰值之态，出版了《中国高考报告》《根本利益》《国家行动》《部长与国家》《国色重庆》《台州农民革命风暴》《我的天堂》等长篇作品，成为新世纪中国报告文学的领军人物之一。特别可贵的是何建明没有缺席一些重大突发事件和重大题材的写作，深入现场扎实采访，写出了《北京保卫战》《生命第一——5·12大地震现场纪实》等具有重要题材价值的作品，显示出报告文学作家的专业精神和职业品格。赵瑜是中国报告文学从新时期到新世纪发展史程中具有贯穿性意义的代表作家。20世纪80年代赵瑜就以《中国的要害》《太行山断裂》《但悲不见九州同》《强国梦》《兵败汉城》等作品立定了他在报告文学中地位。90年代的长篇《马家军调查》承继作者此前善于反思、批判的风致，又在客观叙事、文化省思等方面具有新的开拓。新世纪 10 年，赵瑜独立或与人合作写作出版了《革命百里洲》《晋人援蜀记》《火车头震荡》《寻找巴金的黛莉》《王家岭的诉说》等作品，在题材上有所拓展，对于作品叙事艺术的求新更为自觉。以《走出地球村》《中国 863》和《震中在人心》而分别获得第一、第二和第五届鲁迅文学奖的李鸣生，也是一位重要的跨世纪作家，其题材主要涉及科技尤其是航天领域。李鸣生具有自觉的报告文学文体意识，新世纪以来出版的《千古一梦》《发射将军》和《震中在人心》等作品，重视作品叙事的艺术设计，注重作品文学性的内在生成等。许多跨世纪作家在新世纪成为成熟的作家，形成自己的写作风格。像《东方哈达》作者徐剑表达的诗意，杨黎光人物表现的抵达人性，黄传会对于贫困题材的朴素而深沉的记写，一合反腐写作的心理透视等，各具特色和优长。跨世纪报告文学作家多样化风格的呈现，使新世纪报告文学的景致大体可观。跨世纪报告文学作家创作中存有的不足，主要表现为全球化时代的视野遮蔽，整体上缺乏开阔的国际视野，无法基于更广的视界观照并解说表达客体。在文本营构中，相当多的作品有一种平面叙事中的深度缺失，一些作家只满足于故事的叙说，自觉或不自觉地忽视或放弃了主体对报告对象的理性穿透。

关注新世纪报告文学的作家构成，我们会发现报告文学新人无多。所以“60 后新生代”这样的表述，不是故意做“悖论性”的语言设置，而是对存在的一种写实。“60 后”报告文学代表作家主要有李春雷、党益民、陈启文、阮梅、朱玉等，其阵营大不如“50 后”报告文学作家群。我们指说“60 后”报告文学作家为“新生代”，不是说他们此前没有过成功的写作实践，而是说在新世纪他们能以报告文学作家的身份，开始走到这一文体的前台。党益民有《用胸膛行走西藏》《守望天山》等大写军人兵事的作品，作者以刻骨铭心的亲验感受，真实地记写、讴歌不畏艰险、忠于职守，具有壮美牺牲精神的人物，作品激扬着的巨大的感人力量，可净化我们被污染的生命和心灵。李春雷是报告文学作家中最年轻且创作活跃也具有较高水准的一位，其工业题材《宝山》和政治题材《木棉花开》的写作有成，显示出作者处理题材、选择质料、布局作品和语言表达等多方面的特异能力，是一位特别有报告文学文体感觉的青年作家。2010 年因为《人民文学》“非虚构”的力推，“70 后”作者梁鸿以《梁庄》（江苏人民出版社出版时名为《中国在梁庄》）进入报告文学的写作空间。《梁庄》的写作的内驱力来自作者浓郁的故乡至情和深刻的现实乡村之痛。“这是一部具有别样之美的田野调查，又是一部与众不同的纪实文本，更是一扇认识当下中国独具慧眼锐思的理论之窗。从这里，正可以触摸今日中国与文学的心脏。”① “蓬勃的‘废墟村庄’”“今天的‘救救孩子’”“守在土地上的成年闰土”，作品以这样的叙事内容和严肃的主题表达，或为非虚构写作的发展给出了一种新的可能。此前梁鸿从事文学研究和评论，此后，我想大概也不会有所大的改变。因此，我更愿意“梁鸿”表示着一种希望，报告文学文体的继往开来需要有真正的“新生代”接力创造。

① 《中国在梁庄》封底阎连科语。

第六章 | ◆

当代报告文学叙事变化的一种观察

报告文学这一特殊的文体，其特异之处很大程度上在于它既文学而又非虚构的独特体性。它的非虚构性，决定了报告文学与现实对接的直接性。社会的特殊存在通过作家的写作取向，制导着报告文学的生成或流变，因此报告文学的发展史实际上可能就是另一种形态的社会史，而另一方面社会存在与时代的精神风致，规定了报告文学的题材选择、主题提炼，甚至是它的叙事面貌，这样报告文学史也就具有了社会发展史的某些意味。

当代中国70年报告文学史，高清地留存了当代中国社会发展的全息图景，两者之间的关联紧密而特殊。对这种关联性我们可以做多维度的研究，在这里我们只是从叙事模式的变化看取其关联的具体景象，并且解析叙事变化的文体意义。从文体论的常识看，一种文体的基本功能以及相关的形式配置，与这一文体发生时的特殊需要是相关的。报告文学作为一种新闻文学样式，是伴随着近代新闻的发生发展而生成的。其起始担负着为在野阶级发言的职志，意在揭示社会的本相，暴露现实种种非理性的存在，所以捷克著名报告文学家基希以为报告文学是一种“危险的文体”。中国发生发展期的报告文学，如梁启超、黄远生、夏衍等人的作品就以主题深刻的批判性，在报告文学史上确立了自身重要的地位。1936 年夏衍推出的《包身工》，在报告文学史上具有文体范型的意义，其非虚构的真实性、形象生动的文学性和深刻精警的批判性，构成了报告文学文体的“三元要素”。

但近现代时期报告文学的这种历史生成性，在进入当代语境后被新的时代新的时期总体主题所改造，时代精神成为报告文学的文体精神，而时代精神的推演影响着报告文学的文体存在。当代 70 年报告文学，如果从叙事模式变化的角度观察，大致经过了 20 世纪五六十年代的激情书写、70 年代末至 80 年代的启蒙言说、90 年代以来的中和叙事这三个阶段。这三种叙事的样态，在我看来可分别指称为主流意识形态叙事、知识分子叙事和文体本位叙事。这是我们观察当代报告文学文体流变的一个有意味的视角。

一、激情书写与主流意识形态叙事

20 世纪 50 年代新生共和国的报告文学，其基本主题有两种，即为歌颂“最可爱的人”和歌颂建设新成就。这种歌颂既是现实的反映，同时更是时代的需要。志愿军战士体现了崇高的爱国主义、国际主义和牺牲精神，自然应当为报告文学大书特书；日新月异的建设成就，感奋人心，报告文学应当迅捷地加以报告。而歌颂之于新生的共和国尤为重要。这符合历史的某种法则。新生的中国需要通过对自我的肯定表达其立国的合法性，由此统一人民对国家的认同，凝聚民心建设祖国。这在当时特定的时代语境中，是一种非常逻辑化的选择。这样歌颂所当歌颂，在文学为政治服务的文学中心化的时代，就成为不以作家个人意志为转移的主流意识形态意志。尽管 50 年代中期受苏联特写作家奥维奇金“干预生活”主张的影响，在《人民文学》等刊物上发表了一些题旨干预生活的报告文学，如《在桥梁工地上》《本报内部消息》《马端的堕落》《被围困的农庄主席》，但很快作者和作品因“不合时宜”受到否定。这样的情状已不是一种个人的行为，而是一种集体性的意识形态需要了。以历史的观点研究历史，我们可能会对历史存在多了一种走近历史以后才有的理解。50 年代报告文学歌颂性的“公约”，也来自对解放区文学传统的继承。从文学的基本形态和内在品质看，50 年代文学和解放区文学只是一种“转场”。报告文学的歌颂要求是解放区对这样文体功能的一种预设。在延安解放区，正如著名报人赵超构所观察到的，“小说虽然荒凉，报告与速写一类的作品却相当丰富，过去写小说的作家，现在多在这方面写作。这些报告文学的内容，都是歌颂边区人民各方面的英雄人物或者褒扬边区建设事迹的。”① 当然，报告文学歌颂的“转场”是一种“放大”，由局部的区域性设置变为了国家整体的文学基本策略。这样报告文学的歌颂性书写也就成为体现国家意志的一种典型的意识形态叙事。这样的设置，并不是报告文学文体的一厢情愿，而是时代生活的主调，是报告文学书写的客体所决定的。时代以巨大的进步行进着，共和国以崭新的面貌呈现出人民当家作主，建设生活的欢欣。报告文学由“在野的文体”，总体性地转型为时代报告，具有某种历史的合法性。

“语言、声音、文字，在它们作为一般抽象物的时候，并无政治文化意义，但当他们与某种特定的政治心理联系在一起的时候，就会成为政治文化的外延。”② 具有某种功能特指性的文体，更是这样。英国学者伊格尔顿指出：“形式通常至少是一种因素的复杂统一体：它部分地由一种‘相对独立的’文学形式的历史所形成；它是某种占统治地位的意识形态结构的结晶……马克思主义批评所要分析的正是这些因素之间的辩证统一关系。因而，在选取一种形式时，作家发现他的选择已经在意识形态上受到限制。他可以融合和改变文学传统中于他有用的形式，但是，这些形式本身以及他对它们的改造具有意识形态方面意义的。一个作家发现身边的语言和技

① 赵超构．延安一月［M］．上海：上海书店，1992.

② 孙正甲．政治文化［M］．哈尔滨：北方文艺出版社，1992：84.

巧已经浸透一定的意识形态感知方式，即一些既定的解释现实的方式。”①文体是具有复合构成的形式，与其他文体相比，报告文学更体现出意识形态的某种倾向。从它发生初始可见，这一文体明显地表达在野阶级的意愿，而在特定的历史时期它又负载主流意识形态的意志。报告文学的这种意识形态的“浸透”，规定了它“解释现实的方式”。

我们所说的报告文学的激情书写，正是这一文体主流意识形态化的重要表征。所谓激情书写，其价值取向是正面歌颂，其文体形态是通讯化，表达景观多抒情性文字。魏巍的《谁是最可爱的人》是激情书写的典型文本，是20世纪50年代影响甚大的“朝鲜通讯”的代表作。通讯化的《谁是最可爱的人》在文体分属时常是跨类的，我们指称它是报告文学，但在很多通讯选本中都收有这篇作品。通讯作为一种新闻体裁，它不同于消息，具有很强的主体抒情色彩和形象性，走向了文学，所以我们会将其归为报告文学一类；而通讯又和报告文学相异，它的新闻性，在新闻作为“党和人民喉舌”的功能规定中，它必然具有意识形态色彩，具有更多的宣传性、鼓动性。作品开篇扣题而来，以情领起：“在朝鲜的每一天，我都被一些东西感动着；我的思想感情的潮水，在放纵奔流着；我想把一切东西都告诉给我祖国的朋友们。但我最急于告诉你们的，是我思想感情的一段重要经历，这就是：我越来越深刻地感觉到谁是我们最可爱的人！”中间具体叙写松骨峰战斗等三个典型事例，以感人的实例讴歌志愿军战士崇高的爱国牺牲精神、国际主义精神和乐观主义精神，最后以第二人称的排比语式，将抒情推至高潮，并揭示本篇的主题。“亲爱的朋友们，当你坐上早晨第一列电车驰向工厂的时候，当你扛上犁耙走向田野的时候，当你喝完一杯豆浆、提着书包走向学校的时候，当你坐到办公桌前开始这一天工作的时候，当你往孩子口里塞苹果的时候，当你和爱人一起散步的时候……朋友，你是

---

① 伊格尔顿．马克思主义与文学批评［M］//陆梅林．西方马克思主义美学文选．桂林：漓江出版社，1988：686.

否意识到你是在幸福之中呢？……朋友！你是这么爱我们的祖国，爱我们的伟大领袖毛主席，你一定会深深地爱我们的战士，——他们确实是我们最可爱的人!”这篇作品的结构是通讯式的，导语式入题，典型化叙写，卒章显志升华主题，但具有强烈的抒情性和文学的感染力，以一种独特的方式实现了在特定语境中报告文学所需要的主流意识形态价值。这样的叙事模式深具影响，20 世纪 60 年代的《为了六十一个阶级兄弟》《县委书记的榜样——焦裕禄》和新时期初期的一些人物报告文学，新闻通讯的味道较浓，这种“跨体”的叙事样式，一方面可以表示报告文学体式的多样性，但另一方面也可说明这一文体尚未取得它的独立性。

二、思想为美与知识分子叙事

我们指称 20 世纪 70 年代末至 80 年代的报告文学，是一种启蒙叙事，这是从总体的或从叙事意义提取的角度考虑的。而从报告文学的实际存在而言，通讯化叙事和此后渐成风致的中和叙事也各有显现。这是一个承前启后的时期，因此多种叙事浑成，但这一时期的以思想为美的启蒙叙事，无疑是最具特质和影响力的。

报告文学启蒙叙事成为 20 世纪 70 年代末至 80 年代（我们可以简称新时期）最具意义的叙事方式，这从根本上说是特定的社会文化生态使然。这样一个时代是一个启蒙的时代，是一个需要启蒙并且能够启蒙的时代。国家主流意识形态与知识分子公共价值在这一特殊的时段在启蒙话题上达成前所未有的趋同，尽管这种趋同的方式、旨归等有异，但却造就了一个深具史意的启蒙场域。在国家层面，十年“文化大革命”终结，社会开始清理并反思历史；除旧布新，现实的改革开放需要解放思想。适应这样的社会大势，思想界掀起关于“实践是检验真理的唯一标准”的讨论，对既成的教条进行质疑。国门重开，西方各种思想文化纷至沓来，给人们提供异质的思维资源。而在这样的社会文化生态中，文学义不容辞地担当起时代赋予的责任。在精神的层面，重回五四，接续五四文学未竟的“科学”“民主”的启蒙精神。启发蒙昧，正是知识分子的职志，因此，在我看来以启蒙精神表达为基本价值的启蒙叙事，换言之是一种知识分子的叙事。报告文学从其原初的意义指向和精神本旨看，就是一种知识分子的写作方式。“以现实报告为基本特征、以社会批判为重要价值取向的报告文学与以人类基本价值守护为使命，以人文关怀和启蒙性、批判性为基本职志的知识分子之间，具有相互契合的内在逻辑。知识分子自我实现的方式有很多，但毋庸置疑，报告文学是其中的一种重要方式。从发生学的角度视之，报告文学正是近代知识分子借助于其他文化条件所新创的一种具有显性社会意义的独特文体。”① 而从新时期前期 10 余年的实际看，正如有研究者所认为的，“从总体上看，新时期的报告文学程度不同地体现出作者的社会责任感和历史使命感。他们怀着对祖国和人民的命运的强烈的政治热情，敢于直面社会生活中的阴暗面，勇敢揭露非人道现象和丑恶腐败现象。正是这样一批富于批判精神和反思精神、力求开拓、勤于思考的作者，着意从时代高度来观照历史、审视现实、展望未来”②。这里所说的“社会责任感和历史使命感”“批判精神和反思精神”等，正是知识分子型报告文学作家的重要品格。具有这样品格的报告文学作家主导了这一时期的报告文学创作，使得此间的报告文学显示出作为知识分子写作的诸多典型特征，而思想启蒙无疑是最值得我们重视的。当时重要的当事人麦天枢的言说，为我们的观察提供了直接的支撑：“用报告文学的形式，把对社会生活的认知、观察、思考这种理性的成果，用文学形象的方式拓展出来，交代给社会，在社会上起启蒙作用。”③

---

① 丁晓原. 文化生态视镜中的中国报告文学［M］. 上海：复旦大学出版社，2008：25 - 26.

② 陆贵山，王先霈. 中国当代文艺思潮概论［M］. 北京：中国人民大学出版社，1989：40.

③ 麦天枢语，见《1988 · 关于报告文学的对话》。

20世纪70年代末至80年代报告文学的启蒙叙事，在题材选择上多对重大的社会问题做观照摄取，有不少作品重视在结构上对问题进行“集纳”处理，以显示问题的普遍而严重。这样的写作被命名为“问题报告文学”，它“不再以某一个单一事件或人物为中心，而是环绕着某一个具有广泛社会性的，人们普遍关注的社会问题、社会现象为中心，进行选材和采访报告”①。从一定意义上说，这一时段的报告文学是“问题报告文学”，其间报告文学有所谓的轰动效应，往往与这类作品所产生的社会影响有关，《人妖之间》《中国的“小皇帝”》《洪荒启示录》《国殇》《西部在移民》《世界大串联》《伐木者，醒来!》等作品所反映的问题，一时成为文坛和社会热议的重要话题。在作品的价值判断上，“问题报告文学”当然是以对非理性、非人性的问题存在进行批判为题旨的。其中一些优秀的作品并不满足于对问题做展览，而能对此做深入的分析，其对问题存在的批判是建立在理性基础之上的，因而批判具有信度和力度。正是这样的理性批判生成报告文学的启蒙价值。当时一些优秀的报告文学作家，其角色的自我定位是知识分子，他们持守社会的公共理性和良知，奉行“思想为美”的写作理念。

“思想为美”的倡言，一方面是对指说思想性见长的报告文学文学性不强的回应，另一方面正面表达了他们对于报告文学思想含量和精神深度的自觉追求。此外，与作品对于问题表象穿透的理性追求相关，强化了主体的直接言说，形成了报告文学政论化的鲜明特色，在表达上有一种“政论插笔”的设置，这些插笔往往是我们理解作品深刻思想的文眼。麦天枢的《西部在移民》是20世纪80年代“问题报告文学”的一个标本，也是此间报告文学启蒙叙事的成功之作。作品发表在1988年第5期的《解放军文艺》，获得百家刊物发起的“中国潮”报告文学征文一等奖第一名。《西部

---

① 李炳银.“问题报告文学”面面观［J］. 解放日报，1988（1）.

在移民》的题材题旨上并不指向反专制、反腐败，涉及的是一个有关西部贫困的话题，以甘肃定西和宁夏西海固地区的贫困农民作为观察思考的对象，但作品又不是一般意义上报告扶贫，而是直指物质贫困背景下的人的精神困厄，它通过对贫困者精神劣根性的揭示，实际上给出了一个十分严肃的反愚昧的主题。在作者看来，西部的贫困，不仅在于自然条件的贫瘠，而且更在于人的精神的荒芜："贫困，作为瘠薄的土地与繁荣的人口的私生子，尽管它不合我们的时代观念，但它毕竟出生了。社会在分发它的优越性的时候，不知不觉把人的品质中腐朽的依赖性充分地挥发出来，使大片土地物质的贫困又陪伴着精神的贫困，使人性的沙漠浩瀚无垠。"读《西部在移民》这部作品，我们很容易想到鲁迅表现国民性的小说杂文，这种联想表明，启蒙叙事的优秀的报告文学与鲁迅深刻的启蒙精神是联通的。

三、中和平实与客体本位叙事

文变兴替与时推移。报告文学运行至 20 世纪 90 年代以降发生许多重要的变化，就叙事形态而言，开始告别高蹈一时的启蒙叙事，也少了一些激情燃烧的诗化书写，代之而成风气的中和叙事。所谓中和叙事，在叙事处理上与新写实小说客观叙事有异体同向之意，这倒也不是"感情零度"，趋向的是对主体外倾的控制，回到对象本身，由叙事自身进行自叙事。这种叙事的转向，其根因在于社会存在的变化。这一时段，中国社会走向全面转型，与之相应的社会思想文化更为开放多质。人们的价值观念更趋多元，知识分子也多退隐转移，以至有"寻找知识分子"之声回响。经济时代物质至上，享乐主义成为时尚，这样基于公共理想的激情主义、启蒙精神就从某种中心地带走向了边缘。而从报告文学文体本身看，报告文学作家对于过度抒情和直接议论等主观性叙事欲望，在特定的时代语境中颇多消退，这种主观性叙事欲望的消退也来自对报告文学叙事失真的警惕。报告文学作为非虚构文体，其客观真实性是这一文体独特价值生成的根本。抒情铺张会影响报告文学的非虚构性，而恣意论议有时难免造成价值判断失当，使作者陷于被动。同时价值多元时代，读者对于报告文学的接受也从激情思想型作品转向平和写实的作品，读者不再单纯地现成地依赖于作者解说性的叙事，而更愿意作为一个独立的接受主体，在进入作者给出的关于人物事件或现象问题的本真时空中做出自己的解读。所有这些促成了报告文学中和叙事的可能与必要。

中和叙事在文体的置备上，报告文学作家更倾向于选择“调查”体。所谓“调查”求取的是事实的本相，在回到对象存在的现场中提取能反映出客观真实本质真实的大端和细节。“调查”体强化的是对事实的尊重，以事实说话，相应地弱化作者主观性的言说。20 世纪 90 年代调查体报告文学，当推赵瑜的《马家军调查》为代表。这部 40 多万字、《中国作家》1998 年第 3 期以整本规模发表的作品，虽然没有在重要的主流评奖中获奖，但它在报告文学文体上的意义是应当被我们重视的。作者赵瑜是当代中国报告文学史上具有重要影响的主力作家，20 世纪 80 年代也写过激扬文字干预现实的作品。写作《马家军调查》时，作者对过往的“情绪型”写作进行了反思，他以为“报告文学要深化，首先避免非黑即白的简单批判。过去我写作也犯过偏激的毛病，一味追求震撼力，给后人的深思不足，因而也削弱了批判的力度”①。《马家军调查》所写的是体育界著名的马俊仁团队，成也马家军，败也马家军，但赵瑜没有一般地走“冠军文学”的叙写之路，进行简单的歌颂或批判，而是通过深入的调查与扎实的采访，以人物作为写作重点，突破以体育说体育的视界，将马家军与体育文化、体育文明、东北文化、中国社会文化等关联起来，在平和纪实的调查中完成了一个立体的多质的真实的马家军的还原。在 20 世纪初 10 年的报告文学中，如以中和叙事例说，我以为《昂贵的选票——“230 万元选村官事件”再

① 方文.《马家军调查》座谈纪要［J］. 中国作家，1998，3.

考》也是一个重要文本。这部作品刊发于2005年第5、第6期《报告文学》上，作品所写的是一个重要的事件，涉及中国乡村民主建设进程中的重大问题。“230万元选村官”表示着金钱通过“选举”以寻租权力，而对于权力的投资在于获得更大的利益。对于这样的题材，作者通常是“有话可说的”，但作者能够克制自己，以“再考”的方式注重以客观理性呈现事件的本貌，正如刊物发表时“编者按”所说，“作为报告文学，其主题建构的丰富与深刻，思想表达的理性与独立，文本叙述的内敛与流畅，近期来难得一见。作品所描述的事件，曾被众多国内主流媒体以‘荒诞’‘恶劣’的定性沸沸扬扬地炒作过。……作者作为一名农村基层民主政治建设的深入考察者和亲身参与者，没有为强势媒体的倾向所左右，以求真去伪的科学态度努力还原事件的本来面目，替无语的事件主人道出内心的真实”①。“编者按”对这部作品的评价，正显示了报告文学中和叙事的一种价值。中和叙事是回归报告文学对象本身的一种客观理性叙事，它是对报告文学真实性的一种尊重。

从叙事流变看，非虚构写作是一种推重客观叙事的写作形态，因而具有典型的中和叙事风致。非虚构的再一次提出，一度引起了某种称名的混乱。现在有以非虚构或纪实文学取代报告文学指称之趋势。但这种取代存在两个基本的问题。一是非逻辑的层级错置。非虚构或纪实文学是“文类”的概念，而报告文学是“文体”的概念，它们并不处在同一层级上，其外延和内涵并不完全一致。从文学文本与客体存在的不同关系看，写作可以分为虚构文学和非虚构（纪实）文学两大类，在虚构文学和非虚构文学大类下又可细分出许多种类或文体，比如虚构文学大类中有小说、戏剧等典型文体，非虚构文学有报告文学、人物传记、叙事散文等典型文体。因此从属种的逻辑关系看，不能随意地将报告文学置换为非虚构或纪实文学。

① 魏荣汉，董江爱．昂贵的选票：“230万元选村官事件”再考［J］．报告文学，2005（5）．

因为某一文类中的各子类既具有类的共同的属性，又具有各自特有的体性。比如同属于非虚构文学的报告文学和叙事散文就有很大的不同，报告文学是新闻文学，新闻性为其重要的特征，而叙事散文“忆语”是一个显性的特点，这一类写作更多时候是对往事的追忆。二是内涵的本质属性差异。报告文学和非虚构、纪实文学，在“纪实”的伦理上有着不尽一致的要求，有所谓严格的纪实和宽松的纪实的不同。报告文学从新闻演化而来，强调新闻的客观真实性，对真实性有着严格的要求，尽管在创作中也存在弄虚作假的现象。非虚构其实不是一个新的提法，它源自美国的“非虚构小说”。从“非虚构小说”的命名看，它既“非虚构”又“小说”，如同“纪实小说”“报告小说”等命名一样，尽管说者也强调非虚构，强调真实，但又很难厘清它与小说虚构的关系。从我们在一些刊物“非虚构”栏内发表的作品看，有的作品标为“非虚构小说”，因为有着“小说”外衣，作者虚化处理所写的人名、地名，这样在主观上使虚构有了种种的方便。在这样的背景中，包含在非虚构文类中的报告文学，其本有的客观真实性无疑受到了影响。特别是一些史志报告文学作品，作者在进行历史叙事时，少了对于真实历史书写应有的敬畏，多了对于历史的个人想象，有的作品“演义”的成分很重，偏离了报告文学文体的本质属性。

但这只是问题的一个方面。如果我们换一个角度反思报告文学存在的问题，或许能从非虚构中获得对于报告文学文体发展有意义的认知。报告文学的发生发展是一个历史的过程，也是一个守定基本原则而又不断开放的过程。现在的报告文学和一百多年前雏形的报告文学和《包身工》《谁是最可爱的人》《为了六十一个阶级兄弟》《哥德巴赫猜想》时期的作品，已经发生了许多重要的变化。最明显的变化是在新媒体时代，报告文学原有的新闻性优势已日益弱化，微博、微信等新闻的快捷性是报告文学无可比拟的；同时新的读者更喜欢客观叙事的作品，那种原先流行的注重直接的思想启蒙的作品，在现在已逐步退位。在新闻性、启蒙性渐次的情势中，非虚构的再次推出，尽管它在文体的内在逻辑方面存在明显的问题，但无疑其中也存在不少合理的要素。这些合理的要素顺应了报告文学存在语境的新变化，应该为报告文学所用。比如非虚构写作强调作品叙事的个人亲历亲验性，在叙事的设置上，“叙事者同时也作为人物出现在作品中”；在作品取向的表达方面，不直接评论叙述的内容，重视叙事本体的表现力，尊重读者对叙事的理解力和判断力。《人民文学》在倡导非虚构时，就“希望由此探索比报告文学或纪实文学更为宽阔的写作，不是虚构的，但从个人到社会，从现实到历史，从微小到宏大，我们各种各样的关切和经验能在文学的书写中得到呈现”。这里核心的要义是以“宽阔的经验”书写，打破日益严重的报告文学的模式化。梁鸿是非虚构写作具有代表性的作家，她的《梁庄》和《出梁庄记》呈现的是其生长于斯的乡村和乡亲在中国城市化进程中的景象和生活实况。作品并没有多少吸引读者眼球的新闻性，也没有激扬文字的批判论说，但依然在文坛内外引起了很大的反响。《梁庄》等作品以主体独特的“内视视角”，建构一种亲近大地、充满真实生活质感的朴素写作形态，由此牵引读者去感受和思考。正如梁鸿所说，“我没有报告某个观点，我只是想把这种多元、暧昧、混杂层面呈现出来，让你去感受和思考。我们的社会就是这个样子，我们的农民就是这个样子”。

《梁庄》和丁燕的《工厂女孩》等标为非虚构的作品之所以获得成功，主要是因为它在文体新闻性优势弱化的背景中，能有效地重构写实作品新的叙事优势。由此我们就有必要对报告文学文体的特性进行再认知和新的阐释。原先通常以新闻性、政论性和文学性这“三性”作为报告文学的基本特性。新闻性是报告文学文体的规定性，它关涉这一文体的价值伦理。但是现在的写作其新闻性并不只是那种“刚性”的体现为重大的、突发的、快速报告的新闻性，有的是“软性”的但又蕴含着时代意义的新闻性。进入 2013 年中国报告文学优秀作品排行榜的，既有王国平《一枚铺路的石子》、李春雷《我的中国梦》等题材具有显见新闻性的作品，也有《工厂女孩》等题材本身并不具有特别的新闻性的作品。因此，报告文学的新闻性可解读为内容的客观真实性和题旨的时代性。同时，我们还需要对新闻做完整的理解。关于新闻的定义和诠释林林总总，但关键词应是“新”和“事实”。“新”既主要指新近发生的，也包括新近发现的。新近发现之“新”，不仅给为历史报告文学的存在提供解释的逻辑，同时也规定了它的写作基本要求，就是作者必须通过文献档案的查寻和对历史遗存的寻访获取对于历史的新发现，这样的书写才具有报告文学的体性和品格。阿来的《瞻对：两百年康巴传奇》是一种典型的历史书写，但它又是 2013 年中国优秀报告文学排行榜的上榜作品，作者的自述确认了作品对于报告对象有所发现的价值：“我是抱着写小说的心思去当地调查，后来发现，历史本身比传说还要精彩。我觉得不用再虚构了，所以索性把调查得到的民间传说，再在档案材料里加以证实，很自然就写成了一部非虚构作品。”再说政论性是《包身工》和《谁是最可爱的人》等作品的重要特征，到 20 世纪 70 年代末至 80 年代推衍成普遍的文体特征，这种特征的整体生成与特定的社会思想文化的生态密切相关，它适应了思想启蒙时代对于报告文学的特殊要求，报告文学在当时从某种意义上说承担了特殊的思想启蒙的使命，政论是其启蒙的一种直接的方式。而在新的世纪这样的状况发生了变化，所以政论性已经不是报告文学的普遍的需要，它只是一些作品的具体景观了。

在报告文学文体特性中，最不易说清的是文学性。我们一般不会讨论小说文体的文学性，而经常要论说报告文学的文学性。这是因为文学性的建构是报告文学文体的一个难题，是报告文学问题的基本存在。如何达成文学性，可能有多种路径和不同的方法。在我看来，主体对于书写对象的亲验性和文本的叙事性，应是两个最需要重视和强化的方面。在非虚构写作中，对客体的亲验性是作品文学性生成的前提。亲验的对象是主体生活的一部分，作者无需虚构就可以真切具体生动地再现自身生活的内容；并且作者能从亲验的生活中获得独特的个人感受，而个人感受正是写实作品获得个人性的前提，同时只有具有个人性才有写作的文学性。显然报告文学不是私人写作，但是它同样需要作者具有自己的感受、自己的感悟、自己的思考、自己的表达形式、自己的语言等。只有这样报告文学才能走出模式化的制式。当然从写作实际看，并不是所有的作品都是写亲验的，大量的写作是采访性写作。因此如何花力气深入采访，在深入采访中获得独特的感受感悟，将对象内化为融合作者心灵的有机存在，就成为优化报告文学写作的关键环节。

报告文学文本的叙事性，是其作为叙事文学样式的重要命意，但是对此从理论和实际两个方面我们都言之甚少。其实，报告文学与小说同样是叙事性文体，所不同的是前者的叙事是非虚构的，后者则是虚构的。“故事”叙说构成它们的主要的本体。而这样的设置与人类的某种天性有关。有研究者指出了“故事的生物学性”，认为“很难想象叙事不是我们本能的一部分”，“我们视自己的生活为一种叙事，这就是为什么我们对他人的叙事如此着迷”①。非虚构叙事性是报告文学文学性生成的基础。现在的不少报告文学“不好看”，很大程度上是因为作品的叙事性不足，故事性不强。报告文学作家中像赵瑜（《寻找巴金的黛莉》）、李鸣生（《发射将军》）、李迪（《丹东看守所的故事》）等具有叙事自觉的不多，致使报告文学写作在整体上显得叙事的乏力。因此我们需要重新确认报告文学的叙事本体性，由此重构这一文体的叙事优势。具体来说，第一，要注意拓展报告文学书写的话语空间。中国台湾地区佛界星云大师倡设“全球华文文学星云奖”，其中有报道文学奖（即大陆的报告文学奖），获奖作品主要有《一路 ho-hai-yan-撒奇莱雅族丰年祭纪实》《眷村一道噙笑的泪痕》《南湖山区话沧桑》等，由题目可知作品叙事空间的拓展，我们可从中获得启发。第二，要尊重生活本身的复杂性、多样性，挖掘蕴含其中的故事性。现在不少报告文

① 哈特．故事技巧：叙事性非虚构文学写作指南［M］．叶青，曾轶峰，译．北京：中国人民大学出版社，2012：4.

学作者主题先行，有的将叙事对象的丰富性做过度的裁剪，有的只局限于对题材表面做浅层叙说，缺少对新闻背后的新闻进行深度的开掘。第三，故事的主体是人物，报告文学的人物叙写也要像小说的人物塑造一样，去扁平人物，求“圆形人物”，既写出人物性格主导的一面，也要写出其“多面的”“变化的”特点，写出人物本有的故事性。

第七章

新时期报告文学的多维开放与价值

改革开放是进入历史新时期后中国社会发展的基本主题。作为时代文体的报告文学，多维开放，成为它发展的重要态势和基本特征，由此生成许多新的景象。20 世纪 70 年代末，中国社会开始从封锁中解禁，社会政治、经济、文化诸方面的开放，为文学创作提供了良好的社会环境；同时，在急剧变革的年代里，作家内在的诸种观念也发生着全新的变化。作家的思维呈现出更多的开放性、系统性，由点的思维走向面的思维，由面的思维转为立体思维；由单向顺正思维化为可逆的多向思维。由此，作品表现的视角就由单一、微观以至多维宏观。这种创作主体自身的新变化，是报告文学创作呈现大开放态势的主要内因。由于这种内外因条件的化合，使得新时期报告文学出现了一种前所未有的开放格局；而开放的结果，又使报告文学的创作更趋活跃，更呈繁荣之景观。

新时期报告文学的开放，主要表现为题材时空、表现视角和结构模式等的开放。

一、题材开放：立体的时空

题材时空的大开放，是新时期报告文学给读者的最直观的印象。阅读这一时期的报告文学，可见过往的题材禁区已被打破，报告的对象什色纷呈，遍及各行各业，以现实为主，又勘探历史，兼及中外，创作题材表现为全方位的立体式大开放。这种大开放具体表现在三个方面。一是历时开放。报告文学是一种与新闻有内在关系的特殊文体，因此，它特别讲究作品的真实性和时效性，要求作品能够真实而迅速地反映社会现实生活。然而，这并不意味着不能反映历史题材；恰恰相反，那些具有新闻价值的历史事件、历史人物同样也是报告文学再现的材料。有些历史材料，由于当时诸种条件的限制，成为“冷冻新闻”而鲜为人知。后来的读者对于这些沉入史海的人物、事件又怀有极大的兴趣，同时不少历史人物和事件在今天又有一定的现实意义。因此，“冷冻”史料对于读者也有“新”的成分和新闻价值。这样，解冻那些被历史封存起来的史料，也就成了报告文学作家的一项任务，同时，也拓展了报告文学的题材范围。

新时期不少报告文学作家，把取材的视线投向茫茫的史海，在近现代和当代历史的广阔背景上，捕捉一些具有报告价值的史料进行创作。这些作品既有历史的真实性，或可填补某一史料的空白，又有文学的艺术感染力，让读者从中领悟历史和人生的真谛。这类作品影响较大的有写北洋海战的《海葬》（钱钢），有写长征途中西路军妇女先锋团悲壮故事的《西路军女战士蒙难记》（董汉河），有写日本侵略者暴行的《南京大屠杀》（温书林），以及解放军出版社组织出版的“中国革命斗争报告文学丛书”，等等。在这类作品中，作家将历史人物和事件再现于读者面前，使读者以现实的目光重新审视历史，反思历史，让历史与现实对话，或令人沉郁，或令人感奋，或启人情思，确为成功之作。这些作品中有的是十一届三中全会后拨乱反正、思想解放的直接产物，像《西路军女战士蒙难记》、《志愿军战俘纪事》（大鹰）等篇即是。这一类题材不必说在“文革”中是严禁以纪实的形式加以表现，就是在早先也不可能这样报告。

二是空间开放。在新时期报告文学创作中，有些作家不仅立足于国内现实生活取材，而且也能放眼世界，以异域之事、之人作为报告的对象，这一类作品虽然总量不多，但却佳作迭出。刘白羽的《铁托同志》和王蒙的《访苏心潮》、林亚光的《玛丽·若瑟的选择》、刘亚洲的《恶魔导演的战争》分别获得第一届、第三届全国优秀报告文学奖。《铁托同志》写出了“在南斯拉夫，铁托无所不在”的主题。《访苏心潮》为我们描画了苏联的风情世态。这两篇作品由于所报告的两个国家发生了巨大的“裂变”而成为弥足珍贵的历史文献。报告文学题材向异域空间的开放，不仅开拓了作者取材的视野，而且作品通过生动具体的事实的报告，为读者打开了瞭望世界的窗户。这些作品是改革开放的产物。随着开放的进一步深入，它将得到进一步的发展。

三是共时开放。在同一时空背景下，报告文学作家既描写改革开放时代涌现出的重大事件及各式人物，也能迅捷反映现实生活中各种引人注目的社会现象和问题。各类题材，应有尽有。如徐迟的《哥德巴赫猜想》、李延国的《在这片国土上》、王宏甲的《无极之路》、李存葆和王光明的《沂蒙九章》等。这些优秀之作，热情礼赞了民族的伟大，塑造了中华民族脊梁式的人物，在文坛引起了强烈的反响，成为新时期报告文学的主旋律。与此同时，报告文学作家也能及时透视社会生活中各种令人忧思的热点问题。“问题报告文学”一度成为新时期报告文学创作中令人关注的大类作品。如涵逸的《中国的“小皇帝”》，反映了令人颇费思虑的独生子女问题，李显福的《未婚同居者咏叹调》，对青年男女性爱观念等做了透视。此外，《世界大串联》《都市流浪儿》《疯狂的盗墓者》《沦落女》《黑色的七月》等对社会生活中各种形态事象做了全方位的观照。这些篇什数量之多，涉面之广，前所未有，为读者描画出当代社会生活的什色图景。

在题材大开放的背景下，不少作家在纷纭复杂的生活现象中，善于选择那种全新的对象做出快速的报道。孟晓云的《多思的年华——中学生心理学》，张德民、张晓林的《中国大学生——来自复旦大学的报告》先后填补了当代纪实文学中描写大中学生生活的题材空白。何建华的《上海：股票冲击波》，常江的《当代资本家》题材新异，从一个特殊的侧面反映出中国改革开放的勇气。作品不仅引起国内读者的注意，而且也激起国际有关人士的兴趣。

“世界只有一个地球”，现代工业文明和社会经济的急剧发展，使生态环境问题对人类的生存提出了严重的挑战。对这种全球性的问题，新时期中国报告文学作家做出了快速的反应，“绿色主题”（生态环境题材作品）成为新时期报告文学中引人关注的品类。这类成功之作有沙青的《北京失去平衡》、岳非丘的《只有一条长江》、刘贵贤的《中国的水污染》，等等。

报告文学题材开放的深层意义在于它实现了从题材重心偏于政治到面向生活全景的重大转移，实现了报告文学题材的某种意义上的革命。作为“战斗的”报告文学，与生俱来就和政治有着不解之缘。但今日之社会与革命斗争年代相比，有着许多全新的变化。因此报告文学不再仅仅是政治的传声筒，而应是新时代观照社会生活全景的广角镜。它的题材择取应面向生活的整体。这是促使报告文学创作繁荣的重要的题材保证。新时期报告文学之所以成为这一时期的文学主潮之一，重要的原因亦在于此。

二、视角开放：文学与杂学

报告文学的题材时空被打开的同时，报告文学的报告视角也趋多样立体，随之作品表现的内容也随之方式发生重大变化。显见的是作者从微观走向宏观摄照生活、书写对象。到了20世纪80年代中期，报告文学文本的气象变得宏大了起来。《中国农民大趋势》《中国的“小皇帝”》《中国大学生》《唐山大地震》等一批作品篇幅开始见长，一般有三四万字，有的甚至达二三十万字，并不局限于一人一事或一人数事、数人一事的小格局报告，而是整体地全面地报导某一重大事件、现象或问题，广角地表现社会生活中芸芸众生的群像，作品负载的信念容量明显地增大了。这在报告文学的历史上是没有的。报告文学的扩容，显然是为了适应报告变化了的生活的需要。陈祖芬曾指出："及至改革进入到今天，呈现在我面前的是社会的一个一个横断面，是一个一个群体的形象。如果囿于一人一事的报告文学，传递的信息量太有限。"① 时代的改革开放，开阔了报告文学作家的生活视野，他们不再坐井观天，固步闭锁。信息交流的便捷，使作者拥有了更多的现实资讯，更为重要的是他们的思维能力有了前所未有的激活。作家的宏观思维能力、系统思维的能力得到了提高，其中有些视野宏阔的作家，具有了基于改革开放全局观察写作对象的自主意识，有了从个别现象到关联现象整体统摄的思考自觉，也有了从多种角度全面深入认知、再现客体的书写能力。宏观的、全景的、内涵厚重的作品的批量出现，正是报告文学作家宏观思维能力和宏大叙事能力所达成的结果。

另一个重要变化是报告文学从文学走向杂学。在以文学为正宗的观念中，作者和研究者都认为报告文学首先应该是一种文学样式，作品的写作理所当然地应该注重文学性，应该考究人物的刻画、细节的运用、感情的抒发，等等。作者往往是从文学的视角去观照现实生活，因此，一般来说，这类作品的文学色彩比较浓郁。基于这样的认识，许多报告文学作家"确实把报告文学当作文学来写，而不是当作报告在写"②。但后来的情形有了很大的不同。新的表达的需要，要求作家从新的更多的视角去看取体认社会生活。作家不仅从文学的角度去观照生活，而且也从新闻、历史、政治、经济、哲学、社会学、文化学等角度去表现生活。这成为20世纪80年代中

① 陈祖芬．选择和被选择［M］//陈祖芬．挑战与机会．北京：北京十月文艺出版社，1986.

② 梅朵．寻火者：代序［M］//陈祖芬．陈祖芬报告文学选．北京：北京出版社，1982.

后期报告文学创作中呈现的一个重要的趋势：“如同社会科学与自然科学的结合是科学发展的必然一样，报告文学必将摄取更广阔的生活面，容纳更多的信息，与经济学、社会学、科技、哲学、心理学等等广结良缘。越来越多的读者，尤其是青年读者，希望从报告文学中看到现代人的活动，从而获得更多新的信息、新的思想、新的哲理、新的情绪。”① 像钱钢的《唐山大地震》、袁厚春的《百万大裁军》、陈祖芬的系列作品《挑战与机会》等无法备列的篇什，作者大多采用复合的视角观照报告对象，作品内存信息的“立交”情形清晰可见。这些作品所展呈的不再是一面平面镜，而犹如一架多棱镜，读者借此可见由此折射的生活七彩、世象万态。这些作品中有文学的华采情韵，但更不乏新闻的时效真实、历史的客观详考、哲学的思辨理性、社会学的明细调查等等，作品的属性“浮动”于文学、新闻、历史、社会学及其他诸种领域之间，成为杂交型的边缘性文体。钱钢的《唐山大地震》就是一部具有多功能的皇皇之作，它“是作者为今天和明天的人类学家、社会学家、地震学家、心理学家……为我们整个星球上的人们留下的一部关于大毁灭的真实记录，一部蒙受了不可抵御的灾难的人的真实记录”②。这部作品之所以具有多种价值，会给不同层次、不同类别的读者以不同的感受、不同的收获，重要的原因就在于作者并非只从文学这一视角去反映这一特殊的事件，而是冷静地全方位地观照着震惊中外的自然惨剧。

报告文学视角由相对单一的文学视角转至开放的多样性的视角，这使20世纪80年代中后期的作品与此前的报告文学划出了分界，形成了“文学化的报告”与“报告化的文学”两种不同的存在形式。新时期前期的作品更多地呈现出一种文学化的倾向，这些作品注重形象的塑造，注重情感的渲染，注重感染力的强度，而此后的作品则比较多地表现出一种报告化的

---

① 陈祖芬. 挑战与机会［M］. 北京：北京十月文艺出版社，1986.

② 徐怀中. 唐山大地震代序［M］. 北京：解放军文艺出版社，1986.

趋态。所谓“报告化”就是作品中文学的因素被弱化了，作者看重的是作品传播的信息以及基于信息而展开的思辨，因而求取作品信息的大流量。这样就有了“集纳式”“全景式”报告文学的大量推出。报告文学的“报告化”，使一些作品差不多成了相当专门化的报告。如孟晓云的《多思的年华》，其副题标“中学生心理学”，由此可见作品并不是一般地叙写对象的学习与生活，而是将中学生作为一个研究的课题。当然这种研究并不完全以逻辑化的推演方式展开，而是从心理学的角度通过具体化的材料揭示中学生对人生、对世界、对于他们自己的独特认识，还原出对象活生生的真实可感的心理世界。作品共分四章：《哦，老师》《哦，爸爸妈妈》《哦，我们》《早恋》，分别反映中学生对直接影响他们心理的四种重要存在的体认与评价。作者将常常为家庭、学校和社会所忽视的中学生心理隐秘加以报告，其用意是非常明确的，这就是中学生“他们不仅需要教育，需要爱，也需要理解”，“让我们向社会、向学校、向家长们呼吁，都来理解你们的孩子，理解你们的学生吧！”

在文学化的作品中，人物是中心，人物表现本身就是写作的重要目的；而在报告化的作品中，问题、现象等是中心，人物的片断叙写只是为了说明某种问题、现象的存在。贾鲁生的《丐帮漂流记》并没有专写某一乞丐或丐帮的人生命运，而是通过展示丐帮隐形的生存状态，反映一个颇为特殊的社会现象。这是一个属于社会学研究范畴的课题，贾鲁生的写作方式也具有社会学研究的一些特点。他曾对4个城市的400多名乞丐进行调查；为了获得对丐帮生活的真切感受，作者化装成乞丐混入丐帮长达数月之久，这比社会学工作者常进行的野外作业与实地调查更为艰辛。贾鲁生并不只对报告对象做出一般的价值评判，而且还对这一特殊的社会问题的解决进行思考：

人们还不善于把“变废为宝”的方法用于乞丐。假若能办一些乞丐农场、乞丐工厂、乞丐公园，把分散在大街小巷的乞丐全部集中起来，把他们的体力、智力聚合在一起，那将会产生多么远大的能量啊！把废物变成宝物，把乞讨者变成创造者，这本应是今天的原则。

这样的设计在现在当然只是一种乌托邦，但作者对社会问题的关切，已体现了知识分子心系天下的品性。新时期报告文学视角变化后所出现的“报告化”倾向，使一些作品变为某一专题材料的堆栈，由于文学性的流失而影响了作品的可读性，但“报告化”的作品又使报告文学总体上拥有了一种多质性。

再者就是从政治走向文化。从报告文学文体的历史传统看，它具有某种意识形态化的倾向。在政治文化制导的时代，报告文学更成为政治的对应物。社会生活的全面政治化，使以此作为直接的反映客体的报告文学成为政治化的文体。应该说，报告文学作为知识分子的一种写作方式，关注报告重大的政治题材反映了这种文体的体性。但这种关注报告应该体现主体独立而理性的话语立场，并且对政治题材的反映应该是报告文学写作的一个重要方面，而不应该成为这种写作的全部。在文学为政治服务，文学写“中心”、写“政策”的语境中，报告文学所写差不多全是政治性的题材。不说其中有些政治题材有悖于历史的逻辑，仅就题材本身而言就显得单调而令人乏味了。

历史进入改革开放的新时期，社会生活发生了重大的质变。虽然政治话语的强势依然存在，改革开放作为一场革命本身就是一种政治性地运作，这场革命促成了现实的多样性存在。政治是一元的，但经济、文化等由于开放变得多质而丰富了。文学也被演绎得多姿多彩。时代对作家写作自主的某种承诺，使走向自觉的作家能够以自己的方式进行写作。这个时候，报告文学在政治的领域中仍然发挥着它的重要作用。具有启蒙意义的报告文学，是新时期报告文学中最具价值的部分，正是作家以自己的话语方式参与政治的结果。但另有显见的事实存在着，这就是报告文学苑圃的风景有了多种色调。报告文学不再被视为是特定阶级的一种文体，报告文学作家在做政治关怀的同时，开始移情于他物，部分地疏离政治话语，倾心于报道百姓的日常生活。这是一种文化关怀，是对一种普泛的人类精神的亲近。

理由的《中年颂》在全国第一届（1977—1980）优秀报告文学奖获奖作品中显得有些特别。与同时获奖的《哥德巴赫猜想》《人妖之间》《命运》等不同的是，作者选取的是一种边缘性题材，并不具有重大的政治性；按照通常对新闻的理解，作品的主人公索桂清甚至也没有多少新闻性。《中年颂》的获奖，标志着文化型的报告文学开始被接纳了。索桂清“她不是科学家，她的文化程度只有初中三年级。她不是音乐家，她每天要听八小时的刺耳的噪音。她不是作家，她的作品从来没有署过个人的名字”，她只是一家毛纺厂的一名普通的挡车工。而这样的主人公连所谓的先进事迹也没有，有的只是零碎的有关家长里短的故事：“六年中，她先是为母亲送了终，继而又死了父亲，婆婆生病，孩子生病，她自己也累出病来……而她始终出满勤，干满活，使满劲。”理由通过述说老百姓自己的故事，揭示了凡人生命的价值。索桂清在这里被作为中年的象征——“社会的壮工，国家的筋骨”，他们艰苦的生活状况，负重的工作职责，质朴的精神风范，让人心忧更令人感奋。韩少华的《继母》更具有文化的滋味。作者以“好吃莫过蜜糖，难当莫过后娘”的谚语领起全篇。深厚的传统文化将继母凝固成一种阴险、刻薄、凶残、冷酷的形象，而韩少华笔下的继母，“默默地承受着世代沿袭下来的种种传统成见和世俗压力”，“用自己粗糙的双手和炽热的心，从悲恸、艰难和疑虑中，建设起一个美满家庭”。《继母》一篇在浓重的文化氛围中，用一系列生活化的细节，完成了对一位平凡而崇高的母亲形象的塑造，咏唱的是一首真挚的博爱之歌。《中年颂》《继母》等作品的出现标示着报告文学取材与主题的部分转移。这种转移促成了报告文学和普通人的生活发生直接的联系，拓展了报告文学的表现空间。

文化关怀的作品更多见于问题类报告文学。这类作品由于取材与题旨的非政治化，避免了政治类问题报告文学与现实之间可能发生的紧张关系，因而获得了相对宽松的写作环境。《阴阳大裂变》《中国的“小皇帝”》《中国文化凝重的撞击》等作品都属于文化类问题报告文学。这类作品因着题材的别致与对报告对象文化透视的新颖，引起了各方面的兴趣和关注。《中国的“小皇帝”》将独生子女的问题推至读者面前。作者将问题置于“我们应该怎样缔造历史”的高度观照思考。所谓“小皇帝”就是“那些由祖父母、外祖父母及父母用全部精力供奉起来的、几乎无一例外地患了‘四二一’综合征的孩子——独生子女们”。在作者笔下，这些独生子女营养过剩，教育不良，好逸恶劳，自由任性，专横跋扈。现象发生在独生子女身上，但重要的原因在于家庭、学校教育的失当。问题普遍地存在于现实之中，而文化之根却深植于历史的土壤。父母与长辈对独生子女的溺爱，源于民族的传统观念：“按中国人的传统观念和民族心理，生儿育女，是天经地义的职责。‘不孝有三，无后为大’，‘多子多福’的说法便是证明。”虽然改革开放正在改变人们许多旧观念，但人们“依然是安安分分地做着传宗接代的事，将自己的全部奉献给自己的下一代”。有一类环境保护题材的报告文学，从一个颇为特殊的角度表达了作者对人类生存环境与精神品性的忧虑与反思。环保涉及的是人与自然的关系。“天人合一”是中国传统文化中的一个重要的命题。人与自然的和谐为人类营造富有诗意的栖息地。但现实社会人与自然的关系严重恶化，环境破坏成为全球普遍存在的问题。正是在这样的一种情景中，环保题材的报告文学显示出它的独特的价值。沙青的《北京失去平衡》、徐刚的《伐木者，醒来!》等作品，将严重的环境问题凸现了出来。《北京失去平衡》报导的是北京“水危机”：“生命之母，一切生灵赖以生存的水，在北京已被榨取到惨不忍睹的地步!”作者通过展示水危机惨不忍睹的景象和人在这种危机中诸种尴尬窘迫的作相，对人类自身精神的某种失落做了批判。水的危机——自然的危机，在很大程度上导源于人的精神危机，这是优秀的环保类报告文学所阐释的一个深刻的主题。

表现视角开放后的有些报告文学，被人视为“四不像”。出现这种现象的原因是作品视角的多元并存。这种作品的出现，冲击着原来人们对报告文学属性的界定。现在要严格地界定这种文体的属性已成为一件十分困难的事情。因为从大量的创作实践看，许多作品的属性“浮动”于文学、新闻、历史、社会学及其他诸种领域之间，成为纵横交叉的边缘性文体，或曰杂交文体。

新时期报告文学表现视角的开放与作家所持的报告态度有关。报告文学是一种纪实性文体。它所报告的内容并不是新写实小说中的那种“毛茸茸的原生态”，但也不是魔幻派荒诞变形的虚构。作品表现的是经过作家艺术选择的“次原生态”。这种“次原生态”是一个立体的信息库。作者在表现这个立体时并不带着一个预定的主题对其做定向单一的观照，而是对它做全景式的多角度的展呈，以图保持报告对象的本来面貌。荣获 1990—1991 年度全国优秀报告文学奖的《沂蒙九章》《深圳的斯芬克思之谜》《昆山之路》等作品，就是信息负载量大的具有丰富义项的佳构。无论是官方，还是寻常读者，无论是从事政治经济文化研究的，还是文学同行，都可以从中取得他想获取的某种信息。报告文学作品的丰厚性，其实就是信息的丰富性。而这有赖于作家观照客体时视角的开放。

三、结构开放：开宏与精致

报告文学主体和客体的变化，要求建立起相应的新的叙述模式。就结构而言，需要改变原来虽然精致，但容量过小的构架，设置便于反映宏观对象的开放灵活的结构。通讯化或小说化的报告文学，要求作品的结构“完整，首尾照应，中间无缺陷，进一步则要求严谨，环环相扣，无懈可击”①。包括这种结构要求在内的原有的写作范式，由于宏观报告文学的崛起而变得不合时宜，受到了质疑：“综合报告文学的出现，使我怀疑过去奉为圭臬的一些研究和衡量报告文学的范畴是否适用？是否还那么重要？”②报告文学作家开始了文体结构的改造，他们从小格局的封闭结构模式中走出，创造灵活可控、多变自如的开放式结构。这样体式由小巧转至宏大，由闭锁变得通达，呈现出一种恢宏博大之势。宏观结构的作品没有一统全篇的中心人物，没有贯穿首尾的中心事件，也没有一统全篇的基本线索，作者只是根据主题表达的需要，摄取集纳众多的人事物象并做出具有理性色彩的思辨。作品的结构犹如建筑用的脚手架，可以根据施工的需要进行任意的调节。这一些作品有着“迪斯科的节奏感，流行歌曲的随意性，立交桥的立体感，时装表演的多变性”③，这样，也就为作家自主地观照社会生活创造了一种自由的空间。

新时期报告文学的开放性结构主要有三种样式。一是“卡片”式结构。李延国的《走出神农架》尝试着运用这种结构技法。全篇100节，如同100张卡片的组合。“卡片”之间既互有关联，又独自成节，长则千字以上，短则寥寥数语，或记事，或写人，或报导现实，或回忆历史，作者信手拈来，在宏大的时空背景上自由地择取需要表现的材料，使作品负载有密集的信息量、博大的生活容量以及由此生成的冲击力巨大的思想“当量”。二是“板块”式结构。这类作品根据表达的需要，常在总题之下划出若干个“块”，“块”与“块”之间是并列的，每一个“块”表达一个意群，每一个意群由相应的材料支撑。“块”的设置具有相当大的自由度。孟晓云的《寻找中国潮》采用的即是“板块”式结构。作者将全篇切分成两个板块：

---

① 涂怀章. 关于报告文学的写作［J］. 武汉师范学院学报（哲学社会科学版），1980（3）：126－130.

② 吴国光. 报告文学：在繁荣和困惑中寻找超越［J］. 报告文学，1988（3）.

③ 陈祖芬. 论观念之变革［M］//陈祖芬. 挑战与机会. 北京：北京十月文艺出版社，1986.

“上篇：变化中的中国”和“下篇：困惑”，每一个板块由若干个小块组合而成，组合的灵活性很大。三是点面结合的辐射式结构。采用这种方式结撰作品，作者精选若干个具有典型意义的个别材料，对此做较为具体细致的叙写；然后在“点”的基础上通过概写性质相似的人物事件组合成连类相从的“面”。这种结构既没有小格局作品容量单薄的不足，又免除宏观作品易生的材料芜蔓、结构散沓的缺陷，在微观与宏观的契合中形成优化的报告文学结构。胡平、张胜友的《世界大串联》并没有推出更多的现象，做面面俱到的观照，而是能点面统筹地结构全篇，在深（点）与广（面）两个维度的结合中，对出国热这样的大题材做出立体的报告。

结构开放的宏观作品具有相当大的表达自由度，与此相生的优势是这种作品反映生活的广度得到了有效的拓展，一篇之中往往可以见到对象的全景。李延国是新时期对宏观报告文学情有独钟的作家，他写作的《在这片国土上》《中国农民大趋势》《走出神农架》等作品境界开阔，字里行间透出胶东人阳刚之美。《中国农民大趋势》是一篇全景地反映农村改革状貌的作品。中国的改革开放发端于农村。农民身心的新变，显示着社会所发生的历史性变化。李延国以其对生活特有的敏感，洞察出题材本身所具有的价值。作者不从个体微观的角度构篇，而是从“大”字落笔做文章。全篇九章，十万余言，既展示了农村令人欣喜的物质变化，更全面地报告了农民精神观念的种种更新和确立。这种更新和确立的观念包括商品、金钱、知识、信息、审美等。一部《中国农民大趋势》其实就是一幅关于农村改革的特大全景，一幅动态的什色纷呈的立体图画，具有一种断代史式的意义。这是一般微型结构的报告文学所不具有的。

我们说报告文学的结构开放，主要是指由原有的小型结构向宏观型结构的开放。但这种新的结构容易导致叙事的芜杂疏空，影响到作品的审美性达成。另外宏观结构只是报告文学结构的一部分，作品的叙事结构的设置依据报告对象的不同，是多样的。同时，报告文学是一种“杂交文体”，它比其他文体有着更多的开放性和兼容性。因此，我们在言说新时期结构模式的开放时，也意指着它的结构艺术的开放。

借鉴小说悬念式开头方法，使报告文学有一个富有魅力的“前三行”。理由曾说：“我们有好多作品，往往因为这前三行被读者所淘汰，就是因为开头缺乏强烈的悬念。”① 怎样才能使作品的开头引得读者的青睐，我觉得学习小说的悬念技法，可谓良策。中国小说美学中，十分注重悬念的运用。小说的悬念开篇法，已被不少报告文学作家所采用。理由的一些作品，就注意运用悬念法写作“前三行”。他的《扬眉剑出鞘》便是一个很好的例子。作者用富有动感和现场感的语言，描述了一个扣人心弦的场景，渲染了紧张气氛，在读者的内心造成了强烈的悬念：为什么救护车要这般疾驰？为什么人们这样紧张？为什么外国人要翘起拇指？这一系列的问题牢牢地牵引着读者的心，使人辍读而不能。同时，这一开头还表现出剑手栾菊杰顽强搏击的品性和为国争光的不易。如果我们阅读更多的作品，那么便可以发现一些优秀报告文学的“前三行”大多具有牵引人心的功夫。如柯岩的《特邀代表》、刘宾雁的《一个人和他的影子》、乔迈的《三门李轶闻》等。

吸收电影艺术的长处，编织报告文学的结构主体。巴克说：“报告文学和电影都是年轻的艺术。在它们的活动上有着许多共同的地方。比如特写、幻象、简单动作，剪接（Montage）等。”② 电影结构是一种灵活性大的结构。它运用蒙太奇的手法，突破时空的限制，把现场和背景，现实和历史，同时异位的人、事交织起来，剪接成一个完整而有机的结构系统，并且由于蒙太奇的运用，镜头间往往呈跳跃状。这样，便可省却结构系统中的联结环节。报告文学的结构完全可以从中得到借鉴。特别是那些时间、空间跨度很大的作品，更应该学习电影的结构方法。这样做好处至少有二。一

---

① 理由. 报告文学的写作 [J]. 新闻战线，1980（5）.

② 巴克. 基希及其报告文学 [J]. 张元松，译. 国际文学，1935（4）.

是可略去烦琐的叙述，简省大量的过渡性文字。二是由于运用蒙太奇方法，须将原有的材料做“镜头化”的处理。这样就有利于突现人、事的主要断面，给读者造成强烈的视觉感。陈祖芬的获奖作品《祖国高于一切》，是一篇成功运用电影结构方法的作品。作品所叙人事，在时间上从 1949 年到 1979 年，前后相间 30 年；在地域上横跨中国和德国。作品采用“浓缩式结构”，将主人公王运丰 30 年的经历切割成三大块，分别以“柏林妻子”“德国特务”“中国母亲”为小标题加以叙述。在每一部分的叙写中，注意吸收电影结构技法。比如第二部分蒙太奇的运用自然得体。作品由王运丰在蔚县监督劳动“漫天又飞扬起雪片”一景（中国），马上切入到“1945 年炮弹皮和断砖碎瓦像雪片似的飞着”的镜头（德国），叙写王运丰在战时的生活；又由王运丰把咖啡送给为自己留书的德国老板的镜头，通过“画外音”（“咖啡再贵重也就是咖啡，而书籍却能变出内燃机、变出坦克……”），推出王运丰坐在天安门观礼台上，注目一辆辆中国制造的坦克、装甲车的镜头。电影艺术方法的运用，使得这篇作品用省俭的语言把异地异材的材料巧妙地组合了起来，增强了作品立体感。

学习戏剧的结构方法，求取报告文学吸附性的召唤结构。在戏剧创作中，为了使观众（或读者）向心于自己的作品，作者总是设置贯穿全剧的矛盾冲突。随着戏剧矛盾的或离或合，作品就会出现一波未平、一波又起的扣人心弦的态势。这样剧情就会出现一个个小高潮，直至把剧情推向矛盾冲突的“峰巅”。正如黑格尔所说：“真正的戏剧性进展，就是奔向结局（或曰高潮，引者按）的不断前进。”① 报告文学的写作（主要是指篇幅较长的作品），也应该学习戏剧创作中注意组织结构高潮的写法，在作品中造就吸附性的召唤结构。所谓吸附性召唤结构，按照余秋雨的说法，就是“发挥艺术本体的聚合力量，把接受者吸附在作品的周围，构成审美心理仪

① 黑格尔．美学：第三卷下册［M］．北京：商务印书馆，1981：254．

式"①。而要使艺术本体产生足够的聚合力量，作者就当善于在作品中造就"高潮"，设置具有"凝聚力"的艺术中心，把读者紧紧地吸引在这些艺术中心的周围。肖复兴的《李富荣和别尔切克》就"学习了戏剧创作中人物关系交织的方法"。（作者自语）这位以戏剧为学业的作者将两位世界乒坛名将作为对手，把他们和各自的队员在大赛中交战的实况作为叙写的重心，而他们的比赛是你输我赢，我输你赢，输输赢赢，难分难解。这样作品便出现了迭起的扣人心弦的高潮。而正是这些高潮将读者的心统摄了起来。

采用散文的结构艺术。"全景""集纳"式作品的写作和那种"形散神不散"的散文写作有共通之处。"写散文很有点儿冰糖葫芦的味道，需要用一根细棍，把所有的冰糖葫芦串起来。在串的过程中，非常讲究，这里面有个技术和功夫的问题，有个独具慧眼的问题，弄不好，坏的串上去了，好的却漏下来了。"作为选择艺术的报告文学同样需要有"串冰糖葫芦"的功夫，同样需要作者独具慧眼地选择材料。在开放式作品结构中"形"可以散些，但是散而不乱，散而有节，散的材料应始终紧扣作品要表达的主旨，不可信马由缰，高质量的材料没有串进去，价值不大的材料倒串了许多。宏观报告文学存在的一些问题，与作者串材料的能力不足有所关联。

大开放，给新时期报告文学带来了如上的大变化，也开创了这一时期报告文学大繁荣的局面。当然，伴随着大开放，这一时期的报告文学也存在着诸多的不足。如表现视角开放后，作者的文学意识弱化，作品的可读性下降；结构开放后，过分看重结构的艺术自由度，诱发出贪大求全的创作心理。

在20世纪的报告文学史上，30年代与新时期写上了它们各自的辉煌。而仅就这两个时段的报告文学相比，无疑后者的实绩更见丰硕。在报告文学的创作规模、反映生活的广度与思想深度等方面，新时期报告文学实现

---

① 余秋雨. 艺术创造工程［M］. 上海：上海文艺出版社，1987：269.

了对 30 年代同类创作的整体性超越。最具有文学史意义的是，新时期开始建构的开放多元的现代文化生态，为报告文学作家的人格自主和精神原创提供了一种历史性的机遇。走向自觉的报告文学作家只有到了这时，才开始真正地运用自己的话语独立地写作报告文学，报告文学成为他们关注现实，参与人文精神重建的一种独特的方式。也只有在这时，报告文学的批判功能被恢复并得到了强化。主体的自觉促成了文体的自觉。开放的时代，报告文学走向了全面的开放。开放的报告文学呈现着一种前所未有的跃动和繁荣。一大批作家，如徐迟、柯岩、理由、黄宗英、陈祖芬、李玲修、孟晓云、刘宾雁、苏晓康、麦天枢、乔迈、李延国、钱钢、贾鲁生、袁厚春、胡平、张胜友等，他们在新时期差不多成了职业化的报告文学作家。他们将新时期报告文学的星空演绎得璀璨多姿，波澜壮阔，成为中国当代文学史上一个真正的报告文学时代，一个足以让后人致敬的年代。

第八章 | ◆

国际性写作方式报告文学的三个话题

写作《战争中没有女性》《切尔诺贝利的回忆：核灾难口述史》等作品的白俄罗斯记者阿列克谢耶维奇，以“她的复调式书写，是对我们时代苦难和勇气的纪念”，获得了 2015 年诺贝尔文学奖。诺贝尔奖委员会的评价是十分到位的，“多种声音的作品”（polyphonic writings）正是阿列克谢耶维奇写作的主要特点。“我一直在寻找一种体裁，它将最适合我的世界观，传达我的耳朵如何倾听、眼睛如何看待生命。我尝试这，尝试那，最后选择一种体裁，在这种体裁里，人类的声音自己说话。”阿列克谢耶维奇采用口述历史、田野调查的方式写作，是一种“声音的写作”，是一种立体的多声部的写作。对阿列克谢耶维奇写作的意义，我们可以做出多种的解读，但可以确认的是，这是世界文学对纪实写作价值的尊重和肯定。在诺贝尔文学奖的历史上，纪实类作家获奖的很少。1953 年的诺贝尔文学奖颁发给写作了长篇传纪《不需要的战争》的英国政治家温斯顿 · 丘吉尔，“由于他在描述历史与传记方面之造诣，同时由于他那捍卫崇高的人的价值的光辉演说”。诺贝尔奖委员会没有明确指认阿列克谢耶维奇作品的文体归类，中国媒体在做相关报道时大多用了纪实文学或非虚构称名。在我看来，如果要将阿列克谢耶维奇的写作归为某一具体的文体，基于作者的记者身份、口述史的写作方式、真实而重大的写作取材等，我们可以明确为报告文学。报告文学是一种国际性的写作方式，对此一些读者和学者缺乏认知，以为报告文学只是一种独具特色的中国称名、中国文体。一段时间来报告文学、纪实文学、非虚构等概念的人为纠缠，误导了我们对文体的基本判断，部分地造成了文体写作和理论批评的混乱。而报告文学文体自身既成的模式化，也成了为人诟病的事例和理据。正是基于这样的问题意识，本文讨论与报告文学相关的三个话题。

一、作为国际性写作方式

写作了长篇写实类战争文学《长征》《朝鲜战争》《解放战争》《抗日战争》和中国近代史系列《1901》《1911》的著名作家王树增认为：“报告文学是新中国特有的名词，具有一定的新闻性质，带有纪实性、即时性，很多是来自于热点题材。”① 王树增关于报告文学的认知是有背景的，也具有某种代表性。上海文艺出版社编辑出版的《中国新文学大系》，是大型中国现当代文学重要资料的系列汇集。最早的《中国新文学大系（1917—1927)》，由出版人赵家璧在20世纪30年代发起并主编，由上海良友图书印刷公司于1935年印行。1980年上海文艺出版社将其作为《中国新文学大系》第一辑影印出版。20世纪80年代初、20世纪90年代初、1997年和21世纪初，分别编辑出版了《中国新文学大系》第二辑（1927—1937、第三辑（1937—1949)、第四辑（1949—1976）和第五辑（1976—2000)。第二、第三、第四辑《中国新文学大系》中都设有报告文学卷，而在第五辑中，

① 韩文嘉. 专访《抗日战争》作者王树增：非虚构文学写作，需要有使命担当［N］. 深圳特区报，2016－05－17（B1）.

卷名则由“纪实文学”置换了“报告文学”。对于置换的原因，主编李辉有明确的表述：“‘纪实文学’的出现绝非偶然，实际上人们意识到报告文学的现有概念，已经无法概括所有纪实类文学作品的全部，需要有所突破其局限，故以‘纪实文学’概念来容纳进更为宽泛的内容。”“我们不妨套用国际通行的‘非虚构’概念，把‘纪实文学’确定作为纪实类文学作品的总称，而在中国当代文学中有着特殊历史地位的报告文学，则是其中的一大构成部分。”① 李辉的表述中隐含这样的意指，即非虚构是“国际通行”的概念，而报告文学是中国当代文学中特殊的文体。这样，由王树增、李辉的言说，报告文学是中国的独特称名或文体，还是一种国际性写作方式，就成了一个需要说明的问题了。

报告文学不是独具中国特色的一国文体，而是一种具有一定的历史存在的国际写作方式。这既有历史的记录，也有现实的印证。报告文学是一个舶来的文体称名。从现见资料看，报告文学的汉语名称始见于1930年。1930年3月1日出版的《大众文艺》刊出了由日本中野重治作、陶晶孙译的题为《德国新兴文学》的介绍性文章。译文指称：“刻羞（现通译为基希）可说是新的形式的无产阶级操觚者，所谓‘报告文学’的元祖，写有许多长篇，而他的面目尤在这种报告文学随笔纪行之中。”1937年初茅盾发表《关于“报告文学”》，其中明确地指认，报告文学“确是‘不二阶的最新输入。这一种新样式在国外被称为Reportage”②。报告文学是日文的译名。这一点，在沈端先1932年翻译的日本文艺家川口浩的《报告文学论》中可见：“报告文学乃至通信文学的名称，是Reportage的译语。这是从外国Report而新造的术语，大概，在外国的字典上还没有这个生字。”③ 20世纪30年代，中国翻译了不少国外研究报告文学的文章，除翻译川口浩的文章

① 李辉. 纪实文学：直面现实，追寻历史：关于《中国新文学大系》纪实卷（1977—2000）[J]. 南方文坛，2009（1）：21－27.

② 茅盾. 关于“报告文学”[J]. 中流，1937，2（11）.

③ 川口浩. 报告文学论[J]. 沈端先，译. 北斗，1932，2（1）.

外，还有沈起予译法国作者马尔克斯著《报告文学的必要》、徐懋庸译法国作者梅林著《报告文学论》（都刊于 1936 年 6 月出版的《文学界》创刊号）、周行译法国作者加博尔著《“报告文学”的本质与发展》（《文艺阵地》第 1 卷第 6 期，1938 年 7 月）和张元松译塞尔维亚作者巴克著《基希及其报告文学》（《七月》第 4 集第 3 期，1939 年 10 月）等。受到特定时代社会激变的激发和国际报告文学的影响，中国报告文学创作开始活跃，产生了夏衍的《包身工》这样“可称在中国的报告文学上开创了新的记录”（《光明》创刊号“社评”，1936 年 6 月）的标志性作品。

20 世纪 70 年代末和 80 年代是报告文学的中国时代，是中国文学的报告文学时代。《哥德巴赫猜想》《人妖之间》《西部在移民》《世界大串联》《中国农民大趋势》等作品，以其对现实深度的介入和对思想解放进程的独特参与，在文坛和社会产生了重大的影响，成为新时期中国文学的主潮之一。由此，也使一些不熟悉报告文学历史的人产生了误解，以为报告文学是“中国文体”。如上所述，报告文学的称名是从日文而来，而这一文体发端于欧洲，这在报告文学史上有着清晰的记述。而实际上报告文学进入到 21 世纪，国际上依然有一些组织和人士在倡导、在写作报告文学。如德国国际性文化刊物《国际文学》（Letter International）和阿文提斯基金会（Aventis Foundation）共同发起、歌德学院参与，于 2003 年设立尤利西斯报告文学奖（Lettre Ulysses Award for the Art of Reportage），并在当年进行了首次评奖。获得 2003 年尤利西斯报告文学奖一等奖的是俄国女作家安娜·罗列乔夫斯卡娅，获奖作品是《让俄国蒙羞的车臣人》，2004 年一等奖的获奖作品是中国作家陈桂棣和吴春桃的《中国农民调查》，2005 年一等奖则颁给了英国作家亚历山德拉·弗勒，其获奖作品为《与一个非洲士兵一起旅行》。由获奖作家的国家分布看，尤利西斯报告文学奖体现了一个国际性奖项的基本格局，也反映出报告文学是一种重要的国际性的写作方式。2011 年，中国台湾地区佛光山星云大师创立全球华文文学星云奖，这个奖项每年评奖，包括了报导文学、历史小说、佛教散文三类，其中的报导文学奖即为报告文学奖。2011 年 12 月评出了第一届全球华文文学星云奖，其中获得报导文学奖的是杨祖爱《亚马逊河的药师佛——推展远程医疗的脚印》、吴妮民《纯真年代——林彦廷医师事件始末》、林中伟《爱向前走——甘肃陇南支教采访纪事》。晚近新设全球华文文学星云奖报导文学奖，从一个方面表征了报告文学这一特殊文体，在全媒体时代具有重要的影响力。由以上有限的梳理可见，基于历史，报告文学的称名早已有之；着眼现实，国际上既没有通行报告文学，也没有通行非虚构，而是各有区域存在。非虚构是一个具有特殊语境和意含的指称，在用以特定的指称时，我们需要对其做必要的意义厘定。

二、关联指称及其争议

文体其实是一个复杂的多义项的概念。“文体是指一定的话语秩序所形成的文本体式，它折射出作家、批评家独特的精神结构、体验方式、思维方式和其它社会历史、文化精神……从表层看，文体是作品的语言秩序、语言体式，从里层看，文体负载着社会的文化精神和作家、批评家的个体的人格内涵。”① 就其显性的意指而言，它包括了文本与表达对象的关系、文本的表达功能、语言方式等。

我们这里所说的报告文学关联指称，主要是与报告文学有关的纪实文学、非虚构、写实体作品、传记文学等。我们对文体指称的把握，首先应该明确指称所具有的逻辑性，即需要在逻辑同一性的前提下讨论，否则就会出现不科学的歧见。按文本与表达对象关系的不同，我们可以将文体分成两大类，文本所写“实有其事”“实有其人”，客观地再现对象，为写实文学，或称非虚构；而以虚设、拟想、组合，“杂取种种”等的方式表现对

① 童庆炳. 文体与文体的创造［M］. 昆明：云南人民出版社，1994：1.

象的，为虚构文学。报告文学从它的发生看，是基于新闻传播而形成的新闻文学，新闻性和文学性是其文体的基本规定性。纪实文学是一个文类的指称，具有新闻性的报告文学属于纪实文学范畴，但纪实文学中还有纪实小说、报告小说等，基于不同的表达价值设计，它在客观的写实性上是漂移的。因此纪实文学不等于报告文学。非虚构如同报告文学一样也是一个舶来品，我们回到它发生的原初语境就可以知道其实非虚构是和虚构同在的。非虚构源于美国20世纪60年代的“非虚构小说”。代表作家杜鲁门·卡波特和诺曼·梅勒。卡波特1966年出版《冷血》，采用“非虚构小说”的文体形式，将传统小说的虚构想象力与新闻报道的写实结合起来，在对真实人物、事件进行描写时使用小说的虚构手法，开创了美国纪实小说（nonfiction novel）的先河。诺曼·梅勒的代表作是1968年出版的《夜幕下的大军》，作品依据自己参加的1967年美国爆发的大规模的反战（游行）铺展而成。正如其副标题“作为历史的小说”“作为小说的历史”所示，作品包含了历史（真实）和小说（虚构）的因素，并不是纯然的“非虚构”作品。从词源本身看，非虚构的完整称名，是非虚构小说。这是我们在使用这个概念时应当注意的背景。

由于对文体认知视角不同或是对文体价值取向有异，最近10多年围绕着报告文学的质疑和争议多了起来。以李敬泽为代表的一些评论家，对报告文学的存在表示了明确的怀疑。“我们不大可能创造出一个奇观般的精神废墟：在全世界消灭小说、消灭诗。然而，有一种文体确实正在衰亡，那就是报告文学或纪实文学，真正的衰亡是寂静的，在遗忘中，它老去、枯竭。所以，我赞同编者的议论，让我们确认‘恐龙已死’。”① 中外报告文学的最新发展，表明这样的预测是不客观、不科学的。可能是言说者也感到自己的断语有了问题，所以直接弃用报告文学的概念，而以纪实文学、

① 李敬泽. 报告文学的枯竭和文坛的“青春崇拜”[N]. 南方周末，2003-10-30.

非虚构加以置换。如前引用李辉所说，“我们不妨套用国际通行的‘非虚构’概念，把‘纪实文学’确定作为纪实类文学作品的总称，而在中国当代文学中有着特殊历史地位的报告文学，则是其中的一大构成部分。”解读李辉的表述，将报告文学作为纪实文学“其中的一大构成部分”，这是很具逻辑性的，他揭示了纪实文学和报告文学两个概念之间存在着属种关系的。问题是纪实文学不是文体的概念，而是文类的范畴，其间包含许多子类。这种以总体替代具体的做法，一方面反映了文体分类中的某种难处，另一方面实际上也取消了具体的报告文学的存在。此外，“非虚构”也不是“国际通行”的概念。非虚构在美国用得较多，而在德国则用报告文学。曾经是中国报告文学重镇的《人民文学》在2010年后力推“非虚构”，设置《非虚构》重点栏目。“何为‘非虚构’？一定要我们说，还真说不清。但是，我们认为，它肯定不等于一般所说的‘报告文学’或‘纪实文学’。……我们其实不能肯定地为‘非虚构’划出界限，我们只是强烈地认为，今天的文学不能局限于那个传统的文类秩序，文学性正在向四面八方蔓延，而文学本身也应容纳多姿多彩的书写活动。”① 从《人民文学》“非虚构”栏发表的作品看，有的直接标注为“非虚构小说”，如2011年第9期刊发的乔叶的《拆楼记》，就注上了“非虚构小说”，因此自然“不等于一般所说的‘报告文学’”。但不少作品其实就是报告文学，只不过是换了一个名称罢了。对于以“非虚构”置换“报告文学”，一些坚守着原有的报告文学观念的评论家，自然不会默不作声。其中的代表性评论家是李炳银。李炳银对“非虚构”做了直言不讳的批评：“‘非虚构’是个很不坐实的概念，它的核心和边缘都没有被阐述得清楚过。所以，在文学创作中，人们已经接受了虚构和写实这样的体裁分类、表达分工局面，还有没有必要再人为强迫地构筑面目并不清晰的阵局呢！难道报告文学、传记文学、回忆录等不

① 《人民文学》2010年第2期“主编留言”。

是‘非虚构’吗?”李炳银以为在报告文学之外推出非虚构，会“使概念越来越变得局促和叠加复杂起来”①。在李炳银看来，非虚构的概念外延和内涵具有某种不确定性，因此不能以一个模糊的称名替代已有的定性的报告文学。

阿来《瞻对：两百年康巴传奇》进入第六届鲁迅文学奖报告文学奖提名而最终未能正式获奖，成为报告文学和非虚构争论中的一个“事件”。阿来《我对第六届鲁迅文学奖报告文学奖项的三个疑问》，质疑评委对《瞻对》体例、评奖程序和作品艺术水准的把握。其中的体例实为文体关涉非虚构和报告文学的概念。“《瞻对》全文二十余万字，发表在《人民文学》杂志‘非虚构’栏目。非虚构如果不是报告文学，那么，它是哪一个文学类别？诗歌？或者神话?”② 阿来的作品，如其题目所给出的，是“两百年康巴传奇”，似乎越出了通常我们对于报告文学基本定义的理解。可能问题也不完全在此。我们不在这里讨论鲁迅文学奖报告文学奖评委是否认同非虚构，但称名和概念的混乱，确实已经给文学评奖、评价等造成了一定的问题。

三、非虚构语境中省思

报告文学关联称名的争议，成为一段时间中国文坛的热点；而概念间的纠缠，显见地造成了文体的某种混乱。正如著名报告文学作家何建明所指出的那样，“我国目前的写实体作品归类有些混乱”，“一些人以为凡属于写实体的作品，那么它就应当是非虚构的，其本质就是区别于虚构作品”，“往往也不去分清什么是报告文学，什么是纪实文学，什么是传记文学或纪实作品，于是干脆来个大归口，说这都是非虚构作品”③。在他看来，写实

① 李炳银. 关于“非虚构”[N]. 文学报，2012 (2).

② 阿来. 我对第六届鲁迅文学奖报告文学奖项的三个疑问 [N]. 成都商报，2014－08－17.

③ 何建明. 写实体作品的问题与前景 [N]. 文艺报，2012 (2).

体作品相关的“概念混淆而往往造成整个写实体作品的混乱”，因此，何建明认为“规范文体本身是一项急切需要解决的问题”。规范文体当然是一件重要的事项，但报告文学自身的优化也是亟需的问题。非虚构的语境恰好给我们观照反思报告文学提供了有价值的视镜。

非虚构，如上所述，从词源背景和创作中非虚构和虚构的杂糅等看，它作为一个置换报告文学的新的称名，没有可行的内在逻辑。再者，以“非”来称名文类或文体，也不符合中国文体命名的习惯。无疑，从文体的历史生成和现实存在看，报告文学是能够独立成体、可以独立成体的。但文随世移，固化就意味着文体活力、创造力的弱化。我不认同这样的说法，“对于报告文学，应始终强调其最初由新闻特写演变而来的特性，强调其与现实生活的最为直接、最为密切的关系，从而也就在更大程度上突出其‘文学轻骑兵’的地位与作用”①。这样的观点看起来好像维护、坚守了报告文学文体的经典性，但实际上却忽视了报告文学的发展变化；而“始终强调”的结果也使报告文学写作走向了模式化。一些主张以非虚构取代报告文学的言者，他们可能对非虚构的本指不很清楚，但可以肯定的是他们对报告文学存在的情形有着不满的“情绪”。而正是在这样的情绪中包含着一些有益的见解。阿来的表达是有代表性的：“非虚构这一概念在中国文学界的提倡与越来越多的写作者加入这一体裁的写作，正是对日益狭窄与边缘的‘报告文学’的拯救。”这里所用的“拯救”显示着某种作家式的“情绪”，但激发情绪的情由中有着值得反思的理性因素。“今天的报告文学所产生的危机纵然有诸多原因，其中最重要的一条，就是因为其写作陷于某种模式，缺乏创新与开拓的意识与尝试。而‘非虚构’这一概念的提倡与实践，正是对这种沉闷局面的有力破解。近年来所产生的一些作品，不论社会影响还是文体的丰富对于‘报告文学’来讲都是充满了正面效应的。

---

① 李辉．纪实文学：直面现实，追寻历史：关于《中国新文学大系》纪实卷（1977—2000）［J］．南方文坛，2009（1）：21－27.

而报告文学组的评委们，作为这一领域的专业人士，对此始终视而不见？对此终究毫无感知？而要拒绝‘非虚构’进入‘报告文学’？”“陷于某种模式”，“缺乏创新与开拓”，显然揭示了影响报告文学的症候，坚守报告文学者不应该讳疾忌医。阿来提出非虚构“进入”报告文学，其中就包含有利于报告文学去模式化的合理因素。如果一定要用非虚构这个称名，那么报告文学就是其中重要的一体。一些标注为“非虚构”的作品如梁鸿的《中国在梁庄》，包括阿来自己的《瞻对》，就是报告文学作品。非虚构中可以或者应该“进入”报告文学的是什么，在我看来，就是非虚构倡导者所说的，“希望由此探索比报告文学或纪实文学更为宽阔的写作，不是虚构的，但从个人到社会，从现实到历史，从微小到宏大，我们各种各样的关切和经验能在文学的书写中得到呈现”①。

报告文学是一种与时代关联很紧密的“时代文体”，应时而化是它的重要品格。传统的报告文学，更多体现为一种新闻文学，题材的新闻性某种程度上决定着作品的基本价值。报告文学从其发生发展的历史看，它是一种意识形态色彩显著的文体。英国学者伊格尔顿指出：“在选取一种形式时，作家发现他的选择已经在意识形态上受到限制。他可以融合和改变文学传统中于他有用的形式，但是，这些形式本身以及他对它们的改造具有意识形态方面意义的。一个作家发现身边的语言和技巧已经浸透一定的意识形态感知方式，即一些既定的解释现实的方式。”② 报告文学更是这样，基希所说“报告文学，一个危险的文学体裁”，就包含了这样的意指。“具有社会意识的作家承担着双重任务，即斗争的任务和艺术的任务”，报告文学“不仅对于世界上的食利者危险，对于他本人也危险，比一个无需乎担心被否认的诗人的劳动更危险”③。在相当长的一段时间里，报告文学过度

① 《人民文学》2010年第9期“内容简介”。

② 伊格尔顿．马克思主义与文学批评［M］//陆梅林．西方马克思主义美学文选．桂林：漓江出版社．1988：686.

③ 基希．报告文学：一个危险的文学体裁［J］．刘半九，译．时代的报告，1981（3）．

地新闻化，近似于新闻报道；报告文学重视作品的意识形态功能，忽视它作为文学方式的审美要求，这样报告文学就日渐模式化，其表达对象的丰富性和审美性就不足了。20 世纪 90 年代以来，随着“全媒体”的迅速发展，报告文学原有的新闻优势基本失去，其新闻性明显弱化。这就需要报告文学拓展表现时空，特别是需要从常态的生活存在中探寻新的书写质料。报告文学的读者也发生了变化，新的读者或读者新的兴趣不在接受作者的“报告”上，而更愿意通过进入作品参与和作者的对话。所以作者以“政论”的方式直接揭示作品叙事的“报告”制式，也需要调适为读者参与作品叙事的“对话”的方式。“报告主体的主体性在纪实那里，变得更为隐晦和深沉，而读者对于文本的参与性，也有了由少到多的变化”，“从单方的报告到试图在作者与读者之间建立起一种对话的姿态，是现在这类写作正在发生着的一个变化，也是读者的期许，更是这种文体发展壮大的路径”①。此外，更为重要的是尽管报告文学意识形态色彩鲜明，但它到底是一种文学方式。因此，它需要回到以文学的方式，回到以非虚构叙事的方式反映对象世界。这里特别重要的是故事性和个人性。故事具有某种“生物学性”，“很难想象叙事不是我们本能的一部分”，“我们视自己的生活为一种叙事，这就是为什么我们对他人的叙事如此着迷”②。好的报告文学，读者喜欢的报告文学，必须有好的故事叙事。文学要以作家个人的方式表达世界，传统的报告文学更多强调写作的社会性、公共性，忽视其重要的个人性。文学的“个人方式”其义项是丰富的，在我看来，重要的是个人的体验、感受，个人的思想、精神格局和个人的语言等。梁鸿的《中国在梁庄》，以《梁庄》为题首发在《人民文学》非虚构专栏中，但却是“典型的”报告文学。但这一作品又是去报告文学模式化写作的“非典型”报告

① 刘颋. 从报告到对话［J］. 南方文坛，2012（1）.

② 哈特. 故事技巧：叙事性非虚构文学写作指南［M］. 叶青，曾轶峰，译. 北京：中国人民大学出版社，2012：4.

文学。我们看作品的具体内容，“我的故乡是梁庄”“蓬勃的‘废墟村庄’”“今天的‘救救孩子’”“离乡出走的理想青年”“守在土地上的成年闰土”，这些叙说已超越了一般所谓的新闻性，作者提取的是一种有分量却为人忽视的生活常态，作者写出的是自己“在生活”中的独特体验感受和深刻的思考。这些正是报告文学必须从非虚构中借取的要素。

观察报告文学发展历史，类似于以非虚构取代报告文学的情况也有发生。20 世纪 50 年代中国的经济文化等很多向当时的苏联看齐。苏联没有报告文学的称名，类似的文体称为特写。“写真人真事、有真实姓名、地点、时间的特写，在苏联叫做记录特写，或写实特写”，还有一种“叫做深思的特写，同时也叫作研究性特写。这种特写用的是假的名字，它虽然从生活现象出发，但并不是具体的哪一件事，所以它允许作家有更多地可能去想象、虚构，在形式上是特写，在内容上与小说差不多”。由此可见，苏联的特写和美国的非虚构两者有近似之处，都包括了客观真实和部分虚构两种情况。简单地以特写替代报告文学并不合适，但苏联的特写，强调“我们的力量也正在于我们敢于和善于揭露自己的缺点，大胆承认并克服这些东西”的“直接干预生活”① 的品格，恰好贴合了报告文学文体的基本精神，它对当时乃至新时期中国报告文学的写作产生了重要的影响。同样片面地以非虚构替代报告文学也不可取，但毋庸置疑，非虚构的一些倡议和成功的写作实践，为报告文学文体的优化提供了可能和必要。

① 奥维奇金. 谈特写［N］. 刘宾雁，译. 文艺报，1955（7）（8）.

第九章 | ◆

非虚构文学的逻辑与伦理

诚然，在非虚构和报告文学之间，我不是一个“暧昧者”。21 世纪初，有评论家宣告：“我们不大可能创造出一个奇观般的精神废墟：在全世界消灭小说、消灭诗。然而，有一种文体确实正在衰亡，那就是报告文学或纪实文学，真正的衰亡是寂静的，在遗忘中，它老去、枯竭。所以，我赞同编者的议论，让我们确认‘恐龙已死’。”① 对这样的预言，我当然不能认同，作文参与了回应。后来报告文学创作的情形已经做出了回答。此后，“国刊”《人民文学》大张旗鼓地倡导“非虚构”：“何为‘非虚构’？一定要我们说，还真说不清。但是，我们认为，它肯定不等于一般所说的‘报告文学’或‘纪实文学’。……我们其实不能肯定地为‘非虚构’划出界限，我们只是强烈地认为，今天的文学不能局限于那个传统的文类秩序，文学性正在向四面八方蔓延，而文学本身也应容纳多姿多彩的书写活动。”②

① 李敬泽．报告文学的枯竭和文坛的“青春崇拜”［N］．南方周末，2003－10－30.

② 《人民文学》2010 年第 2 期“主编留言”。

倡导非虚构，而又“说不清”“何为‘非虚构’”，这自然引发报告文学忠诚者的反弹，一时称名之争成为文坛的热点。此间，理性告诉我们应当接纳非虚构这样的指称和存在，并且从非虚构倡导者的若干理念和写作实践中，反观反思报告文学，认为从中可借取合理的要素，以优化报告文学的叙事。基于这样的态度，就被视为报告文学的立场不坚定，于是我就多了一个“暧昧者”的头衔。

其实，在我看来，非虚构与报告文学并不是一个冰火不容的概念。非虚构是一个包含了报告文学但是大于报告文学的文类指称，就同纪实文学包含了报告文学但不等于报告文学一样。显然，如果划定了基本的逻辑线，认知其中的属与种的关系，就不会也不必要在两者之间生起冲突。经过一段时间的质疑和争议，现在评论界和学术界似乎已经接受了非虚构，非虚构也正成为文学界的一个热词。但另外的问题又出现了。考察热闹中的非虚构文学，我们可以发现它正在走向它的倡导者所期待的反面，或者说至少已经存在这样的倾向：琐屑和偏窄，以非虚构之名行虚构之实，甚至与资本合谋赚取读者对于非虚构的消费等等，成为值得关注的另一种“非虚构”了。因此，我们就有必要进一步确认非虚构文学的基本逻辑，规范它的必要的写作伦理，使非虚构成为我们这个时代有信度有力度的写作方式。

一、历时态中的非虚构关联称名

在论述非虚构文学的逻辑与伦理前，我们对与其具有关联性的称名做一梳理，以了解它的历史前缀和现时状况。观察文学史我们可以知道，文体的称名有一些是属于“追加”的，比如散文，散文这个词出现得较早，但具有文体意义的“散文”就很滞后了。小说也是，早先“街谈巷语，道听途说”之谓，与后来的小说文体表意并不相同。但与非虚构有关联的报告文学就不是这种情形。在非虚构之前已有的报告文学，是一个具有特殊规定性的现代文体称名，它是一种晚近发生的文体。“报告文学乃至通信文学的名称，是 Reportage 的译语。这是从外国 Report 而新造的术语，大概，在外国的字典上还没有这个生字”；“这种文学样式，当然不是从前就有。这始终是近代工业社会的产物”；“报告文学是最新的形式的文学”①。这是日本文艺家川口浩对报告文学所做的解说，从中可知我们所用的报告文学，是从 Reportage 翻译而得。“Reportage” 中的 “Report”，有报导、报道等义项，正与新闻相关。川口浩认为报告文学 “是近代工业社会的产物”，意指报告文学基于近代社会的大众的新闻传播而发生，而近代新闻传播所依赖的是机械印刷工业。对于这一点塞尔维亚的巴克说得更为明确：“报告文学的物质基础就是报纸。它的存在是为了要给读者以新闻（News），读者在他早餐的时候需要有一个世界动态记录的日志，他要知道发生了些什么事，为何发生和如何发生等。”② 因此可见，报告文学的文体称名是切合得体的，它是一种基于新闻而成的新闻文学。由此，报告文学就具有新闻性、现实性和文学性等一些基本特性。报告文学的名称 20 世纪 30 年代经日本译介到我国，很快在写作和初步的研究方面有了及时的跟进。“去年夏季，‘文坛’上忽然有了新流行品了，这便是所谓的‘报告文学’。”“‘报告文学’在中国的‘标本’”，据审定，并不多；而众所周知，则是《包身工》。③ 这是茅盾 1937 年在《关于“报告文学”》一文中的一段表述。他这里所说的夏衍的《包身工》，就是“去年夏季”“新流行品”中的一件，作品发表在洪深、沈起予主编的《光明》创刊号（1936 年 6 月）。《光明》社评认为“《包身工》可称在中国的报告文学上开创了新的记录”。在报告文学史上，《包身工》以其题材的现实性，叙写的真实性、文学性与政论性的有机融合，成为一篇经典作品。

20 世纪 50 年代比较多地将新闻文学作品指称为特写。“从全国解放以

① 川口浩. 报告文学论 [J]. 沈端先，译. 北斗，1932，2 (1).

② 巴克. 基希及其报告文学 [J]. 张元松，译. 国际文学，1935 (4).

③ 茅盾. 关于“报告文学” [J]. 中流，1937，2 (11).

后，对报告文学的称法就很不一致了。有一个时期，‘特写’这个名称很流行，它的性质近似报告文学，却又不能全包括报告文学的多种形式。”① 这里的特写是从苏联引进的文体名称。苏联著名特写作家奥维奇金1954年随团访问中国，1955年他的《谈特写》在《文艺报》发表，产生了很大的影响。奥维奇金指认“特写，是文学的一种战斗地体裁。它是艺术品，同时又是报刊文章中的一种形式”。他介绍苏联的特写有两种形式，一种是“写真人真事、有真实姓名、地点、时间的特写，在苏联叫做记录特写，或写实的特写”；“但特写并不限于去记录真人真事，特写也不限于只是去描写我们生活中发生的所谓‘新人新事’。有一种特写，它的任务是着重提出生活中的问题，概括一定的社会现象，战斗地帮助人民发现和解决生活中的矛盾与冲突”。这种特写“叫做深思的特写，同时也叫做研究性特写”。“它允许作家有更多的可能去想象、虚构，在形式上是特写，在内容上基本上与小说差不多。”奥维奇金主张特写要“直接干预生活”②。奥维奇金的文章对于中国的文学界不无新意，加之当时取苏学苏的社会文化心理导引，一时影响很大，直接促成了“干预生活”类作品的写作，引发了有关特写的讨论和争议。何直（秦兆阳）、以群、刘白羽、井岩盾和李希凡等分别撰写了《从特写的真实性谈起》《谈直接干预生活的特写》《论特写》《真实和虚构——关于特写、传记、回忆录等一个基本问题的讨论》《所谓“干预生活”、“写真实”的实质是甚么?》文章，对特写的真实性问题、特写能否干预生活等做了深入的探讨。这种探讨总体上是学术的，但也具有特定的时代色彩。

就在非虚构即将被我们隆重倡导，报告文学称名已有可能为人丢去的时候，事实上已有被置换的典型案例：《中国新文学大系》第二、第三、第四辑都设有报告文学卷，而在第五辑中，卷名则由报告文学被主编替换成

① 袁鹰，朱宝蓁，吴培华．报告文学座谈会纪要［J］．新闻业务，1963（Z1）：27－35．
② 奥维奇金．谈特写［N］．刘宾雁，译．文艺报，1955（7）（8）．

了纪实文学。“‘纪实文学’的出现绝非偶然，实际上人们意识到报告文学的现有概念，已经无法概括所有纪实类文学作品的全部，需要有所突破其局限，故以‘纪实文学’概念来容纳进更为宽泛的内容。”“我们不妨套用国际通行的‘非虚构’概念，把‘纪实文学’确定作为纪实类文学作品的总称。”① 德国文学界传来一条关于报告文学的新闻。德国的《国际文学》和阿文提斯基金会于2003年设立尤利西斯报告文学奖，并在当年进行了首次评奖，评委的构成是国际性的，获奖者也不拘一地。俄国女作家安娜·罗列乔夫斯卡娅的《让俄国蒙羞的车臣人》，获得2003年尤利西斯报告文学奖一等奖。中国作家陈桂棣和吴春桃夫妇的《中国农民调查》，获得2004年度的一等奖。2005年一等奖则颁给了英国作家亚历山德拉·弗勒，获奖作品为《与一个非洲士兵一起旅行》。中国作家江浩的《盗猎揭秘》、周勍的《民以何食为天——中国食品安全现状调查》，也获得过这一奖项。由此可见，报告文学是一种具有一定历史时长、至今仍在使用这一称名的国际性文体。非虚构是由美国命名、具有广泛影响的概念。而“国际通行”之说就未必如此。2015年白俄罗斯写实作家阿列克谢耶维奇获得诺贝尔文学奖，但诺贝尔奖委员会并没有指认阿列克谢耶维奇作品的文体归类。

二、21世纪非虚构文学的价值

诚如现在我们所知，非虚构源于美国20世纪60年代的“非虚构小说”。杜鲁门·卡波特和诺曼·梅勒等作家采用“非虚构小说”的文体形式，将传统小说的虚构和想象力与新闻报道的写实方法结合起来，开创了美国小说的新的写作方式。

我注意到柯岩和徐迟分别在其主编的《中国新文艺大系（1976—1982）·报告文学集》《中国新文学大系（1949－1976）·报告文学卷一》的导言或序

① 李辉. 纪实文学：直面现实，追寻历史：关于《中国新文学大系》纪实卷（1977—2000）[J]. 南方文坛，2009（1）：21－27.

中提到了 Nonfiction。柯岩在导言中说道，“美国还有什么非虚构小说……也许，在某些非虚构小说中有某些篇目的某些章节也是报告文学，或与报告文学十分近似；也许它们可以发展成又一种新的文学样式”①。徐迟对此也有介绍，“现在在国外也流行着所谓‘非小说’（Nonfiction），似小说而实非，无虚构亦非虚构，它确是非虚构的‘非小说’的一种作品的形式或体裁。似乎‘纯文学’并不怎么欢迎它们，但是读者们却是乐于接受它们的”②。柯岩主编的报告文学集于1986年出版，说明在20世纪80年代就有人关注美国的非虚构小说。学者王晖、南平于1986年、1987年在《当代文艺思潮》《文学评论》《外国文学研究》等刊物介绍过美国的非虚构写作，并用此概念评论中国的非虚构文学。但显然，在当时非虚构之类称名并引起更多的关注和更大的反响。

时间推移至21世纪初年，非虚构文学在中国终于得以引人瞩目地再一次出场，原本只是《人民文学》的一次文学策划或策展也大获成功。非虚构是应运而生，得势以成。首先以满足读者真实性和真实性心理为要务的非虚构写作，顺应了时代大势和人类审美变化的需要。“在一定意义上，可以说当代社会比以往任何一个时期的社会都充满了各种变异感、复杂感、纷乱感和虚幻感——这些在以往艺术里虚构和想象的世界现在竟然成为了一种现实。”③ 全球化信息化的时代，世界变动日新月异，变幻无处不在，人类生活充满着故事性，甚至传奇性。现实存在有时似乎比小说更小说，它常常逸出了小说家们的想象。在这样的时代，这样的世界，求取真实信息以及时获得对现实存在的了解，就成为一种普遍的社会心理。正如吴炫所说，“如果说以往时代的读者还能基本满足这种虚构的真实的话，那也只

---

① 柯岩．中国新文艺大系：1976—1982：报告文学集［M］．北京：中国文联出版社，1986：导言．

② 徐迟．中国新文学大系：1949—1976：报告文学卷一［M］．上海：上海文艺出版社，1997：序．

③ 吴炫．作为审美现象的非虚构文学［J］．文艺争鸣，1991（4）：45－51．

能说以往的人们对真实性的要求首先在一种艺术性，而不在真实性。但是在今天，当现实本身充满了艺术化的虚幻感的时候，‘现实真实’本身便成为当代人对艺术性的一种追求和苛求。”① 对于这样的变化，已有读者的选择做出了明晰的标示。报告文学作家邢军纪曾和欧洲文学界人士做过交流，“奥地利作家协会主席海泽内格教授就说，当下欧洲文学界或者说社会上最走红最受欢迎的文体是非虚构文学作品，如果要给这些文体排序的话，第一是非虚构文学，第二是诗歌，第三才是小说”。② 而在非虚构的策源地美国情况也近似：“虚构文学在美国读者心中的地位日趋下降。根据《大西洋杂志》的报道，在1982—2004年间，在美国阅读小说、戏剧和诗歌的读者人数比例下降了10个百分点，跌至历史的最低点47%，而非虚构文学的读者却在不断扩大。”③

而在中国，报告文学的理想状态也与国际的大势是一致的。所谓理想状态就是优秀的报告文学作品，在受到文学界和社会关注好评的同时，也赢得了读者之心。但报告文学一段时期自身确实存在一些问题，失去了如20世纪80年代那样读者的普遍的好感。现在看来，当时认为报告文学正在“老去、枯竭”，用语是有些极端，但何尝不是对这一文体猛击一掌，从而使报告文学者“三省吾身”？我们的时代是一个伟大的时代，作为时代文体的报告文学当然需要宏大叙事，需要有《国家行动》《中国863》《东方哈达》《天开海岳》《长征》《国运：南方记事》等反映重大题材的大体量的厚重之作，但也不能缺失反映大多数的普通人的生活的作品和有内涵的个人性言说。题材的相对取大而逼仄、叙写的单一和模式化以及文学品相的不足等，成为读者诟病报告文学的基本问题。而《人民文学》的非虚构设

① 吴炫．作为审美现象的非虚构文学［J］．文艺争鸣，1991（4）：45-51.

② 邢军纪．试论当代中国“非虚构文学”的可能性［J］．解放军艺术学院学报，2011（1）：60-62.

③ 哈特．故事技巧：叙事性非虚构文学写作指南［M］．叶青，曾轶峰，译．北京：中国人民大学出版社，2012.

计，击中的就是报告文学的软肋。“希望由此探索比报告文学或纪实文学更为宽阔的写作，不是虚构的，但从个人到社会，从现实到历史，从微小到宏大，我们各种各样的关切和经验能在文学的书写中得到呈现”①。可以说关注现实与历史，容纳宏大与细微，兼顾家国与个人等这些非虚构写作的期待，恰好可以补给报告文学的不足和缺失。

从《人民文学》推出的代表性非虚构作品以及其他方面发表出版的可读之作来看，非虚构文学以对易被忽视、遮蔽的存在的深切关注和作者亲历亲验的在场性书写，拓展写实类作品写作的时空，接通了这类文学形式与普通人生活的关联，复活了作品的生活质感和个体生命气息，存真了现实的另一种真实，尽管这样的真实也许并不鲜亮，但它毕竟也是一种色彩，从而呈现出了一个更为全面多样的现实世界。尤其可贵的是非虚构作者沉入生活的信心和行动能力以及以真诚之笔呈现对象真实、真相的勇气，使作品凝聚着一种对于此类写作不可或缺的精神品格。这是作品赢得读者的要素。评论家梁鸿的转型之作《梁庄》并无离奇的叙事和惊人之语，作者只是把你与我见过的景象，以平实之语加以特写与细述。梁鸿将已被媒体和以往的写作标签化、符号化的乡村做了真实的改写。在美丽新农村的另一面，是乡村的寂然和凋敝。这种寂然和凋敝是城市化进程中一道令人难堪的伤疤。近年国家提出乡村振兴的战略，这也说明《梁庄》这样的写作并不是多余的。非虚构文学的一个重要特点是把个人叙事内置为文本内存。这与通式的报告文学有着很大的不同。但不要以为这样的写作全都是无意义的私人书写。张新颖的《沈从文的后半生》、裘山山的《家书》等，将个人史与大时代的叙写交融一体，人生命运之况味流溢其间，大历史的面影也在当中。《沈从文的后半生》的主人公是作家，作品的叙事主线是后半生的人生历程和遭际，但决定其个人命运的宏大的社会历史背景无处不在。

① 《人民文学》2010年第9期“主编留言”。

无疑，这样一部作品是沈从文自己的小历史，但又是一代文化人的命运史。作为同龄人，我对《家书》更感兴趣，子女与父母之间的家书，总有儿女情长，家长里短，而生活的五味流溢其间。但不同时空中连缀起来的家书，自然有着时代行进、历史变迁留下的投影。在这里，家的生活史与国的大时代有着丝缕相连的关系。

洪治纲在谈到非虚构文学价值时，注意到了它的多边跨界意义："更重要的是，'非虚构写作'还使文学创作走向更为开放性的文化语境之中，其中的不少作品已延伸到社会学、历史学或人类学等其他人文领域，成为它们的某种文本参照。"① 我以为这一点特别重要，是非虚构文学有别于小说诗歌之类书写价值特殊性之所在，也是这一类写作漫溢生活的多向各面的一种伴随成果。这里有一组有关疾病的非虚构作品。疾病与文学原本就具有关联，因为它是生命的一个构成部分。薛舒的《远去的人》、方格子的《一百年的暗与光》、周芳的《重症监护室》等作品，作者将视点移位到另异的对象，阿尔茨海默症、麻风病、生命垂危患者成为作品叙事的主要对象，这些作品可以说是一种特殊类的生命写作，别有意义。其中有非常态中的人性景观、社会历史的流变，也有疾病本身的记写。它涉及文学、医学、社会学、历史学、心理学等，或可成为某个专门学科有价值的参考读本。

三、非虚构文学的问题与治理

就文本的生成方式和文本与其书写对象所构成的真实性关系来划分，人类的写作方式基本就是虚构性写作和非虚构性写作两种。这种划分是基于相对主义而不是绝对论。真实性是一个十分复杂的概念，具有形而上的哲学意义上的理解，也有具体写作实践中的实际把握。而且在不同的写作

① 洪治纲．论非虚构写作［J］．文学评论，2016（3）：62－71．

方式中，它的内涵所指是多种的。有人认为，在虚构性写作和非虚构性写作中，还有一种浑成了虚构与非虚构的情况。在我看来，这样情形中的虚构和非虚构，其中的比例是无法量化计数的。因此，这种写作类型应该归为虚构性写作。如果是这样的归类，那么很可能就有人以为写作根本上就不存在真正的非虚构真实。如果从绝对论的本质主义来看，这样的持论当然是成立的。对象的存在是第一种真实，作者对它的认知是第二种真实，作者对认知的叙述是第三者真实，媒体对作者叙述的处理是第四种真实，读者对作品的接受是第五种真实。每一种真实之间都可能发生真实性的流失。但问题是取消相对真实的存在，实际上也取消相对虚构的存在。因为在小说等传统的虚构性写作中，也有客观真实性存在，非虚构小说就是现成的例子。这样会导致虚无主义的极端。非虚构性写作的成立是由作者的写作态度、写作方式、写作流程等所决定的。非虚构其文本的生成需要经过采访、田野调查、文献档案查阅等方式获取材料，文本所写与被写的对象之间具有一种客观实在的直接对应关系。其中有的写作还需经过某种真实性审读审查获得认可，才能正式发表或出版。

回到非虚构的原初语境，需要注意的是“非虚构小说”，是一个偏正结构的语词，其中心词是“小说”。我们现在截取了它作为定语的“非虚构”，使之成为一个作为主语的“非虚构”。基于这样的变化，非虚构与非虚构小说之间当是一种不等式的关系。“非虚构即是真实，不可编造。过去，美国的一些非虚构文学作者也会编造一些文学场景，一些‘复合型人物’。约瑟夫·米切尔（Joseph Mitchell）、杜鲁门·卡波特（Truman Capote）等许多作家都曾经这样编造过。但是时至今日，非虚构文学已经不再接受这种编造行为了。”海斯勒（何伟）在接受访谈时所说的这段话，告诉我们美国的非虚构是有变化的，由过去可以“编造”的非虚构小说，变为现在“不再接受这种编造行为”的真正的非虚构了。

非虚构写作，还是非虚构文学，据说是一个问题。一般认为，非虚构写作比非虚构文学所指外延更大。但一些人倒并不在此探究，他们更愿意接受前者的概念，而对后者颇为质疑。这里的实质涉及非虚构而又文学之间的逻辑存在问题。在虚构文学中心论者看来，两者之间是没有逻辑关联的，他们认定的逻辑是要么非虚构，要么文学，非虚构不可文学，文学无法非虚构。这里的关键词是文学，文学是一个含义复杂也含混不清的概念。在不同的文学书写中，文学（文学性）的要素和表现形式是不一样的。我们很少讨论小说、诗歌的文学或文学性问题，好像只要有了虚构想象、幻想夸张，作品就一定很文学似的。其实不然，不少小说文学性寡淡，没有诗意的诗歌依然诗歌着。判断文学与否的关键，并不是有没有虚构想象。虚构想象对于文学而言是必要，但不是唯一的，必需的。在非虚构文学中，它当然应该具有文学普遍需要的形象、情感、趣味等，但作为叙事文学样式，它不像小说那样需要通过虚构塑造典型人物形象。小说反映可能的存在，非虚构文学再现已经发生的事实。在我看来，非虚构文学的文学性主要存在于它的非虚构的真实性之中，这是它文学性生成的基础。“非虚构文学相较虚构文学欠缺创造性。不能够编故事，那就只能实事求是地还原现实生活，……这意味着我要把注意力集中在每一个作为个体的人的身上，关注他们平淡生活中的戏剧性。……我需要更努力，更加专注，才能够挖掘出这些细节。”“在创作非虚构文学时，不能够编造，这就意味着你要竭尽全力去发掘事实，去收集信息。创造性部分来源于你是如何运用这些日常素材的，在调查中就存在创造性。”这是写作了“中国三部曲”的何伟的经验之谈。其中就包括了文学性生成的要义，如对“作为个体的人”的关注，对人物“平淡生活中的戏剧性”的发现等。在小说写作中需要通过想象建构故事塑造人物，在非虚构写作中则需要通过深入的采访，“发掘事实”，“挖掘细节”，从生活存在中选择具有故事性的内容，以适合的结构方式和具有个人性的语言方式呈现真实。文学性就存在于被选择和结构的真实之中。这是非虚构文学中文学性的一种独特。赵瑜的《寻找巴金的黛莉》，真实的叙事中充满着故事性，也具有某种传奇性。我们读这样的作品，如同观看悬念电影。徐剑的《大国重器》，其中有不少机缘巧合的人和事，但这些人和事不是虚构而得，而是作者沉入其中后的用心发现。

言说非虚构文学的逻辑和伦理，并不是一件十分困难的事。在我看来，其基本逻辑就在它的命名之中。非虚构性是它的核心逻辑，如果缺失了这一点，那么这一类写作也就没有了它的逻辑支点。作者选择了非虚构写作，就选择与此相关的写作态度、写作方式，对读者做出一种真实的、诚实的写作承诺。尽管实际上没有绝对意义上的非虚构，但作者的一切努力都应指向于非虚构的达成，避免主观故意的虚构。这是非虚构文学的伦理底线。非虚构文学中文学生成有着自己的逻辑，其要旨是文学性存在于叙写对象的真实性之中。在全媒体时代，非虚构文学书写对象的新闻性已经弱化，因此这类写作应致力于寻找、发现新闻后面的故事性，在真实故事的结构和叙述中获取作品的文学性。非虚构是一个宽口径的命名，它接纳一切有意义的书写，任何人为的偏执只会走向的它的反面。基于这样的认知，我们检视进行中的非虚构写作，其存在的一些问题就比较容易发现。至于对问题的治理臆想，其大意包含在如下的言说之中。

其一，以非虚构之名，行虚构之实。照理，非虚构的价值正在于它的真实性，作者应当倾力为之，使作品名副其实。但是，匪夷所思的是，当非虚构成为获利的捷径时，它就成为一些人用以包装虚构赚取读者眼球的手段。有些平台机构深知图书市场对非虚构作品的更多期待，利用读者的求实阅读心理，通过设计、策划等，将虚假的材料编造成貌似非虚构的文本。极端的案例是 2019 年推出的《一个出身寒门的状元之死》，选题极具非虚构性，题目中的关键词吸引眼球。文章在咪蒙公众号发出后，引来众多朋友圈的关注。后来证实自称为非虚构写作的文章，内容多为基于流量需要的编造。“咪蒙事件”也许是个别情况，但它反映出的问题是严重的。非虚构的这种悖论，是对这类写作的一种直接的伤害。虚构的非虚构比我们鄙夷的广告报告文学性质更为恶劣，后者是公开交易，前者则是伪装后的欺骗。出现这种现象的原因有很多，但与非虚构写作界不够严谨的写作作风和评论界的一些不准确的解说有关。有一些非虚构作家的作品，地名是移植的，人物只有姓而没有名，作品中的叙事没有具体的时空规定性，有一些真实性的要素被虚化了。这样的作家一方面写作非虚构作品，另一方面又不愿意承担相关的责任。还有的作家，一边写作着非虚构文学，一边又声言虚构是达到真实的唯一的途径。也许作者所说有着自己特殊的意指，但读者看到的只是他的自我矛盾，这种矛盾会使读者对非虚构到底是真实还是虚构感到困惑。非虚构形成某种热潮后，评论界对此的关注、研究多了起来，其中许多文章是具有建设性的，但确实也有一些文章在涉论非虚构与虚构时含混不清，甚至是脱实向虚。"'非虚构'并非只在乎一个'非'字，其恰恰强调的是'虚构'本身，也即对虚构进行一种元认知，在虚构与非虚构间完成某种辩证，从'是'中跃出，以'非'辩'是'，最后进入文学，形成新的面向和转化。在这个过程中，关键不在内与外、是与非、虚与实，而在于唤醒虚构/非虚构背后的物事与人情，激起新的问题意识与价值观念。"① 这篇论文的选题很有新意，作者的总体性论述也是比较学理的。但这段表述多少有些玄幻，"'非虚构'并非只在乎一个'非'字，其恰恰强调的是'虚构'本身"，我不知道这样的定论是基于怎样的学术逻辑？其结果可能会对非虚构写作造成一种作者并未愿意看到的误导。

其二，本来应当是开阔的非虚构，正在走向逼仄。非虚构的命名对它的开放性做了前置性的规定。非虚构倡导者的初衷是明确的，他们不满意作为新闻替代品的报告文学题材过于偏向宏大一面，指望非虚构文学能"容纳多姿多彩的书写活动"，漫溢成一条波浪宽广的大河。非虚构写作的兴盛确实也补足了报告文学的一些缺失。但现在出现的情况是当初报告文

① 曾攀. 物·知识·非虚构：当代中国文学的"向外转"［J］. 南方文坛，2019（3）：31－36，44.

学的问题，变成了非虚构自身的问题。题材的类型化：《梁庄》获得好评后，“梁庄”成了选题取材的模式。乡村当然是非虚构书写的富矿，但都市更是需要开掘的题材领域。但现见的都市非虚构写作不多，优秀的作品更是不多见。题旨的轻量化：作为对原先报告文学宏大化的反拨，非虚构的选题转向对大众生活的关注，这是一种进步。但我们可以看到其中的一些作品容量不足，分量不够。有的只是现象叙写，有的偏向个人生活书写，缺少更多的生活内涵和时代关联。我们看美国《纽约时报》推荐的 2017 年最值得关注的 50 本非虚构类图书，它们的题材是多样的，涉及政治、经济、生态、科技、社会许多方面，多见大题材作品。如《国家中的殖民地》，作者描绘了美国两个“截然不同的政权”，一个给白人的，称之为国家；另一个给黑人的，称之为殖民地。《五大湖的生与死》，对由于气候变化、人口增长和入侵物种的破坏，正在改变的五大湖区的生态系统做了描写。《没有意识的世界——大科技公司的生存威胁》，作者以网络怀疑者的身份，对大科技公司对个人和社会所构成的威胁进行批判，选题和题旨都要重要意义。另外，非虚构与报告文学之间持续的关系紧张，某种程度上也造成非虚构写作无以开阔。我们说非虚构包括了报告文学但不等于报告文学，报告文学是非虚构文类中的一种主要文体，这样的逻辑认知意指非虚构与报告文学之间应当具有兼容关系的。但是，实际上两者之间基本上是分而治之。无论是报告文学的排行榜，还是非虚构排行榜，彼此之间的融通甚少。这样，在非虚构写作这里，就少了一些兼具题材价值思想意义和文学达成的开宏大气之作。

其三，非虚构文学，有非虚构，但少文学，文学性相对不足。我们以前也曾这样指说报告文学，以为只有报告而没有文学。看来这是此类写作的一个难题。当然，我们不能以从小说文体中提炼出的文学性条条，强求异类的非虚构文学作品。非虚构作品应当具有自适其体的文学性要素。自然，这样的要素不一而足，也会见仁见智。在这里，我很愿意推荐冯骥才

《非虚构写作与非虚构文学》① 一文，作为我们对此话题探讨的参照。冯骥才是一位资深的小说家，同时他又以《一百个人的十年》《炼狱·天堂》《冰河》《凌汛》《激流中》《旋涡里》等作品，闻声于非虚构界。作为非虚构作家，冯骥才是自觉的。他以为非虚构“受制于生活的事实，它不能天马行空般地自由想象，不能对生活改变与随意添加，必须遵守‘诚实写作’的原则”。这里的“诚实写作”，划出了非虚构文学写作中的伦理准则。对于非虚构的文学性，冯骥才给出了三个要点：思想、细节和语言。“我认为在非虚构的写作中，文学的价值首先是思想价值。”因为在他看来，作者对生活的洞察决定了对于生活的再现和开掘的能级。以思想为美，构成了作品重要的审美性内涵。“文学的思想是靠文学体现。”“我把细节做为文学的重要的元素。细节是文学作品‘最深刻的支点’，它还能点石成金。”“再说另一个非虚构文学的文学要素，就是语言。文学是用语言和文字表达的，语言与文字是否精当与生动不仅关乎表现力，还直接体现一种审美。”“非虚构作品无法发挥更多的审美想象，它的文学性往往更依靠语言（叙述语言）的能力与品质。”冯骥才所说确实是经验之谈，也深得非虚构文学的要义。我们所说的非虚构写作文学性不足，主要就是指作品思想性的缺失、叙事的平面流水、缺少细节支撑以及语言不能及物有度，具形得意，表现力的偏弱。

① 冯骥才．非虚构写作与非虚构文学［J］．当代文坛．2019（2）：45－47．

第二编　年度对话：现场进行时

第十章

2010 年：报告文学的三个话题

丁晓原：2010 年的报告文学并没有像至今还有人以为的那种“文体尴尬”，而是以自己的姿势行进着。最近《北京文学》发布了“2010 年中国当代文学最新作品排行榜”，报告文学上榜的有《梁庄》（梁鸿）、《王家岭的诉说》（赵瑜等）、《寻找失落的英雄》（孙春龙）、《闪着泪光的事业》（蒋巍）、《谁在养活中国》（陈启文）等 5 篇（部）作品。这些作品并不能说都是年度最好的报告文学，但应该说是具有代表性的作品。报告文学最新作品排行榜从一个角度反映了这一文体的进行状态。2010 年的报告文学有话题可以言说，甚至这一年有些新闻与报告文学有关。

王晖：的确是这样。与前两年相比，2010 年里非常出彩的报告文学并不多，可以说是平静地前行。与作品的平静略有不同的是，报告文学还具有波澜的“话题”，譬如吸人眼球的“鲁奖”和“徐奖”、强势推出的“非虚构”写作等等，当然还有轰动一时的谢朝平和师东兵事件。

一、“鲁奖”和“徐奖”

丁晓原：2010 年是报告文学重要奖项的评奖年度。先是“徐迟奖”，9 月第四届徐迟报告文学奖获奖作品揭晓。赵瑜的《寻找巴金的黛莉》、李春雷的《木棉花开》、何建明的《生命第一》、丰收的《王震和我们》，杨黎光的《中山路》5 篇（部）获“徐迟报告文学奖”；党益民的《守望天山》等10 篇（部）获“徐迟报告文学优秀奖”。再就是“鲁奖”，10 月第五届鲁迅文学奖经过初评、公示、终评后，公布各奖项的获奖作品。李鸣生的《震中在人心》、张雅文的《生命的呐喊》、关仁山的《感天动地——从唐山到汶川》、彭荆风的《解放大西南》和李洁非的《胡风案中人与事》获报告文学奖。评奖既是对文体创作的一种总结方式，同时也表示着创作的某种指向。在我这里，大奖评奖，不仅关注谁和什么作品获奖，而且更在意评奖所释放出的有关文体存在及其发展的有价值信息。这几年报告文学创作的态势良好。各地报送的第五届鲁迅文学奖报告文学奖备选作品近 150 篇（部），这从一定程度上反映了报告文学较高的“生产力指数”。现代媒体直接受市场的影响。不仅《北京文学》《中国作家・纪实》《当代》《人民日报》《光明日报》《南方周末》等重视报告文学类作品的刊发，而且新世纪以来对报告文学少有作为的《人民文学》也开始倡导“非虚构”写作。另外还创办了《时代的报告》《文学界・中国报告文学》等专门刊物，香港报告文学学会主办的《华夏纪实》也已出刊 5 年。许多出版社注重出版纪实类的作品。这些为报告文学文体创设了宜于发展的文化生态。就鲁迅文学奖报告文学奖而言，除了获奖的 5 篇（部）作品外，《解放战争》《国运：南方记事》《寻找巴金的黛莉》《木棉花开》《天堂上的云朵》《中国跨世纪之痛》《共和国粮食报告》《让汶川告诉世界》《东方哈达》《为了那渴望的目光——希望工程 20 年纪事》《守望天山》等都是近年推出的重要作品。

王晖：此次报送参评鲁奖报告文学奖的近 150 部（篇）作品，我基本上都做了至少是浏览的工作，对其中近百部作品做了阅读笔记，重点研读了几十部。我同意你所说的近几年来较高的“生产力指数”的判断。虽然自21世纪以来，在产量上报告文学不能与小说的虚构文体去争高下，但基本保持了稳产。这在当下文学田地收缩的情形下已算是不错的“收成”。此次所评选的20部备选作品，以及从中选出的最后5部，应该说具有标志性。它们是近几年来报告文学创作的代表性作品。遗珠之憾当然会有，你列举的这几篇未能最后获奖，我也深表遗憾，因为无论从思想、艺术，还是从社会反响来看，它们都是近年来报告文学中的佼佼者，为报告文学赢得了良好声誉，是这一文体在新世纪复兴的可贵代表。有人说，电影是遗憾的艺术，其实评奖也是。不过，金杯银杯固然重要，口碑在某种意义上也许更能说明问题。真正的好作品，应该不在乎如何评出来，而是怎样传下去。

丁晓原：2010年的鲁奖有两点我是看好的。一是反映出报告文学文体的开放，获奖的作品具有多样性。题材上既有历史叙事，也有现实报告；既有重大事件的纪实，也有个人故事的写真。题旨上既有讴歌，也有复调中的批判。写法上有小说体、报道体、散文体和摄影与文字报告的混搭体等，显示着报告文学在新世纪的开放态势。只有开放，才有活力。二是坚持了报告文学文体的精神高度。据我所知，第五届鲁奖报告文学奖并不鼓励作家的“几连冠”，但李鸣生是个例外。他以《震中在人心》名列获奖者之首。2008年的四川汶川地震是一个重大题材，也成为报告文学写作的热点题材，初评后入围的作品有五六部之多。我认为李鸣生的作品是最好的。这部作品具有作家独特的观察、独特的思考和独特的表达方式，题旨分量很重，显示着报告文学应有的品格。

王晖：李鸣生作品能够获奖，的确有它的道理。这部作品可以看作是作者的用心之作，排除作者家乡情结之外，这部作品在内涵挖掘上专注大灾变时的人心、人情和人性，专注反思与揭露，与偏重于外在的轰轰烈烈的救灾行为的表现区别开来，显示出“文学是人学”的力量，以及报告文学反思性的特质。当然，《震中在人心》在文体形式等方面的创新也是有目共睹的——图文融合，由主流叙事转向个性化叙事。值得肯定的是，这种创新完全来自于作者内在的文体变革驱动。我认为，在当下报告文学文体创新力不足的情况下，李鸣生的这种努力具有普适性和示范性。我同意你所说的报告文学写法上的开放和包容，不过，此次鲁奖报送作品中仍然有明显不符报告文学特性的传记、生平事迹介绍、旅游指南等进入，这似乎有违文体的界限。如果鲁奖报告文学奖的评选不仅仅局限于报告文学，也涵盖其他非虚构文学作品，其实，将其报告文学奖更名为“非虚构文学”奖或许更名副其实，这样，报告文学、传记等文体都可顺理成章地进入，而不至于招致迷惑质疑或陷入文体混淆不清的尴尬境地。

丁晓原：徐迟报告文学奖以新时期第一方阵报告文学作家中重要领军人物徐迟的名字命名，其获奖作品应该更多地显示文体发展的专业水平。所谓“专业水平”，一是得体，二是创体。报告文学是一种独特的文学类型，非虚构而又文学，正是它独特的核心。从写作实际看，许多冠以报告文学的文字是非文学的，连较好的新闻作品都算不上。所以报告文学应该回到文学。李春雷是报告文学作家中比较讲究文学性的一位，《木棉花开》就是一篇很有文学滋味的作品。作品所写是政治题材、政治人物，但它没有这类作品通常有的政治化叙事的模式规制，作品对人物史迹的选择、再现和表达等，都做了相当充分的个性化的处理。这是一篇“正式”的报告文学。赵瑜的《寻找巴金的黛莉》在徐迟奖中拔得头筹，看来也在情理之中。这部除鲁迅奖外获得各类重要奖项的作品，在写法上很有建树。赵瑜是报告文学的“常青树”，从20世纪80年代到现在，一直居于这一文体写作的中心。其中重要的原因是他不墨守成规，善于破体，超越自我，他和李鸣生、徐刚等都是文体创新意识很强的报告文学作家。《寻找巴金的黛莉》建构“寻找”的叙事策略，以“寻找”布置作品悬念气氛，推进叙事发展，增强了对于接受者的召唤力；同时注意了个体小叙事与社会大叙事的结合，使个人故事中透视出时代演变的面貌。这是一部创新感强的作品。

王晖：赵瑜作为横跨 20 世纪八九十年代和 21 世纪的“三朝元老”、李春雷作为新世纪为大家熟悉的作家，他们在报告文学的文体实践上都留下了坚实的脚印。我觉得如果一个报告文学作家抱有“绝不重复”自己的信念，那么就意味着他有着清醒的文体创新意识。应当讲，“带着镣铐跳舞”的报告文学文体要像小说那样创新，其难度比小说的创新要大得多。在这点上，包括上面讲的赵瑜、李春雷，还有何建明、李鸣生、杨黎光等都是做得比较出色的。

二、“非虚构”写作

丁晓原：“非虚构”在 2010 年的文学话语中差不多成了一个流行语，虽然这不是一个新词。给力“非虚构”的是《人民文学》。《人民文学》从 2010 年第 2 期起设立《非虚构》栏目，10 月，召开“人民大地 · 行动者”非虚构写作计划研讨会，启动“人民大地 · 行动者”非虚构写作计划，并且还特设“人民文学非虚构奖”，梁鸿的《梁庄》和萧相风的《词典：南方工业生活》获奖。力推“非虚构”写作，在我看来并不是《人民文学》一时的新闻化的炒作。作为国家文学重要形象的《人民文学》，曾经刊发过不少优秀的报告文学作品，为当代报告文学的发展做出过重要的贡献，但是进入新世纪以来《人民文学》对于报告文学作为无多。现在《人民文学》倡导“非虚构”写作，可谓是对本有的地位的一种追忆和回归。“非虚构”这一名称，原本是对美国“Nonfiction”文体的一种意译，“Nonfiction Novel”，意谓“非虚构小说”。“非虚构”似乎不太符合中国文体命名的习惯。现在推出“非虚构”，有一种“祛报告文学”的意味。上海文艺出版社出版《中国新文学大系（1976—2000）》，弃以前惯用的报告文学不用，改成“纪实文学”。其实“纪实文学”不是体，而是“类”，以类代体并不准确。“非虚构”是一种译称，报告文学（Reportage）也是译称，而且已经约定俗成，没有必要另外拟词。有人不愿意用报告文学指称非虚构写作，觉得已有的关于报告文学的定义已无法解释现在的写作。这是事实。但问题正出在我们对报告文学的定义上。我们不能一直停留在对报告文学的原初认知上。报告文学作为一种时代文体，它理应与时俱进，在恪守非虚构原则的前提下体现出开放兼容新的特性。因此及时总结报告文学的创作实践并加以理论的提炼，丰富这一文体的义项，是十分重要的。《人民文学》所倡导的“非虚构”写作，实际上正在改写我们对于报告文学原本较为狭隘的理解。《梁庄》《词典：南方工业生活》等作品提出了报告文学写作新的叙事伦理，即在题材上由重大性、政治化向日常社会生活回归，在表达上由激扬文字式的主观化叙事转向生活本身的叙事，弱化了新闻性，删去了政论性。《梁庄》写了游子的回乡见闻，是现代化进程中中原乡村呈现出的典型而日常的风景，其意味蕴含在叙事之中。《词典：南方工业生活》以符号化的方式，写出了打工者格式化了的日常生活。这样写法的作品在过往是少见的。而这些正显示着我所认为的“非虚构”写作的积极意义。

王晖：我一直认为“非虚构”写作是相对于“虚构”写作而言的，它其实也是一个文学大类，也就是说，文学文体可以分为“虚构”和“非虚构”两大类。你可以说这是对那种仅仅只承认虚构是文学的狭隘文学观的一种解构。说实在的，《人民文学》提倡“非虚构”写作的举动，一开始是令我惊讶的。正像你所说的那样，21 世纪以来，甚至更早一些时候，作为当代中国文学标杆性刊物的《人民文学》对除去“散文”之外的、以“报告文学”为代表的非虚构文学并不给力，甚至还有误解。即使是在今天，它仍然没有给出“非虚构”的明确定义，而仅仅只是认为“肯定不等于一般所说的‘报告文学’或‘纪实文学’”。而设置这一栏目的目的是破除文学文体的画地为牢和故步自封，力图打破“那个传统的文类秩序”，捕捉正在向四面八方延伸的文学性的潜能。我同意你刚才说的——作为一种时代文体，报告文学要体现出开放兼容的特性。而《人民文学》的“非虚构”

实践实际上向我们提出了“非虚构文学”建构的必要性。我和南平在20世纪80年代中期就曾著文论及中国的非虚构文学，当时我们在1987年第1期的《文学评论》杂志上发表的论文题目是《1977—1986中国非虚构文学描述》，就是将报告文学、纪实小说、口述实录文学等作为一个“非虚构文学”类型来考察的。后来，缪俊杰、吴炫等人也使用过“非虚构文学”这一概念。从《人民文学》已经发表的《梁庄》《中国，少了一味药》《词典：南方工业生活》《既贱且辱此一生》《关于音乐的记忆碎片》《飞机配件门市部》等几篇来看，这里的“非虚构”确实汇集了回忆录、田野调查等文字。但它们与现存的报告文学样态有很大的不同，这主要表现在作者身份的个人性（并非媒体或单位指派采访）、写作的亲历性（田野调查式、甚至是潜伏式，就像当年茅盾观察包身工、贾鲁生卧底丐帮一样）、文本的揭秘（或揭露）性、题材的猎奇性、叙述的故事性等。与一般报告文学的多视角叙述不同，这里的“非虚构”主要是以“我”为叙述者的限制视角，它强化了叙述的主观性和个人性。《人民文学》编辑部在多期的编者“留言”里都表达了对这个新栏目的定位，譬如“我们希望由此探索比报告文学或纪实文学更为宽阔的写作，不是虚构的，但从个人到社会，从现实到历史，从微小到宏大，我们各种各样的关切和经验能在文学的书写中得到呈现”。我个人对这个举足轻重的刊物如此看重“非虚构”表示欣慰。当然，我并不希望这个栏目变成一种带有吸引眼球的短期行为，而是真正致力于推动“非虚构”文学写作的行动，在视觉和图像主宰的时代，以真诚和真实为文学拓展疆土、收复失地、焕发魅力。不过，翻看2010年《人民文学》目录时，我常常看到“散文”并没有归入“非虚构”栏目，而仍然与之并列，不知编者是如何考虑这一问题的？另外，在第6期上又出现了“报告文学”栏目，这就有点使人头晕了。在国外，“非虚构”是一个大的概念，并不单指文学。在《人民文学》的范围之内，这“非虚构”当然就应当是“非虚构文学”的指称，报告文学、散文应为其中一分子，而不能够将它们另立门户。

三、“由远及近”

丁晓原：我曾说过新世纪以来报告文学创作有一种“舍近求远”的历史化的倾向，报告文学可以进行历史叙事，但要是“历史化”了，就值得反思。报告文学无疑应该以现实报告为主。我开头所引的“2010 年中国当代文学最新作品排行榜”报告文学的上榜作品，5 篇中有 4 篇是现实题材的，这说明评论家和读者也看重报告文学的现实性。可喜的是 2010 年报告文学明显地放弃了“历史化”的追求，报告文学作家注意由远及近，脚踏现实大地，写作了大量反映现实存在和进程的值得一读的作品。年内大事报告文学作家没有缺席，李春雷在第一时间赶赴玉树地震灾区，采写了《玉树三题》；孙晶岩在世博会刚闭幕就推出了长篇《珍藏世博》；蒋巍以一贯的激情写作《闪着泪光的事业》，记写令人骄傲、感动的中国高铁事业和高铁建设者；李青松致力于生态写作，《大兴安岭时间》描述了林改新的进展和业绩。作家们热情真挚地讴歌各类先进模范人物，何建明《让总书记感动的人》《天堂创造者——一个村支书的四十余年传奇》、郝敬堂《小岗之子》、李春雷《组织部长》等，再现了现实中典型人物朴实而伟岸的形象，真切感人。特别是寒青的《起航，信义之船》，叙写“信义兄弟”的诚信守义，悲情的故事中升腾起人性的大美，对中华民族传统美德的现代传承做了感天动地的真实报告。同时 2010 年的报告文学也关注了值得关注反思的问题，体现了报告文学敢于直面现实的介入精神。赵瑜等的《王家岭的诉说》、阮梅和吴素梅的《中国式拆迁》以及朱晓军的《叫板足坛腐败的体育局长》等是其中重要的代表作品。矿难是中国之痛，对此的报告已有长江《矿难如麻》在先，但我们读《王家岭的诉说》依然感到沉郁难堪。这一作品主要以矿难幸存者的口述实录，再现了矿难发生、逃生、求生的全程。“诉说”的方式增强了作品的真实感和反思的力度。“类乎荒谬实系真相”、“死者尸骨可筑新的长城”，利益驱动下对于普通生命的漠视，让人难以置信。阮梅是近年活跃于报告文学一线的敢于碰触硬题材的作家，她和吴素梅的《中国式拆迁》直逼当前中国社会重大热点拆迁。作者不仅给出了围绕拆迁各方利益博弈的图景，而且揭示了人们精神物化的人性变异，耐人寻味。可以说 2010 年的报告文学全方位、多主题地实录了我们的现实生活，体现着比较强的文体现实感。

王晖：对现实或者说当下社会生活的直击，是报告文学与生俱来的基本品质。这应该是文体常识。但在一段时间内，这个常识被忽悠了、被遗忘了。你所讲的新世纪以来报告文学的“历史叙事”或“历史化”倾向，的确值得我们注意。有意无意地忽视现实书写，也许有多种原因，甚至难言之隐，但这并不能成为报告文学回避现实的理由。从这一点上讲，《人民文学》的“非虚构”写作倡导走出书斋、走向田野、采取行动的用意是切中时弊、切中要害的。2010 年，关注现实的报告文学多了起来，这当然是一件好事。我觉得你说的那些作品完全具有代表性，除此之外，还有一些作品从不同角度观察着我们这个时代的变迁，也是很有特色的，譬如蒋巍的政论体报告文学《世纪大冲撞——多难兴邦：撬动历史的杠杆》、赵瑜的《火车头震荡——宜万铁路始末》、傅宁军解读传奇“狂人”的《李敖：我的人生不可复制》、张胜友的《北川重生》、李鸣生的航天题材系列《发射将军》、徐江善描述网络揭秘和反腐的《异军突起互联网》、刘广雄记述海地地震中牺牲的中国维和官兵事迹的《中国维和英雄》等。

第十一章 | ◆

2011 年：“无名”时代的非虚构叙事

一、非虚构叙事的“无名”

丁晓原：年度对话，可以说是我们表达具有新闻性的“读后感”的一种方式。话题设定是对话得以展开的规定性动作。但我的感受是，我们无法以一言蔽之的方式来归纳报告文学新的创作存在，也无法以固有的报告文学常识或是理论来阐释作品。基于此，我想报告文学可能也进入到了一个所谓的“无名”时代。文学的“共名”和“无名”是文学史家沉思和观察 20 世纪中国文学所给出的具有概括力的命名。我们在这里将现在的报告文学定义为“无名”的文体，其一是基于相关称名的莫衷一是：报告文学、纪实文学、非虚构等等，各树一帜，互相解构，没有一个可以公约的文体命名。其二，也是最重要的一点是，报告文学形成了更为多样化、更具个人性的局面。此为这一文体“无名”的本旨所在，同时，这也是称名不一的重要原因。在我看来，不同命名其实表示了主体对于文体多种叙事价值的认知或是期待。

王晖：的确是这样。创作的多元化已经导致命名的多元化，相对于过去的时代，通讯特写、报告文学命名的一统性或者说权威性，在今天似乎已经被解构了。"无名"正是对当下报告文学创作的一个恰当的判断。谈到对2011年报告文学的认识，我觉得你去年发表的那篇文章《"复调"与"复式"：新世纪十年报告文学观察》就能说明其中的很多问题。我感觉这不仅仅是对21世纪以来10年报告文学发展的一个总结，也完全可以适用于对2011年这一文体流变的考量。相比较2010年以鲁迅文学奖和徐迟报告文学奖为代表的"评奖年"，2011年报告文学的关键词似乎并不清晰。当然，作为一种专注于现实的非虚构文体，对于这一年重要纪念性事件，譬如中国共产党成立90周年、辛亥革命100周年、汶川大地震3周年等，无疑是有着天然或者说本能的反应，何建明、王树增、杨黎光、李鸣生、李春雷等人的作品就是很好的证明。如果说，这一年报告文学作家没有关注现实，那肯定是不准确的。但我的意思是，一些在2011年度影响非常大的现实事件没有在报告文学中得到很好的再现与反思，如"7·23"甬温线特别重大铁路交通事故，关系民生的消费热点问题（食品安全、瘦肉精、地沟油、染色馒头、问题血燕、"达芬奇"造假门），农产品丰产卖难问题，中海油渤海油田漏油事故，郭美美事件，环境生态（PM2.5与城市灰霾天气），等等。这其中原因也许比较复杂，与作家的社会敏感度、责任感，以及写作生态都有关系。在这一点上，我同意你的说法，那就是报告文学已经进入到了一个"无名"时代。"无名"时代的非虚构叙事必然有它的特别之处，即把对于社会现实的多元化和个人化的观察、体验和思考，融入报告文学这个曾经的"社会公共写作模式"之中，使"共名"淡化。这似乎不是一个众口一词的"报告"时代，而更像是一个各执己见的"非虚构"时代。

二、历史与现实之间的非虚构

王晖：2011年似乎注定成为一个进行历史非虚构叙事的良机。这一方面是因为中国共产党成立和辛亥革命这两大影响中国近代历史进程的周年纪念。与表现这一主题的影视和小说的庞大阵势相比，报告文学并未特别显示出它的优势，影响比较大的似乎只是何建明与厉华所著的《忠诚与背叛》，以及王树增的《1911》等少数作品。《忠诚与背叛》的意义并不是对已有“红岩”故事再演绎，而是力图以重审的姿态，还原历史的真相，以更多详尽的资料强化它的“非虚构”本质。特别是在重构“红岩英雄”的同时，用大量篇幅书写“背叛”主题，这在当下显得颇有警示意味。《1911》在浓郁的文学色彩中所显示出的强烈的文献性和哲理性，是我阅读这部厚重之作的感受。“对完美社会、完美国家永抱幻想的民族，才是一个有力量、有希望的民族。这就是百年之后我们蓦然回首并将往事托举心头的原因。”这是这部作品后记中的一句话，我把这看作是它的文眼。

除却重大历史事件的再现之外，对于当代中国史上因为种种原因导致被隐秘或被避讳的事件的揭秘与曝光，也是2011年报告文学对于历史非虚构叙事的一个特点。张向持的《代价——信阳事件沉思录》揭示河南信阳地区20世纪50年代大饥荒饿死千万人的重大悲惨事件。陈秉安的《大逃港》书写的则是新中国成立后的50至70年代，发生在深圳与香港的界河——深圳河边百万人大逃港的历史事实，力图多角度多层面地揭示大逃港所带来的各式各样的人间悲剧，由此写出深圳特区建设之“因”，构成对深圳特区前世今生的全景式观照。作者将笔触聚焦于“大逃港”这样一个曾经隐秘和避讳的历史事实、一个敏感话题、一段在相当长时期作为“国家机密”来看待的历史，并非自上而下的“命题作文”，而是出自作者还原历史真相的使命感。这样一种对于敏锐题材的主动选择和坚韧执着，在当下报告文学创作中实属难能可贵。

丁晓原：如上所言，多样化或多元化是“无名”时代报告文学的景观特征。但就这一文体主要的叙事功能而言，记录现实与呈现历史，是写作的基本类型。报告文学由过往的倚重新闻性，到现在的新闻性弱化，相应地强化非虚构对象内在的社会价值、历史价值与审美价值。在此背景中，历史的非虚构蔚为可观。《1911》和《忠诚与背叛》正是 2011 年度历史非虚构类写作的重要代表作。郭晓晔的《孤独的天空——中国航空之父的传奇人生》也是值得关注的作品。作者是资深报告文学作家，作品所写主人公冯如是"中国航空之父"。"这是一个小人物成长的故事，也是一个天才寻找自己的故事"，人物叙事中流溢着沉郁的历史况味。郭冬的《难回故里——一个台湾老兵的故事》讲述的是一个为政治阻隔而引发的人生伤情事。不同以往的同类叙事，作品中的老兵是作者的舅舅。"一个人的传奇包含着一群人的辛酸与泪水。"具有亲验的叙说，将大时代中普通人生的宿命表现得真切而味多。

无疑，记录现实是报告文学文体的基本规定。2011 年现实报告琳琅满目，可观者不少。朱晓军、李英的《让百姓作主——浙江省琴坛村罢免村主任纪事》不仅具有较强的牵引视听的新闻性，而且其题旨是深具意蕴的。"如果说改革开放伊始，小岗村农民用按血手印方式领农村经济改革风气之先，今天琴坛村民同样用按红手印方式表达了政治民主的诉求。一个是经济，一个是政治，都有里程碑的意义！"写作了《共和国粮食报告》的陈启文，其新作《问卜洞庭》表面看是 2011 年长江流域大旱的备忘录，其内里则是深深地表达了对人与自然紧张关系的忧思。刘元举的《啼血试验——朱清时与他的南科大命运》以"啼血试验"，报告南科大中国高校体制改革先试之维艰，不仅还原了备受关注、颇受争议的事件本身，而且更通过特殊的个案启发读者思考"深水改革"的诸多话题。皇甫琪的《煤矿农民工》以一种朴实的方式写出底层劳动者的真实生活。而陈歆耕《猫鼠大战——反扒"神警"与小偷》、海剑《等你上钩——对一个骗子的深度调查》等作品，则表示着本年度报告文学题材的新拓展。2011 年有一些作品，如唐晓玲的《城市底色》、周建新的《朋友，我能给你什么》、李迪的《戴脚镣的舞者——丹东看守所的故事》和李春雷的《特殊党费》等，给读者以特别的温暖。解读这些作品的意义，我希望不只是从主旋律或是歌颂类作品的角度索解。我想更重要的是这些作品从正面反思着我们时代的精神缺失，其所歌颂的正是我们的时代应该弘扬的。《城市底色》等作品，不仅仅是编写了一些好人故事，感我情怀；城市或城市化是现代化演进的某种象征，我们在为此欢欣的时候，该思考怎样守住“底色”。“底色”是人性之美，是真诚、仁爱和责任，是人之为人的精神崇高。郭明义等“中国好人”生动诠释的正是这样的崇高。有了这样的崇高，即便是铁窗，也有使人潸然泪下的至美人性。

王晖：在叙述当下现实时，报告文学作家呈现出更加明显的“无名”状态。他们对于现实关注的视角是多元的。这其中三农问题仍然是 2011 年作家们关注的重头戏。黄传会的《中国新生代农民工》、苗秀侠《迷惘的庄稼——农民工留守子女现状调查》、戴斌和郭建勋的《所有的梦想都开花——深圳万福民工街舞团成长记》等都将笔触集中而鲜明地指向农民工及其子女群体，但角度各有不同：黄传会着力于解读农民工中的“新生代”，苗秀侠关注的是农民工的“留守子女”，戴斌和郭建勋则聚焦于深圳的农民工“街舞团”。号称“非虚构”文体的贾平凹的《定西笔记》、梁鸿的《中国在梁庄》等则是以更加个人化的方式描述或反思中西部地区农村的现实。与专注于农民工群体的作品不同的是，《定西笔记》和《中国在梁庄》的视域更为阔大，思考也更为深入。朱晓军和李英所写《让百姓作主——浙江省琴坛村罢免村主任纪事》与前些年发表的《昂贵的选票》有着异曲同工之妙，它们从不同层面触及农村基层民主进程问题。

关注现实还包括对于各式社会问题和现象的表现。赵瑜的《篮球的秘密》对篮球文化与东莞体育改革做出了新的诠释，中国体育问题是赵瑜最擅长表现的领域，这次他又给人以新的惊喜。此外，你所列举的刘元举、李迪、陈启文、陈歆耕、朱晓军等人的作品，以及乔叶的《拆楼记》、于忠宁的《小升初：拨不开的迷雾》、蓄水的《疯狂的“腐败底线”》等，我觉得也是能够代表 2011 年现实非虚构叙事的。

在报告文学的现实非虚构叙事中，2011 年度似乎少见了过去报告文学的常见题材——重大工程的描写。目前，就我目力所及，仅见徐剑的《国家负荷——国家电网科技创新实录》，以及何建明的《燃烧的中国海——中海油"海上大庆"诞生记》等文。如果不注重艺术的传达，报告文学对于重大工程题材的书写，很容易导致见事不见人的流程展示，或者千篇一律、枯燥无味的好人好事材料的堆砌。《国家负荷》则表现出别样的韵味，那就是艺术地传达科技精神、生动地刻画出人的精气神。作者写的是国家电网的科技创新的个案，但蕴含其中的深意却在于，充分揭示其作为创新型国家高地和中国人自主创新知识品牌的本质，形象化地传达出中国在 21 世纪和平崛起的文化自觉和文化自信。这正是徐剑作为一个擅长宏大叙事的报告文学作家的思想视野。

在我看来，对代表核心价值观的热点和焦点人物的描述，已经成为中国当代报告文学的基本传统，但如何使报告最大限度地逼近本真，最具深度地触及本质，最具广度地启迪社会，仍然是其必须面对的重要问题。这是文体本性使然，也是作家写作伦理使然，更是全媒时代文学自身调适使然。周建新的《朋友，我能给你什么》写的是全国道德模范郭明义的事迹。我特别欣赏作者在作品中多次强调的写作原则，即不唱颂歌、不虚构、不堆砌素材，写踏实、写透明、写灵魂、写精神。我以为这恰好是在最大限度地逼近非虚构文学的本质，而不是正相反，将报告文学演绎成表扬稿、广告、长篇小说或者调查报告。

三、多样化非虚构中的个人性

丁晓原：观察近年的报告文学创作，我们已难见"主旋律"作品或"问题报告文学"一枝独秀的盛景了。社会开放，文化多样，文学表达更是百花竞开，报告文学作家也重视追求以自己的方式，选择自己认知的报告客体，呈现自己的观察、思考和审美的欲求。个人性进入到了曾被视为“社会公共写作模式”的报告文学中。这是报告文学“无名”的本真之所在。个人性的进入，直接促成了复式复调报告文学新格局的形成。报告文学写作个人性的形成，除了与社会文化生态外在氛围有关，其内在的根因是作者主体性的激活。何建明、赵瑜、李鸣生、王树增、黄传会、李春雷等，已为成熟的报告文学作家，形成了自己独特的风格。何建明的报告文学写作穿行于现实与历史之间，他的《忠诚与背叛——告诉你一个真实的红岩》，挖掘真实历史，有机改写小说《红岩》。作品真挚地讴歌先烈可歌可泣的壮举，信仰、信念的伟力深深感染着读者，在历史叙事中调制出浓郁的抒情意味。同时，作品又通过与小说《红岩》相关人物和故事做对应性写作，挖掘历史“红岩”中的新闻因素，增添作品的阅读趣味。“在场的”是王树增《1911》所达成的一种叙事效果。作者擅长于大历史中具有喜剧性意味历史场景的叙事，在“大”历史与“小”历史中，通过非虚构的历史逻辑想象，还原如火如荼、波谲云诡、雄美壮阔的历史存在。一些“另类”作者的进入，直接造就了报告文学的个人性。小说家乔叶的《拆楼记》，除人名虚构以外，余则全是非虚构的。作品将人性诸种集聚于拆楼事件上加以烛照，这是一种报告文学真正回到文学的写法。摄影家陈庆港《十四家——中国农民生存报告（2000—2010）》也是一部独具价值和特质的作品。《十四家》是一种纯粹的非虚构写作。作者以社会学田野作业的方式和功夫，历经 10 年跟踪深度调查采访对象，作品的结构以时序流转（夏秋冬春）为经、以 14 家各自的生活为纬展开，“账本”式的建构清晰而真实地反映出对象的实际状况。作品的叙事颇多摄影家的个人风致，其基本的特点是“摄影叙事”。“镜头语言”构成了叙事的基本材料。在“摄影叙事”中，作者又采用“特写”和“长镜头”等不同方式，呈现 14 家日常生活的细部和场景。这些完全拆卸了报告文学原有的新闻性、政论性等范式的反模式写作，以鲜明的个人性拯救报告文学不可或缺的文学性。我期待更多有质量的个人性写作，这是非虚构写作持续健康发展的关键。

王晖：多样化，或者说多元化非虚构叙事，必然会伴随着个人性的到来。无论是历史叙事，还是现实叙事，这一特点在近年来的报告文学中都已经显山露水了。你对于《忠诚与背叛》《1911》《孤独的天空》等作品里渗透着个人性的历史叙事的分析，其实就是在佐证这一特点。如果说当年徐迟的《哥德巴赫猜想》的写作初衷是源于"共名"的诉求，那么，作者在文中对于主人公个性的描述，以及对于"文革"的批评就已经印刻上了"个人性"的烙印。因此，今天报告文学所呈现出来的"个人性"仍然是有它的前世的，只不过它表现得比较隐晦而已。我前面列举的 3 部（篇）农民工题材的报告文学，它们的视角明显不同。黄传会关注的是第三代农民工的生存状况，苗秀侠关注的是农民工的"留守子女"，而戴斌和郭建勋则书写的是农民工"街舞团"。在这里，叙述的"个人性"显而易见。周建新的《朋友，我能给你什么》从题材到人物，看上去与一部"主旋律"作品无异，但实际上，作者具有明确的还原人物本真的"个人性"写作的意识。乔叶的《拆楼记》、陈秉安的《大逃港》等也是如此。现在，我并不想对于报告文学的"个人性"书写做出一个绝对的判断。众口一词的"报告"时代似乎已经过去，而各执己见的"非虚构"时代似乎已经到来。这是解构还是重构？我觉得我们还需要继续观察。

第十二章 | ◆

2012年："正能量"与新生代

王晖：2012年中国报告文学优秀作品排行榜出炉，何建明的《国家》、陈启文的《北京风暴》等10部作品榜上有名。这是中国报告文学学会首次举办的报告文学排行榜活动，意义相当重要。在这之前，我们看到有各种报告文学年选，这些由专业人士遴选的选本，无疑是具有权威性的。现在这个排行榜的推出，更加带有"组织"色彩，强化了报告文学的传播速度和力度。报告文学学会的这一举动，使"报告文学"这一重要文体的年度重要作品迅速进入受众视野。我把这看成是多媒体时代文学的主动选择。某种程度上说，这10部作品是2012年度报告文学创作的缩影，同时，也是代表。与2011年相比，2012年的报告文学显得有些波澜不惊，不过它的特点倒是比较鲜明，比如对于"正能量"的传递、对现实问题和重大事件反思的个性化和独立性、对于报告文学文体尊严的思考、新生代的悄然崛起，等等。而我们能在2013年继续谈论报告文学一年来的收获，是不是有点"末日重生"的感觉？

丁晓原：我觉得你对 2012 年报告文学的总体把握是符合实际的。报告文学的存在和它的发展迎合了时代和读者的需要，不以任何主观"预言"而转移。报告文学没有"末日"，倒是可能今天有太阳，明天会是多云；今年丰年，明年歉收。2012 年的报告文学如你所说"有些波澜不惊"，这大致也是报告文学的常态。我们需要在常态中寻找意义，就像我们的日常生活一样。报告文学学会作为一个组织的价值在于行动，2012 年首次发布排行榜，其意义已超越了排行榜本身。学会多位同仁编选报告文学年选，在我看来，它混合了文体的专业性、读者的市场需求和编选者的个人眼光，而排行榜应该更多地体现出文体的专业尺度。首次排行榜强调"上榜作品应尊重报告文学文体的本体性，具有现实关怀的品格，关注现实，介入现实，呈现真实"，强调作品应"具有深刻的思想观察、解释力，主体鲜明，思考独到，精神内容丰厚；具有与报告文学文体相应的文学性"等，基于的正是基本的文体价值取向。

一、"国家叙述"与"正能量"传递

王晖：2012 年度报告文学的宏大叙事以何建明的《国家》为最。在我看来，这部长篇报告文学是何建明创作的又一个标志性作品，它既保持着"何氏"报告文学一以贯之的文本特质，又显示出别样的风姿。一方面，这部作品描述对象的重大性，可能是 2012 年度报告文学中最为突出的，它是对当下中国具有国际影响的重大事件的深度追踪和全景勾画；另一方面，出色的文学性表达使作品深具可读性之魅，令人产生"欲罢不能"的阅读效应。作者说这部作品是"国家叙述"，我理解这个"国家叙述"应当包含两个方面：一个是指文本叙说的对象，那些涉及具有全国性或全球性影响或意义的事件与人物，以及体现中国特色社会主义制度、践行社会主义核心价值体系的重要典型等；另外，"国家叙述"指叙述方式，即全景式、多角度、多层次的高屋建瓴式描述，以及这种描述所显示出的国家形象、文学气势与民族风格。“国家叙述”的向度不是唯一的，而是多元的，不是平面的，而是立体的。应当说，何建明的许多作品都具有“国家叙述”的气质，就2012年来讲，他的《三牛风波》也同属于这种叙述方式。除却《国家》，黄传会表现海军潜艇部队成长史的长篇报告文学《潜航》虽然主要致力于揭秘历史，但很有现实价值和国防意义，因此也契合“国家叙述”的内质。

丁晓原：你对“国家叙述”的表述相当学理，也比较完整。无疑，何建明的《国家》属于典型的“国家叙述”，而他的《三牛风波》可谓是一种“非典型”的“国家叙述”。表面看来，作品叙写的只是一个事件，但作品通过回应公众质疑、还原生活的真实的方式，表达了对西部发展和中国青年知识分子成长等重大问题的关切，可谓小中见大。此外，还有一些“国家叙述”的作品，如《蜀道重光》《天歌》《致以共和国的敬礼！——新疆生产建设兵团的昨天与今天》《天梯神示——中国“神九”太空飞船成功发射的台前幕后》《亮剑湄公河——中国警方“10·5”案件侦破纪实》《中国民办教育调查》等。这些都是2012年度值得关注的作品，它们有的题材新鲜，给读者展示出新的现实空间；有的虽写旧题材，但作者能深入开掘报告对象，因而呈现出新视角、新体验、新表达、新价值。2012年是中国的“航母年”，海军作家黄传会的《潜航》可谓恰逢其时，这一作品在现实航母的巨大特写中叠映了我们挥之不去的历史光影。《潜航》和此前的《龙旗——清末北洋海军纪实》《逆海——中华民国海军纪实》《雄风——中国人民海军纪实》共同构建了百年中国海军史的大叙事。

王晖：与“国家叙述”相联系的是报告文学对“正能量”的传递。“正能量”一词来源于英国心理学家理查德·怀斯曼的专著《正能量》，指的是一种健康乐观、积极向上的动力和情感。对于“正能量”的传递，其实也是作为“时代文体”的报告文学在逼近现实、思考现实和书写现实时的必然选择。王宏甲2012年写出了《永不失望》，通过对主人公刘日的追叙，为读者呈现了一个始终如一为民谋利的党员领导干部形象。叶多多的《一个人的滇池保卫战》描述的是怀抱"滇池是我的母亲""谁毁滇池，我就要和他拼命"信念的农民张正祥——这是一个当代中国的堂吉诃德。我特别感念的是，这个人物在与破坏滇池生态环境的各种邪恶力量对抗时所秉持的良知、正义、责任感和使命感。看上去，他似乎是孤独无助的，但实际上，他所释放的"正能量"正在影响或改变着大多数人。杨年华《国旗阿妈啦》里的主角——百岁藏族老党员次仁曲珍 45 年如一日坚持每天在自己的院落里升起五星红旗，显示出她心中信念的坚定和执着。无独有偶，一合《果实》中的河北农大同学们为安慰已病逝同学的父母，15 年如一日坚持给同学的父母寄钱、写信，充分表现出他们的高尚人格和精神境界。梅洁反映"南水北调"工程中移民外迁的《汉水大移民》，赞颂了几万移民干部的艰辛付出，以及十几万移民"舍小家为大家"的奉献精神。"正能量"的传递，充分显示了当下报告文学作家的写作态度和价值取向。

丁晓原："正能量"是 2012 年的一个热词。报告文学不仅要有批判的力度，也要有阳光、有温度，要给读者"正能量"。近年来，报告文学作家较多地投入到具有"正能量"价值的作品写作中。擅长于"正能量"写作的李春雷，2012 年创作了《幸福是什么》，以质朴而精致的写实方式，为我们构建了一座别致的郭明义雕像。作者走近主人公郭明义的生活和心灵世界，写活了新世纪"雷锋精神"传人郭明义感人的形象。《青樱桃，红樱桃》则以日记体的方式，叙写了女大学生村官张广秀美丽的青春。李迪的短篇《你可知道，那草帽在何方》属于公安"清网"题材，其中的人性叙事颇为出新而感人。年逾七旬的老作家庞瑞垠推出的长篇报告文学《一个人和一座城市》，书写了人与城市的关联，尤其是精神的关联。作品通过对人物的深入叙写，歌颂了新时期的中国脊梁精神。

二、现实反思与个性视角

王晖：现实反思性作品在 2012 年也有所斩获，一些优秀之作体现出反思的个性化、表达的独特性。梁鸿的《梁庄在中国》以“梁庄”这样一个极富象征意味和个性特征的符号，在更大的时空里思考“三农”、城乡文明的互动与转型等问题。《北京风暴》则给予灾难写作以新的启迪。作品聚焦北京7月21日的特大暴雨，有着非常明确的写作目标和书写视角。作家无意于写一个传统模式的表扬稿，而是重在“反思”悲剧发生的原因，以及如何预防悲剧的再次发生。正如评论者所说：“作者的目光关注普通人的生命安危，关注社会众生的形象心态，关注政府执政理念的进步，更深层次地追问思考灾难背后的自然与社会原由。”冯锐的《亮剑湄公河》对中国警方跨国抓捕大毒枭及其团伙的行动做出生动描写，凸显了大国责任和人道情怀。陈歆耕的《猫鼠博弈》记录的是反扒神警的传奇故事，书中还有数十个小偷的口述实录，从中投射出人性变异、犯罪心理等问题。此外，徐刚的《大地书》、马淑琴的《京西大拆迁》、杨豪的《农村留守妇女生存报告》、王伟举的《探秘火山口上的温州》等，也都凸显了作者的个性化视角和独立思考的力度。

丁晓原：在“后起”的报告文学作家中，我比较看好陈启文，他具有难能可贵的现实反思精神，这对于写好报告文学是至关重要的。我曾说过，在报告文学、纪实文学和非虚构的名称纠结中，最值得警惕的是文体泛化中核心价值的丢失。报告文学的核心价值是决定这一文体独特性的现实品格和思想力量。报告文学的现实品格，要求报告文学作家能主动回应社会、介入现实、呈现真相，这也是报告文学之谓报告文学的前提。陈启文的《北京风暴》正是2012年具有现实品格作品中的一个典型标本。正如你所说，这一事件往往被写成传统模式中“转移话题”的表扬稿，但有思想的作者不会放弃思考的本能，他能在既成的模式中寻找反思的可能与视点。其实，现实反思不仅是这类作品写作的逻辑定位，而且在以正面叙事为主的作品中，也是极为重要的。孙晶岩的《中国女子监狱调查手记》在2012年具有重要影响，作品主人公是看守所管教民警，通过他们感人的人性叙事，彰显大墙中的人道光辉。但作品不止于此，还以专章《调查后的思考》深入思考高犯罪率的形成原因和监所管理中存在的问题。唐晓玲的《城市底色》不是一般的"好人好事"报道集，作者认为，"如果说，经济发展改变的是一个城市的面貌，那么文明的力量则可以化育一个城市的风骨"，所谓"底色"，表达的正是唐晓玲对现代化的深入思考。

王晖：在对现实表达的另一类作品中，李春雷描写郭明义的报告文学《幸福是什么》也表现出独特性，正如你在对这部作品的评论中所说，"写作郭明义需要作者更多地在'二次选择'上精心作为。这里的'二次选择'主要是选取郭明义这一独特人物具有'再写作'意义的质料。"近来关注大学生群体的傅宁军在2012年发表了《大学生从军报告》，和《大学生村官》一样，将描述的视点由校园扩大到社会，将大学生与社会的关系、与国家的关系紧密结合起来考察，由此显示出以"90后"为主体的新一代大学生的精神内质。赵雁的《天梯神示》以景海鹏、刘洋和刘旺三位航天员的成长史为切入视角，表现"神九"飞船成功发射的"神秘内幕"。此外，阎纲的《美丽的夭亡》和汪浙成的《女儿，爸爸要救你》等亲情纪实，在描摹可贵亲情的同时，更多地给予人坚韧、达观和奋力前行的精神动力。

三、历史叙事与多方位呈现

王晖：立足当下社会生活，是报告文学创作的基本原则。追溯历史、联结当下、启迪未来，也是报告文学的应有之义。徐剑描述东北老工业基地的《白山黑水》别具韵味，作家将历史与现实对接，用丰富的细节构筑起强烈的现场感。东北老工业基地昔日的辉煌、曾经的暗淡和今日的雄风重振，被形象地描摹出来。傅宁军的《此岸，彼岸》以1958年"8·23炮击金门"事件为引子，叙说海峡两岸百姓潮起潮落的悲欢和希望。丁晓平的《中共中央第一支笔》《王明中毒事件调查》等对中共高层人物的纪实，力求还原真相、澄清事实，显示出文学、历史、学术的多方位视角观照和跨文体写作的特质。吴越的《爱在疼痛时——被改造者的情事（1957—1976）》，写出20世纪60年代刑满释放人员无法回归社会，被迫在劳改农场“强制就业”的生存境遇，具有强烈的亲历性，显示了历史叙事的真实价值。

丁晓原：历史非虚构写作有一个边界的问题，其基本要求是主体在还原历史存在时必须“够得着”，在写作取向上，要追寻现实和历史的“可链接”。作品叙事对象在时间上是适度的，在具体的写作中是可纪实的，即历史的存在应该具有切实的史料、文献记载。作者可以通过采访与过往存在具有关联的人物而走近历史、再现历史，还可以通过踏访历史遗存感知当年的人与事。2012年的历史叙事写作依然活跃，除了你提到的作品外，钟法权的《陈独秀江津晚歌：一个人和一家人》、熊光炯的《心远——一个教育世家的百年沧桑》和李青松的《开国林垦部长》也值得关注。《陈独秀江津晚歌：一个人和一家人》取材独特，将政治人物的信仰、人格以及普通的人性、人情、历史命运与个体生命等做了多维的叙写。《心远》不是一般的教育史叙事，作品以一个教育世家的“百年沧桑”串联起诸多的叙事要素，将“教育世家”的本体叙事与百年中国史大叙事有机地结合起来，构造了历史纪实的宽度。李青松的《开国林垦部长》采用的是历史小叙事的写法，饶有滋味的细节和场景呈现了开国部长可敬可爱的精神形象。

四、新生代与新希望

王晖：这些年，我们一直在感慨的一个问题是报告文学作家的后继乏人。最近，这个问题似乎有了转机。2012年涌现了多位新生代作家，如陈启文、叶多多、梁鸿、丁晓平、杜文娟、纪红建、聂还贵、王晓云等。这当中，除了陈启文、聂还贵等年龄稍长，其他人基本都是“70后”。这在很大程度上缓解了我们的焦虑，也带来了新的希望。我希望，这不仅是年龄意义上的后继有人，更应该体现在写作理念、写作风格、精神向度上的继往开来。从已经发表的作品来看，对现实的独立反思和深切的人文关怀是这些新生代创作的显著特点，这无疑是报告文学新发展的一个良好开端。

丁晓原：新生代的生成，这是 2012 年报告文学一个极有意义的话题。新生代孕育了新希望、新创造。你列举的多位作家的创作态势，足以让我们对报告文学的发展有更多期待。他们不仅具有年轻人特有的活力，更有对于创作的自信。曾维康及他的《农民中国：江汉平原一个村落 26 位乡民的口述史》应该被我们特别提及。1983 年 12 月出生的曾维康，2011 年从清华大学新闻与传播学院硕士毕业，《农民中国：江汉平原一个村落 26 位乡民的口述史》可能算是"非典型"的报告文学，但正是这样一部接上"地气"、冒着"热气"、写出"生气"的关于乡村"原生态"的口述史，被人们称为"是一部 21 世纪中国农民的生存报告，是一部浓缩了当代中国农民的命运、奋斗与希冀的心灵史"。报告文学的希望在青年，报告文学需要非职业写作的务本开新。

王晖：的确，如你所说，报告文学的希望在青年。套用 100 多年前梁启超的那句名言"少年强则中国强"，我们可以说，"青年强则报告文学强"。当然，正像当下一些老牌报告文学作家存在着如何超越自己、超越题材书写优势的问题一样，新生代作家也需要不断扩大视野、磨炼意志、锻造精良文本、成就宏大气象。我们应该寄希望于更多的"70 后""80 后"，甚至"90 后"作者加盟报告文学的写作行列，希望这些新生代成为 21 世纪中国人实现"中国梦"的见证者和记录者。

第十三章 | ◆

2013 年：新话题·新叙事·新方阵

丁晓原：今天的报告文学境遇已大不同于10年前了。其时，围绕这一文体还有存废之议。现在的实际恰是相反，正如杰克·哈特所说，“读者对现实题材的故事兴趣高涨”，“虚构文学在美国读者心中的地位日趋下降。根据《大西洋杂志》的报道，在1982—2004年间，在美国阅读小说、戏剧和诗歌的读者人数比例下降了10个百分点，跌至历史的最低点47%，而非虚构文学的读者却在不断扩大”。中国的情况也具有某种近似性。在全媒体时代，报告文学的文体功能在转型中得到了强化。当下关于报告文学文体的讨论，尽管依然有着不同的声音，但大都指向写实性文体的建设，旨归于建构非虚构性叙事的审美伦理。对于创作情况的评估，我们很难以年度作为时间单位进行合适的把握，但每一年的报告文学也总有一些独属于这一年的情状。中国报告文学学会发布的2013年报告文学排行榜，大致呈现了这一年这一文体的基本格局。就创作的内在而言，“中国梦”成为年度报告文学大写的核心主题；而回到非虚构性叙事本体叙说中国故事，则正在演化为体类写作的审美通式。报告文学作者中既有许多名家，也不乏新的面孔，而且跨界写作已成风景。这样的结构生成了报告文学发展的活力。

王晖：在我看来，你的这些认识是符合以报告文学为主体的整个非虚构文学的当下境遇的。与 10 年前相比，报告文学的生存环境得到了许多改善，至少在文学界是这样。这也令我想起 2005 年李陀说的一段话，他认为："就近半个世纪文学的实际情况来看，非虚构文学发展非常快，而且其影响力正在超过虚构文学，在很多国家书店的文学类书架上，非虚构的作品数量甚至已经超过虚构性文学作品，喜爱阅读非虚构文学作品的读者数量也在急剧增加，或许数量更为庞大。这已经成为事实，而且是任何做文学研究和文学批评的人都绝不应该忽视的事实。"在以手机、平板电脑等为代表的新型媒体面前，看上去以纸媒为主要依托的边缘化的文学，正在转换它的呈现方式，以应对将新型媒体作为"身体的一部分"的"90 后"、甚至"00 后"们的需求。呼应"中国梦"的时代主旋律，正是 2013 年报告文学的显性特征，多部（篇）以各式之"梦"为内容的作品是对此最好的印证。而致力于非虚构叙事的艺术探求，则使得这一年的报告文学更具文学魅力。

一、中国梦：时代话题的书写

丁晓原：无疑，"中国梦"是 2013 年最为重要的热词，它标志性地反映了我们这个时代新的重大主题。中国梦，是实现中华民族伟大复兴的中国理想，是达成国家富强、民族振兴、人民幸福的中国愿景，是中国力量、中国精神的凝聚。作为时代文体，2013 年的报告文学敏锐地感应时代的回响，迅捷地抒写中国梦这一时代话题，以积极的姿态参与新的时代精神的表达。李春雷于 2013 年初在《人民日报》发表的作品，直接以《我的中国梦》命题，开启了本年度报告文学写作的"梦之旅"。《我的中国梦》的主人公是航空报国、以身殉职的罗阳，作品真实地还原了罗阳生命最后时刻感人的现场，并且通过有机地穿插人物生命历程中的重要段落，在有限的篇幅中富有表现力地呈现出了罗阳的成长轨迹和崇高精神，作品同时体现了李春雷善写短篇主旋律报告文学的鲜明风格和卓异能力。黄传会的《国家的儿子》以“国家的儿子”定义罗阳形象的精神本质，以长篇的规模全面细致地叙写英模的故事。《江边中国》是何建明“苏南系列”中继《我们可以称他为伟人》《我的天堂》后推出的重要作品。《江边中国》叙写的是苏南永联村及其带头人吴栋材的创业史。“江边”与“中国”融合成富有意味的宏大意象，由此既宏阔又典型具体地反映了改革开放以来中国社会主义新农村建设的壮美画卷，是伟大中国梦的生动篇章。

王晖：你说的这些作品的确可以代表2013年报告文学对于中国梦这一宏大主题的形象诠释。我想，无论罗阳还是吴栋材，甚至是王宏甲、刘建合写的《农民——中国一户农民的百年历史》中的茂德公家族，都表现了“中国梦——我的梦”这一鲜明特征，将个人荣辱与国家兴亡紧密结合起来，这正是“国家好，民族好，大家才会好”的体现。

此外，2013年一些作品对于中国水生态的关注，也在另一个层面上呼应着“梦”之主题。裔兆宏在《美丽中国样本》中对南水北调工程的关注、秦岭书写农村饮水安全工程建设的《在水一方》等都是如此。陈启文发表于2013年的《呼伦贝尔的忧伤》和《湘江，谁为你哭泣》，选自他直面水危机和水利问题的长篇报告文学《命脉》，敢于“碰硬”是陈启文非虚构写作的鲜明印记，而如何“碰硬”，或者说怎样表述这些“硬题材”，则既是方法问题，也是“立场问题”。陈启文似乎并不是一个乐于“命题作文”和“歌舞升平”的人，他更像是一个“独行侠”。对中国水利和水情的忧思与追问，是陈启文这部作品的主旋律。某种意义上说，这是一部“问题报告文学”。令人欣慰的是，作者没有止步于对“问题”的揭露，也没有表现出悲观与绝望，而是在揭示真相、正视事实的同时，写出了信心和希望。

丁晓原：报告文学大写中国梦的时代主题，正体现了这一文体独特的现实价值。时代生活丰富多样，人民谱写中国梦的伟大事业波澜壮阔。2013

年，报告文学多方位地展示中国梦的多姿多彩。傅宁军继《大学生村官》后推出《淬火青春——大学生从军报告》，部队是熔炉，飞扬的青春可在这里淬火。作品以独特的视角，摄照了部队新人新的风采、新的业绩，以强军梦实现中国梦。李玲修的《乒乓中国梦——走近蔡振华团队》以银球之梦阐释中国之梦，作品由“丢杯”而“夺杯”再“保杯”设置结构，全篇 28 章、40 多万字，不仅写出了中国乒乓梦之队 30 多年的梦想史、拼搏史和光荣史，也生动凸显了团结拼搏、振兴中华的中国体育精神，这种精神是中国脊梁，是实现中国梦的民族精神。张文宝的《水晶时代》选取江苏东海县水晶致富故事，虽为一地一事的报告，但其旨甚大，既是具体的东海农民到非洲艰辛淘水晶的故事，也是宏大的中国农民史诗的一部分。作品以普通农民的创造之美，“给全国农民一个‘中国梦’”。中国梦与美国梦有相通之处，张文宝的叙事，以中国故事印证了詹姆斯·特拉斯洛·亚当斯在《美国史诗》中所指说的，“美国梦绝不仅仅是汽车和高收入，而更多的在于每一个男人和女人，都可以凭自己的能力实现最高的社会地位和认可，不论他们出生时的富裕状况和家庭地位”。《水晶时代》让读者真切地感知，每一个勤劳智慧的中国普通人实现梦想的可能与现实。

王晖：谈到多方位展示“中国梦”，傅宁军的《此岸，彼岸》、张雅文的《百年钟声——香港沉思录》都是在另一个维度上书写祖国统一、中华复兴的中国梦。《百年钟声——香港沉思录》重点书写香港回归 16 年来的发展与变化，关注香港社会的民生、医疗、文化、媒体、教育、廉政、商界精英、驻港部队等现状，真实地写出了香港的昨天和今天，并发掘出香港百年梦圆、中华世纪复兴的深远意义。《百年钟声——香港沉思录》是近年来一部全方位描述香港现状的报告文学，它与理由出版于 1987 年香港回归前的报告文学《香港心态录》形成了一个非常有意思的链接。如果我们将两部作品做对比阅读，就会寻找到香港回归前后壮阔而形象的社会变迁史。因此，在文学价值之外，这部作品的文献价值也是显而易见的。

二、中国故事：回到非虚构性叙事本体

丁晓原：2013 年，报告文学的变体是显见的。这种变体既与它存在的社会语境、文化生态直接相关，又与文体自身的体性不可分割。在很长时间里，报告文学的存在价值是以其足够的新闻性为前提的，题材的初始性、叙写的揭秘性、主题的批判性常常造就了作品的轰动效应。而在全媒体、自媒体的时代，报告文学文体原有的新闻优势已不复存在；新的接受主体也不再适应过去作者以政论解析对象的被动阅读制式，而喜欢从作品的客观叙说中获得自己的感悟，主动地思考叙事中的意义。不过，这并不意味着报告文学不需要新闻性、报告文学要祛思想性，而是表示报告文学的新闻性需要挖掘蕴含在日常生活之中的“软性”新闻要素，在深化、细化对象中讲述具有意味的故事，给予读者新的信息；表示报告文学作者需要更多地思考文体本身的意义，在强化故事叙事中展示文体独特的价值。

从文体的本体看，报告文学无疑是一种叙事文学样式，它与小说的重要区别在于，小说是虚构性叙事，而报告文学是非虚构性叙事。因此，在没有了新闻性优势和外显的思想性阐释后，报告文学更需要回到非虚构性叙事的本位。可喜的是，现在许多报告文学作家顺应了文体的新变，致力于讲述真实的中国故事，以故事的魅力召唤读者的阅读。“顶尖的非虚构作家都是奇闻趣事的写作高手。在他们的故事中，小的叙事弧线使故事变得更加有趣，无情地牵扯着读者的心。奇闻趣事对于作者表现人物特别具有说服力。”（杰克·哈特《故事技巧——叙事性非虚构文学写作指南》）傅宁军擅长于非虚构故事叙说，他的《此岸，彼岸》题旨关涉两岸关系，由读者耳熟能详的金门炮战牵出故事，但作者跳出了此类写作的模式，从写作思维上变意识形态叙事为生活叙事、人性叙事；在叙事的设置上，将金门炮战作为故事的重要发端，从宏大历史的皱褶中打捞出有滋有味的“奇闻趣事”，并且尽显故事中的细节，由细节凸显历史运衍中的戏剧性和传奇

性：曾经炮战的双方后来通商联姻一家亲，原为向对方进行宣传战的播音员日后有了特殊的会面，台湾的许冰莹在退休之后，来厦门大学学习中医学，“成为全校最年长的本科学生”。

2013 年是毛泽东诞辰 120 周年，与此相关的写作有丁晓平的《毛泽东的乡情世界》、马娜的《滴血的乳汁》和余艳的《板仓绝唱——杨开慧手稿还原毛泽东爱情》等。《滴血的乳汁》叙写的主角是苏区哺育红军后代的奶妈，其实她们也是共和国的“奶妈”。《板仓绝唱——杨开慧手稿还原毛泽东爱情》的叙事是别致的，作品以新发现的杨开慧板仓手稿为叙事的基点和主线，板仓手稿其实是手稿主人的心灵手稿，其执着凄美的情爱令人动容致敬。《滴血的乳汁》和《板仓绝唱》的成功，在于作者能通过内化叙事对象的遗存，真切地还原渐行渐远的历史现场、人物的心灵世界，以新的叙事维度和历史细节的导入，撰写富有故事性的篇章，使读者在缅怀历史中升腾起景仰历史的深情。

王晖：你说的报告文学这样一种新的动向，无疑是值得关注的。相对于小说等虚构文体，报告文学的艺术表达是别样的，它是一种植根于真实事件或人物、或问题的非虚构叙述。这种叙述随时代发展而变化。在面临互联网、卫星电视等巨大冲击的情形下，为适应文体生存，报告文学的自我调适就在所难免。你所提及的 2013 年报告文学作家在这一方面的努力，应该被敏感的读者关注到了。

用非虚构的方式讲述“中国故事”无疑应当成为当下报告文学作家的“头等大事”。谈到什么是“中国故事”，我认同李云雷的观点，他认为这是“凝聚了中国人共同经验与情感的故事，在其中可以看到我们这个民族的特性、命运与希望。而在文学上，则主要是指站在中国的立场上所讲述的故事”，作为“中国故事”的非虚构叙事样本，我以为 2013 年里出现了不少，譬如你所提及的几部作品。此外，黄济人详尽描述原国民党将领大陆新生始末的“完全本”《将军决战岂止在战场》，傅宁军的《悲鸿生命——徐悲鸿的生前死后》也是如此。《江边中国》作为一部形象化的新农村史记，在讲述“中国故事”上有着特殊意义，这既体现在它独特的叙述伦理和叙述视野，也表现在它独特的叙述艺术上。在作品中，我们可以体会到浓郁而强烈的田野调查和亲历性，而这正是报告文学有别于其他虚构文体的重要质素。洋洋几十万字的篇幅，并没有使阅读产生枯燥、厌倦之感，而是让人兴味盎然，原因就在于它的细节丰富、人物丰满、线索分明、叙述语言和非叙事性话语个性鲜明。作品讲述的是中国波澜壮阔巨变中一个村的“史记”，而这种宏大历史的叙述靠的是生动细节的支撑。

短制报告文学也有可圈可点之处。作为编辑和记者的王国平写出了《一枚铺路的石子》，比较充分地显示出记者型报告文学的优长，不仅为我们再现了一个具有强烈新闻感的人物，更重要的是，为我们塑造了一个引领时代精神高度的英雄。这一方面得益于作者的深入采访，另一方面也得益于作者的艺术感悟力和表现力。在当今多媒体盛行的时代，报告文学仅止于真实性、新闻性和现实性是远远不够的。这篇作品更为难能可贵的是它的结构和语言的灵动、简洁、诗意蕴藉，情感性和可读性强。何建明的《心声》、李春雷的《我的中国梦》、李青松描述广东东莞“莞香文化”的《牙香街》等也为2013年的短篇报告文学增光添彩。

三、老作者、新面孔和跨界写作

丁晓原：在新世纪初的10年间，支撑报告文学江山的基本上是从20世纪八九十年代出道的跨世纪作者，很少有“70后”作家走到报告文学的前台，这从一个方面表明了报告文学可持续发展的乏力。现在，这样的局面正在得到改变。一方面，何建明、李鸣生、王宏甲、黄传会、徐刚、蒋巍、一合、傅宁军、李玲修、张雅文、李迪、李青松、陈歆耕等本年度继续写作报告文学，依然成为推动这一文体发展的核心力量，另一方面，报告文学界新的面孔不断出现。数年前，湖南作家阮梅以《世纪之痛：中国农村留守儿童调查》开始进入报告文学界，之后与孙云晓合作长篇作品《拿什么来爱你，我的孩子——当代未成年人心理危机调查》，2013 年，她与吴素梅合作出版《拆迁报告：从北下街和谐拆迁说开去》。这部作品直面中国之痛，在“拆迁报告”中凸显现实的多种景态，反映了作者敢于介入现实的可贵品格。此外，你刚才所提到的青年作者王国平以《一枚铺路的石子》突入报告文学的写作方阵，作品进入 2013 年中国报告文学排行榜，作者也因之成为被界内关注的新人。《一枚铺路的石子》所写是践行党的群众路线的好干部兰辉的模范事迹，作者在报告先进人物时，充分注意将人物的先进性与其多样性结合起来，多角度富有表现力地展示了作为“圆形人物”的兰辉可敬可亲可爱的鲜明形象，是一篇感染力很强的精短作品。令人欣喜的是，2013 年报告文学新人辈出，除了王国平外，丁燕和马娜也是“70 后”作家。丁燕的《工厂女孩》是其身份置换后亲历亲验的记录，作品真实本色地摄照工厂女孩这些普通的人物的日常生活和精神世界，呈现出现实人生的另一种色调。《中国在梁庄》和《出梁庄记》的作者梁鸿是“70 后”文学评论家，也是《人民文学》倡导的“非虚构”写作的代表性作家，她用“第三只眼睛”观照中国现代化进程中的农村问题，崛起与凋敝的强烈反差凸显了社会现实，给读者带来许多思考。《出梁庄记》列入“《亚洲周刊》年度十大好书”“新浪年度十大好书”和 2013 年度“光明书榜”，读者的认可充分说明了这部作品的价值。梁鸿、丁燕、马娜等一批年轻作者高起点地投入报告文学的写作，这正是报告文学文体希望之所在。

另外，跨界写作成为 2013 年报告文学的一大亮点。由报告文学作者的构成看，其中原为记者、散文作者的不在少数，这与报告文学文体与新闻、散文的天然关联有关，而由小说转为报告文学却不是常态。观之近年的情况，跨界写作已成为常见的现象。小说家乔叶有非虚构《拆楼记》和《盖楼记》，早年从事小说创作的陈启文近年将主要精力用于报告文学写作，《共和国粮食报告》《命脉——中国水利调查》等作品获得广泛的好评，使人记住了作为报告文学作家的陈启文。2013 年，小说家阿来、林那北加盟报告文学特别引人注目。阿来的《瞻对：两百年康巴传奇》和林那北的《宣传队》都发表于《人民文学》的“非虚构”专栏。阿来以小说名世，而《瞻对：两百年康巴传奇》则是一部历史纪实作品，在小说与纪实之间，阿来选择了非虚构，“真实的史料是如此丰富而精彩，远远超过作家的想象程度，根本用不着我再虚构了”。林那北以小说为业，《宣传队》无需《瞻对：两百年康巴传奇》那样深入的田野调查和史料研读，作者提取的是个人生活经验。“宣传队”可谓“文革”的一个典型符号，作品以此为题，再现了“文革”特殊的文化生态，也写出了个人精神史的一节。

王晖：我理解“新面孔”一方面主要是指以“70 后”为主体的青年作家，另一方面也可以是新近“露脸”的那些不再年轻的写作者，前者如梁鸿等，已初成气候，后者有江苏作家周国忠等。周国忠的《弟弟最后的日子》以至亲生死为描述对象，以其“真的写作”“宽的写作”和“慢的写作”撼动人心，为非虚构的亲情书写增辉添彩。跨界非虚构写作，除了你上面提及的那些作家外，2013 年，池莉出版了她讲述与女儿 24 年共同成长经历的《立》，这部作品与她的《怎么爱你也不够》和《来吧孩子》构成其成长系列三部曲，此外还有毕飞宇追忆自己青少年时光的《往日的事》等。小说家跨界进行非虚构写作成为近年来的突出现象，较早前就有杨显惠的《定西孤儿院纪事》《夹边沟记事》和《甘南纪事》等“命运三部曲”问世。2013 年报告文学的老作者、新面孔和跨界写作的现象给我们以力量，这使得我们对报告文学的现实充满信心，对报告文学的未来满怀期盼。

第十四章 ◆

2014 年：融媒体时代的生态、守正与新变

对身处融媒体时代的当下报告文学而言，唯有守正与新变，才有生路。守正的含义在于，坚持以真实性、现实性、反思性为核心的文体规范，凸显文体特质，承继经典报告文学所创造的传统，秉持为人民的创作导向。新变的涵义在于，强化跨文体优势，利用融媒体平台，彰显文体的存在感、在场性和影响力。

王晖：对于报告文学创作生态来说，2014 年应该是一个值得记取的年份。这一年，报告文学获得的聚焦不少。第六届鲁迅文学奖和第五届徐迟报告文学奖先后颁奖，比较全面地代表了近几年中国报告文学的成就。此外，中国作协开办首届青年报告文学作家高研班、中国报告文学学会设立青年创作委员会，这两个关乎“青年”的举措，无疑是在力图推进报告文学后继有人的可持续发展。2014 年全国报告文学创作会和全国报告文学理论研究会年会为报告文学的创作和理论批评带来许多新鲜气息。临近岁末，李冰在《光明日报》发表题为《关于报告文学的卮言散议》的文章，成为

这一年聚焦报告文学的最后亮点。

丁晓原：是的，2014 年是报告文学活跃而有为的一年。这一年评选的第十三届全国精神文明建设“五个一工程奖”，其中的图书类获奖作品 28 种，包括《国家记忆》《梦想照亮生活》《玉米人》《瓷上中国》《百年钟声》《国家的儿子》《淬火青春》等 10 部报告文学，占了很大的比重。这从一个方面说明，报告文学不仅是新世纪中国文学的重要组成部分，而且也成为直接传输主流意识形态价值、凝聚社会正能量的独特的国家文体。当然，评奖不是估价文学的主要尺度，但是它至少也是我们认知文学存在的一个重要维度。

一、生态：跨越卡夫丁峡谷

王晖：光阴似箭，岁月如梭。没有记错的话，这是我们在《文艺报》进行年度报告文学对话的第 10 个年头。在近 10 年来的对话中，我们曾不止一次地谈到报告文学的创作生态问题。现在看来，伴随报告文学前行的，已经不仅仅有来自文学内部的异声，还有近 10 余年来由单一纸媒到全媒体、再到融媒体等公共空间所发生的巨大变迁。对身处融媒体时代的当下报告文学而言，唯有守正与新变，才有生路。守正的含义在于，坚持以真实性、现实性、反思性为核心的文体规范，凸显文体特质，承继经典报告文学所创造的传统，秉持为人民的创作导向。新变的涵义在于，强化跨文体优势，利用融媒体平台，彰显文体的存在感、在场性和影响力。“守正”的问题，我们倒一直在提倡、在强调。但应对融媒体时代的文学生态的新变，坦率地说，报告文学界还没有完全做到“有备而来”“应对自如”，还需要进行艰辛的探索。

在全国报告文学理论研究会年会上，有学者谈到大数据时代与报告文学的关系，我觉得这个问题很有意思。通过网络等平台将传统纸媒文体的优势放大，密切关注受众（特别是青年受众）的诉求，使新世纪的新青年们不要忘怀这一现实文体。其实，报告文学是所有文学样式中最能够体现“为人民”方向的。这个“人民”当然也要包涵“80 后”“90 后”，甚至“00 后”新青年。我们不能再局限于一个有点自说自话的创作和评论的小圈子，而要将视野扩大，将肚量扩大，以海纳百川之势，致力于报告文学的创作、评论和研究，跨越报告文学发展的卡夫丁峡谷。

丁晓原：你说的“融媒体时代的生态”，这是一个很有意义的话题。报告文学作为时代的文体，时代独特的文化生态必然会影响到它的发展。这里，我想到了时下一个经济学的热词“新常态”。新常态条件的经济发展由原先更多依赖资源消耗、忽视环境承载力的要素驱动，转型为主要以科技支撑发展的创新驱动。在我看来，融媒体时代就是报告文学的“新常态”。融媒体时代的报告文学，它原有的“新闻性”红利大为减少，文体一般的新闻优势已不存在，这种情势必然需要报告文学在坚守中创新。在题材新闻性弱化的条件下，报告文学更需要借取新媒体的新优势，丰富报告文学的表现方式，吸引新的读者关注阅读作品。同时，报告文学还需要进一步激活内在的叙事魅力，建构非虚构叙事独特的优势。

我倒不认为融媒体时代对于报告文学是一个“卡夫丁峡谷”。一方面融媒体可以倒逼报告文学设法从困厄中获得新生，另一方面报告文学还可以从中借势，扬长避短。2014 年一些实例可以说明这一点。李春雷是这一年度最为活跃的报告文学作家之一，他的《朋友》《赶考》《党参沟纪事》等是报告文学从新闻回到文学的成功范例。作者善于以文学的思维、文学的方式、文学的语言，富有表现力地再现对象，使作品尽显非虚构叙事之美。何建明的《南京大屠杀全纪实》，所写题材并没有更多的新闻性，作者着力于以纪实之“全”，对题材进行深度的、多维度的开掘。作品适时地在首个“国家公祭日”之前推出，反响很大。没有了题材新闻性优势的报告文学写作，需要作者更智慧地从时代和历史的宏大叙事中，选择具有表现力的“小叙事”构思营篇。丰收的《西长城——新疆兵团一甲子》是 2014 年度一部重要的作品。“共和国六分之一的疆域”，兵团人“六十载艰难辉煌”，时空开阔，题材重大。但作者不做正面“强攻”，而能够宏大中取微细，“酒与水”“家国·女人”“西部的浪漫”等篇章，以别具滋味的“小叙事”写出了兵团人在历史运衍中的命运，他们的创造、牺牲和奉献，可读而耐读。铁流、徐锦庚的《国家记忆》也是，作品写的是《共产党宣言》初译本传播的故事，题材正大不言而喻。但作者对题材不做一般的历史叙事，在充分尊重史实的基础上，注意挖掘其中的“传奇性”。题材内含的特殊意义和作品“传奇性”的叙事，生成了对读者强烈的吸附力。

二、守正：在场书写与历史回溯

王晖：由中国报告文学学会评出的“2014 年中国优秀报告文学作品排行榜”上榜作品基本可以作为2014 年报告文学作品的代表。延续报告文学现实性和真实性传统，再现多彩的中国故事，表达对于重大现实和历史的关切，强化作家书写的在场感和存在感，成为 2014 年报告文学创作“守正”的突出特点。这中间，有从时间之轴再现 20 世纪以来具有重要影响力的中国事件的描述，如何建明的《南京大屠杀全纪实》，铁流、徐锦庚的《国家记忆》，丰收的《西长城》，全景再现 20 世纪 60 年代河南林县人民修建“人工天河”红旗渠的《中国红旗渠》（郑雄），描摹广交会今昔的《逐梦世界》（喻季欣），作为亲历者记录中国高铁建设的《最完美的抵达》（戴荣里），写 20 世纪 70 年代广东逃港潮的《历史绕不过的“逃港”》（周敏）等。还有诸多聚焦人物的作品，譬如李春雷再现习近平与贾大山真挚友谊的《朋友》、余艳描述毛泽东与杨开慧真挚情感的《杨开慧》，以及对各路具有“正能量”意义的英雄模范、改革者、善行者、科学家、学者的表现与褒扬，如李朝全的《梦想照亮生活：盲人穆孟杰和他的特教学校》、马娜的《天路上的吐尔库》、王国平的《纵使负累也轻盈》、朱晓军和梁春芳的《天地良心》、傅宁军的《长江星辰》、孙晶岩的《西望胡杨》、郝敬堂的《大海作证》、王贤根和吴潮海的《千古长城义乌兵》、紫金的《泣血长城》、朝煜的《面对大海的述说》、杜文娟的《雪山上的苹果》、刘先琴的《玉米人》、谭楷的《让兰辉告诉世界》和薛晓康的《悲怆莲花路》等。

丁晓原："守正"是一种文体得其体要的关键，它规定着文体的基本属性和特征，是文体存在的前提，是文体实现其功能的根本；与其相反的异化则无疑取消了文体的存在。报告文学之"正"主要有非虚构性、时代性、思想性和文学性。非虚构是报告文学的底线，时代性和思想性规定了题材选取的要求和题旨表达的取向，文学性则表示报告文学也需要按照美的规律进行写作。报告文学是一种特别强调弘扬时代精神的作品，2014 年度的孙晶岩《西望胡杨》、马娜《天路上的吐尔库》、朝煜《面对大海的述说》、王成章《国家责任》、徐富敏《太行山上》、唐晓玲《逐梦之城》、董晨鹏《我的兄弟，我的姐妹》、徐锦庚《"懒汉"治村》等作品，从不同侧面为读者真实地再现了体现中国力量、反映中国精神的各式人物，他们岗位不同，成就大小也不一，但他们共同为实现中国梦的伟大事业而努力工作。作品通过对人物故事和精神的叙说，形象生动地诠释了社会主义核心价值观。融媒体时代，虽然报告文学题材的新闻优势并不明显，但这并不表示作者对于题材新鲜度敏感的忽视。新鲜的题材是报告文学吸引读者的要素。比如，电商和快递已经成为我们日常生活的一个部分，孙侃的长篇报告文学《中国快递》以题材开新取胜，作品记写"从大山深处走来，奔跑在都市的大道上"桐庐帮快递公司的创业人物、创业故事，别有胜景。王贤根、吴潮海的长篇报告文学《千古长城义乌兵》，将义乌与长城关联起来，"抗倭寇，戚继光义乌招兵""守长城，义乌兵千里北上""保护长城是天职"，在历史与现实的书写中，讲述了一个绵延数百年的故事。题材之异，故事之新，生成了作品特殊的价值。

王晖：这一年，报告文学没有忘记对社会问题的关注。譬如针对日益严重的环境问题，陈廷一以《2013，雾霾挑战中国》直击中国城市的雾霾现象，徐刚写下了《森林九章》，裔兆宏则在《淮河赤子情》中，将笔力集中于揭露污染真相和拯救行动的环保独行侠霍岱珊。泽津、嘉孝的《中国家庭浪费警示录》检视平民百姓日常生活中的奢侈浪费陋习，杨晓升的《失独，中国家庭之痛》以独子女夭折带给家庭的痛楚来审视当代家庭问题。与之相联系的，还有李球璐聚焦农村留守老人的《落寞夕阳》，方格子在《农村留守妇女》中对农村留守妇女的苦衷和情感世界的真情描摹。马语以《消逝在酒馆里的岁月》写酒徒、酒桌、酒文化、酒驾等现象，活画出一个酒徒的忏悔。

丁晓原：介入社会是报告文学的重要品格，对社会问题的关注是报告文学的“体”中应有之义。2014 年度的“问题报告文学”除了你所列举的重要作品外，还有的一些作品尽管不是直接正面地言说问题，但其中的问题意识也值得关注。如杨守松的《大美昆曲》，这部作品之所以以昆曲为书写对象，并极言昆曲之美，这里包含了作者现在的问题意识。在杨守松看来，以经济建设为中心是伟大的历史进步，但“经济中心主义”导致的问题应该引起我们的反思：“在商品大潮席卷华夏的当今，文化的迷失已经不再是个别现象，有的则心甘情愿成为‘工具’，并且以文化的名义破坏文化攫取私利”。“文化自觉是一个民族的灵魂和脊梁”，“疏远灵魂则脊梁不正”，“脊梁不正则灵魂出窍”。由此可见，杨守松是以高度的文化自觉和强烈的文化问题意识选择题材和开掘题旨的。

三、新变：前行动力与挑战

王晖：纸媒作品如何应对融媒体时代的挑战？这是我们应当认真思考的一个问题。也许还没有到“生存，还是死亡？”的两难抉择地步，但前瞻意识和危机意识是必需的。“守正”与“新变”看上去有些矛盾，但其实唯有这样的矛盾运动，报告文学才有继续前行的动力。2014 年报告文学在“新变”之路上有所动作，赵瑜这一年除了出版六卷文集《独立调查启示录》外，还写下了《野人山淘金记》。这部作品记录的是改革开放背景之下，中国的冒险家亲往缅甸淘金的故事。看似一个“猎奇”的题材，但它背后的东西仍然是对于当下现实的深刻反映，譬如新阶层的新诉求、人性善恶、生命与自然等。让我感到有意思的是其图文报告文学形式的探索。作者受一部名为《新传媒环境下的摄影》论文集的启发，将报告文学与纪实摄影结合，“思量我们报告文学的前景与新生”，“有利于文体创新”。这样一种并非插图，而是记录行动过程的连续性画面的加入，使作品图文并茂，让读者感受到图片与文字带来的“双重”真实感。何建明的《南京大屠杀全纪实》表现出有别于以往同题材纪实作品的视角的出新，即除了受害者、外国友人的叙述，还加入大量新发现的“加害者”日军日记、日志、文章、笔录等，力图多视角呈现大屠杀事实。王兆军《问故乡》的结构采取了“天干集”和“地支集”两部分，即来自“官场”的全景式宏观讲述与来自“民间”的微观口述，以此记录、感知、发现故乡，在释放乡愁的同时，再现乡村的疲惫、苦闷和焦躁。《我的兄弟，我的姐妹》中，作者董晨鹏的角色是多重的——他是单位工会领导，也是以“家访”形式出现的田野调查者、记录者和书写者，将口述和现场采访相结合，使作品对于企业基层职工的表现生动自然。题材的系列性也透射出某种“新变”的意味，譬如张敏宴的《吸血的血透》继续追踪反腐医生陈晓兰通过血液透析来揭秘过度医疗的乱局与黑幕。李鸣生和纪红建的《发现龙门山》则以描述龙门山地区震后重建的状况，延续了作家关注汶川大地震的话题，是重大灾难性事件的后续观察。

丁晓原：报告文学的“新变”有内在的，也有外显的。内在的是指作品由重视新闻性书写、重视政论性表达，转为对于对象内在叙事的重视。“非虚构”写作中剔除“非虚构小说”，其中许多重视作者见证亲验的写作，体现着报告文学回到非虚构叙事本身的内在变化。外显的最具有代表性的就是赵瑜的《野人山淘金记》，赵瑜是一位文体意识强、文体创新意识强的报告文学作家。融媒体时代是读图的时代，图文叙事在赵瑜这里完全是自觉的、预设的。“《野人山淘金记》是一次有意识的图文试验。与以往不同的是，这次创作的篇幅比较长，构成了一个立体的故事，成为一部完整的图文交融之作，图与文，不是外在的剥离单列，不是以往著作的插图版本。”也正因为作者能够有机协同“文学表述加视觉化艺术”，所以作品的现场感、影像感很强，有效地丰富优化了报告文学的表达方式。其实，报告文学的借像早有人提出并有作家成功实践过。捷克作家巴克说：“报告文学和电影都是年轻的艺术。在它们的活动上有着许多共同的地方。比如特写、幻象、简单动作、剪接（Montage）等。”但这只是以文字借像，真正以影像为媒体导入报告文学的还是新时期的政论片。张胜友是近 30 年来一直致力于电视政论片写作的主要作家。2014 年他与人合作撰稿的大型电视政论片《百年潮 · 中国梦》，一“梦”统摄，宏旨壮景；一气呵成，精深开远。文字语言与电视语言的有机整合，极有表现力地对中国梦做了系统而形象的解读。作品在内部声像和语义信息的配置方面注意了立体的建构，使得这部政论片不仅具有高度，也有了学理，而且还接着地气。此外《一片小树林》也是一部值得关注的作品，这是童话作家王一梅的第一部长篇纪实儿童文学作品。它表示出作者的写作由想象回到了纪实。作品通过乡村小学校长杨瑞清和他学生故事的叙写，提供了一个关于乡村教育的鲜活的精神标本。

王晖：在看到报告文学“新变”的同时，我觉得这一年的遗憾还是有的。譬如对如火如荼的反腐风暴反映不力，仅有少数作品，如杨澍的《公开的力量》反映山西运城阳光农廉网的开设，以此再现基层廉政建设进程。而对于更为重要的反腐败的事件、人物和问题，报告文学几乎缺席。此外，对于现实民生问题的表现也缺乏用力用心之作。近日，《南方周末》的一篇长篇报道《沙漏之城》，讲述北京地铁的拥挤情况，直面现实民生问题，也涉及对北京城市建设与功能设计的理念的反思，语言生动俏皮而且富含哲理，描述细致，值得报告文学作家借鉴。一些报告文学作家缺乏这样直击现实问题的胆识和智慧。艺术表现上，文体概念混淆不清、突破报告文学真实性底线、小说化虚构描写、语言粗糙等“老问题”仍然存在，甚至是在一些青年作家作品中存在，这无疑是需要我们警觉的。

第十五章 | ◆

2015 年：主题写作 · 文体“气场”

2015 年诺贝尔文学奖得主阿列克谢耶维奇致力于揭示人类历史进程中的大事件对普通人的影响。她勇于直面、揭示、反思因为人为的原因所造成的时代和人类的苦难，这在消费文化主导的今天具有特别重要的意义。可以说，这是知识分子写作，也是为人类的写作。对当下中国而言，这样的写作还太少。

报告文学应是现实的报告。过度消费历史、单纯依赖档案资料、缺乏深入的田野调查、没有“对话”的价值是可疑的。2015 年的报告文学写作正在改变这种状况。今天的报告文学在全媒体语境中已没有新闻性优势，也没有社会思潮推动的外力，应该在回到文体新常态中，建构报告文学文体自身的优长。

一、主题写作：规模化的抗战叙事

丁晓原：中国抗日战争曾经是现代报告文学书写最为集中、最为全面的重大题材类型。2015 年是中国人民抗日战争暨世界反法西斯战争胜利 70 周年，“铭记历史、缅怀先烈、珍爱和平、开创未来”是纪念抗战胜利 70 周年的国家主题。报告文学作家以非虚构的方式，积极参与这一主题的文学书写，也是战后 70 年这一题材最具写作规模和质量的一次。与战时抗战报告文学“轻骑兵”和“速写化”相比，2015 年的作品许多是大体量大容量的厚重之作。王树增的《抗日战争》三卷 180 万字，是我所读到的第一部全时空、全面叙写全民族抗战的报告文学。作者秉持了自觉的“全民族抗战”叙事，超越了以往关于抗战叙事中常见的意识形态先行、基于单一视角叙事的规制，使作品更接近历史的真实，更真实地存录历史的本真。这部作品还是一种旨归于当下和未来的精神性写作，其重大的价值在于对凝聚在抗日战争中伟大的中华民族精神的激活。

徐锦庚的《台儿庄涅槃》写出了台儿庄的“前世”与“今生”，有效拓展了这一题材的写作空间，丰富了作品的历史感。李延国和李庆华的《根据地》由“渐行渐远的冀鲁豫”而至“永远的冀鲁豫”，在历史与现实的融合叙事中告诉我们，“中国共产党人不能忘却的记忆”，“民心才是真正的根据地”。孙晶岩的《北平硝烟》以散点透视的方式叙写北平抗日历史，是一部北平抗日战场的寻访记，也是一部具有新视角的抗战新叙事。

短篇中也有一些可观之作。铁流的《一个村庄的抗战血书》写山东渊子崖村保卫战，以一种真实、凝练而极有故事性的叙写呈现血战之惨烈之壮烈，是典型的人民抗日叙事。《国家记忆：滇西采风随想录》故事浑成、意味厚重，其中有对历史存在的记写，也有作者钟兴面对历史坦诚“忏悔”的个人叙事——“让历史告诉未来”，作者对历史致敬的情怀隽永而感人。

王晖：有关抗战的报告文学，还有几部作品也颇具新意。张雅文的《与魔鬼博弈：留给未来的思考》以开阔的视野，描述了中、德、日和丹麦等国多位反法西斯志士，在二战中饱含良知和人性光辉的义举，并从宏观层面，以对比方式，揭示德日两国对待侵略战争的决然不同的态度，以及隐含在这些态度和行为背后的民族、文化、政治等因素，理据充分，情感强烈，力透纸背，真正体现出报告文学作家的行动力和在场性，是近年来反思抗战的有深度的报告文学。作品背后凝聚的是作家高浓度的爱国情感、沉甸甸的历史责任和追求人性真善美的赤子之心。

章剑华的《承载》聚焦世界战争史上规模最大的文物迁移：故宫万件文物的万里大迁徙，从一个侧面展现中国文化战线上的抗日战争，形象地诠释“文化抗日”的深刻内涵。这不仅是作者对于抗战题材的独具慧眼和标新立异，更显示出作者的文化担当和历史责任意识。王龙的《刺刀书写的谎言》描述的是由10余位日本作家组成的“笔部队”，揭露了抗日战争中一个鲜为人知的侧面。描述一万余名河北平山县农民组成抗日部队平山团转战南北、屡建奇功的《寻找平山团》（程雪莉），叙述东北抗联战士抗战的《雪沃东北：民族英魂88旅》（李林），全景再现中国远征军壮举的《旌旗万里：中国远征军在缅印》（彭荆风），生动地诠释了“全民族抗战”的深刻内涵。此外，丁晓平的《另一半二战史：1945·大国博弈》以翔实生动的笔触，写出二战期间各国领导人于战场之外的较量，形象再现了“正义战胜邪恶、真理战胜强权”的人间正道。这些作品使抗战题材报告文学不仅呈现出数量上的规模化扩张，更显示出新的叙述通道和质的提升。

二、回归主位：行进中国的报告

丁晓原：报告文学就其文体的主要功能看，应当是现实的报告。这一文体写作如果过度地“消费”历史，并且单一地依赖档案资料，缺乏深入的田野调查，没有“对话”（历史与现实、主体与客体）的建构，只是纯粹历史非虚构，其价值是可以质疑的。2015年的报告文学写作正在改变这种状况。一方面，主题性的抗战叙事作品多是现实与历史的对话，另一方面，不少作家注意观照行进中的中国，讲述精彩的中国故事，写作了不少洋溢时代精神、现实感比较强的作品。

杨黎光的《横琴》如其副题所示，是“对一个新三十年改革样本的五年观察与分析”，作品对珠海横琴的“发展、试验、改革、成就和得失”，做了全面的叙写和解读。许晨的《第四极：中国“蛟龙”号挑战深海》详叙我国深潜器的研制和挑战深海的故事，展示了我国科技的新成就。王成章的《国家责任》记录碳纤维企业，“站在行业制高点上”，打造“面向全球崛起的品牌”的创业史。

傅宁军的《长江星辰》，一合的《中国葫芦峪》，高艳国、赵方新的《“中国梁”传奇》等从不同方面各有侧重地报告了新农村建设的历史进展，讴歌其中的带头人创业创新的业绩和高尚的精神风范。孙侃在 2015 年推出了《乐在骑中》和《日出钱塘升正气》，写的是城市公共自行车和燃气事业的发展，关注的是城市大民生之事，显示了报告文学与大众生活的贴近。

与此相比，短而精的作品也很值得欣赏。李春雷的《寻找“红衣姐”》所写人物冯欢娣是广东中山市小榄镇新永广场清洁工。作者将人物的当前叙事、过往的生活叙事以及“寻找”叙事有机地融合起来，真切生动地凸显了“红衣姐”穷物富心的美好形象。寻找“红衣姐”，其实就是寻找人的精神之美，作品满蕴了感人的正能量。

王晖：报告文学与非虚构文学和其他文体相区别的一个显在特质，就是它对当下现实的介入性。这种介入不应理解为一地鸡毛式的零度写实，而应当具备一定的态度、高度、宽度和深度，在小现实中折射大趋势，用今天的话来讲，就是讲述当下真实中国的故事、表达今日中国的经验。

譬如对长三角和珠三角这两个改革前沿方阵的新表达。何建明的《李光耀的中国遗产》将目光投射中新两国经济合作的典范——苏州工业园区，以对李光耀这一核心人物的描述，牵引出“新加坡模式”试验田的前世今生。朱晓军和杨丽萍合作的《快递中国》以浙江桐庐成长起来的快递企业“三通一达”（申通、中通、圆通和韵达）为表现对象，对迅速崛起的快递行业做出描述，指出快递改变中国和中国人的生活、创造财富奇迹。丁燕的《牧民新主张》将眼光放至西部新疆牧民的当下生活，再现“从转场到定居”“打工”“金矿掘金”等工业化对牧民生活的影响，思考工业化与传统生活方式之间的平衡问题。黄传会的《中国海军》聚焦中国海军1949至1955年间的发展史，写出10万海军官兵初创时期的艰辛和复兴海军之梦，凸显个人与时代的有机结合。

关注社会与生态问题，是中国报告文学自20世纪80年代以来所形成的优良传统，它充分表现出报告文学反思社会、砥砺社会的基本品格。朱晓军的《“乌坎事件”调查》以详尽的采访和清醒的描述聚焦农村基层政权、民主议政、城市化与农民利益等问题。王敬东的《职业病：“隐形杀手”》再现尘肺等“新工人”群体中易患的职业病，解析其现状、原因及其对策，呼吁政府和企业关注这一弱势群体。韩生学的《中国“失独”家庭调查》关注因孩子的意外夭折而失去独生子女的老人，通过多个个案写出了他们在生活照料、大病医治、养老保障、精神慰藉、后嗣传承、丧葬善后等方面存在的各种困难。张晓惠的《北上海，这片飞地上的爱恨情愁》描述的是位于江苏盐城的“上海农场”从20世纪50年代直至当下的社会历史变迁，给予我们或新生、或沉沦、或城乡、或青春的多元“飞地记忆”。在《重症监护室：ICU手记》中，作者周芳以义工身份在ICU工作一年，以日志形式记录下一些典型病例，写出其中的生离死别以及复杂的人性表现。

作为特殊的反腐题材作品，吕铮的《猎狐行动》叙述的是2014年公安部缉捕在逃境外经济犯罪嫌疑人专项行动中的19个精彩案例。《薇甘菊：外来物种入侵中国》是李青松的最新作品，警示人们应严肃应对外来物种所带来的生物和生态威胁。还有一些表现文化传统与名人的作品也很有想象力，如白描《翡翠纪》，徐风《一代壶圣》，何建明《真假之间：当代大玩家的惊天秘密》，徐可、王斯敏《文衡史鉴总菁华：追忆国学大师、书画大师启功先生》，江胜信《诗词，滋养心灵的沃土：记中国古典诗词专家叶嘉莹》，丁晓平《大学校长蔡元培》，王炳根《冰心吴文藻：旅居日本》等。

三、内生活力：凝聚问题“气场”

丁晓原：言说报告文学，我们自然会“怀念”20 世纪 80 年代，那是由特定时代的政治生态和文体特殊功能所共构的。今天的报告文学，在全媒体语境中已没有了新闻性的优势，也没有了社会思潮推动的外力，我们应该在回到文体新常态中，依据非虚构写作的某些规律，建构报告文学文体自身的优长。2015 年的报告文学通过内生活力的激发，凝聚起可观的文体“气场”。

阵地建设对于报告文学的发展至关重要。《中国作家 · 纪实》和《时代报告 · 中国报告文学》是刊发报告文学的主要刊物。《北京文学 · 精彩阅读》中的“现实中国”，是一个连续性强、作品影响力大的报告文学专栏。《人民日报》《光明日报》是有力推动精短报告文学创作的高地，多刊发新闻性、时代性和文学性兼具的优秀作品。

此外，2015 年首家报告文学电子刊《上海纪实》（季刊）倡导“在场”精神，正契合报告文学文体的品格；依托新媒体开放式平台出版，正好适应新媒体用户端快捷获取资讯的阅读特性。从已经刊出的《山高人为峰：“上海中心”建造纪实》《上海“猎狐”风暴》《燃烧自己，抽出肋骨当火把》《中国医生在摩洛哥》《我和父亲之间》等作品看，《上海纪实》是一份值得期待的电子刊。

言说报告文学文体的“气场”，我们还应该关注台湾、香港的情况。台湾有报告文学的传统，2011 年起星云大师倡设“全球华文文学星云奖”，其中就有报导文学奖。2015 年 11 月颁发的第五届“全球华文文学星云奖”，王秀英、尹雯慧和吴文轩，分获报导文学一、二、三等奖。香港报告文学学会于 12 月举行会刊《华夏纪实》创刊 10 周年庆活动，组织报告文学的学术讨论，颁发了首届“华夏报告文学征文大赛”奖。

王晖：报告文学的文体“气场”，除了你所说的“内生活力”的激发，还应该有外力的刺激，诸如近几年来持续推高的非虚构写作。当然，文体的“气场”从根本上说，还在于“人气”的聚集。近几年，大家都抱着有些焦虑的心情看报告文学作家的“老态”。不过，一些“70 后”和“80 后”作家的加盟，使我们后继有人。丁晓平、王国平、梁鸿、李娟、丁燕、马娜、纪红建、李球璐、王龙、吕铮、程雪莉和方格子等是其中突出的代表。他们的写作身份具有复合性——军旅作家、编辑记者、大学教授、签约作家、警察；他们关注现实、回望历史，显示出观照的敏锐性与独特性、表达的反思性与艺术性。从这些青年作家身上，我们不难发现经典报告文学写作传统的融入。他们当然还要历练，要去经历人生与写作的各式风雨。因为，不经风雨，哪里能看到彩虹呢？

第十六章

2016 年：报告文学的宽与厚

时代大潮激扬着时代文体的写作。观览 2016 年的中国报告文学，不由得想起“潮平两岸阔，风正一帆悬”这句唐人诗歌来。报告文学的写作进入了新常态，不再是峰谷起伏，也不只是“轻骑兵”，它以自己的方式报告时代生活，激活过往历史。2016 年，报告文学的风景更为开阔，呈现给读者诸多新的生活空间。不少报告文学作家用心用力于这一特殊文体的写作，使作品的表达，在开阔中有了更多的坚实与厚重。

一、宽阔：现场·开新

丁晓原：刚发布的 2016 年报告文学优秀作品排行榜，大致上反映出这一年报告文学写作的基本面。从作品的题材看，展示的现实和历史的面更加宽阔，显示了报告文学对客体存在再现的种种可能和它强盛的表现力。本年度的作品既有对近时重大题材的报告，也有对新气象新问题的呈现。在场性，是报告文学作家的基本品格。“8·12 天津滨海大爆炸”是一个特大事件，爆炸之严重、损失之重大、伤亡之惨烈，英雄群体之牺牲精神和人性大美需要史志载录；也是一个重大题材，报告文学的书写不应阙如。何建明长篇报告文学《爆炸现场》，“现场”的报告，揭示了这部年度重要作品的价值，也彰显了何建明作为报告文学作家的精神担当。发表在《中国作家》的《白帽子军团》，见题可想这是一篇题材开新之作。写作过《解密北京大案》的丁一鹤，是一位具有题材特性的非虚构作家。此篇在我视域中是第一部颇具规模的以网络安全说事的报告文学。守护网络安全的“白帽子”对黑客的攻击建立防火墙，为个人用户、社会、国家的网络安全修建防护罩，维护网络的安全。“黑帽子”网络黑客，他们靠制造木马病毒，利用系统漏洞等进行攻击，窃取隐私、数据，非法获得个人利益。《白帽子军团》书写“白”与“黑”之间的斗争，以其生动的故事和特异的知识信息，为报告文学打开了新的书写空间。

排行榜外的不少作品，也具有为人注目的题材价值。李鸣生《后地震时代》，可以说是汶川地震写作的续篇。作者既写出了灾后重建的新景，也对其中的问题做了反思性观照。王宏甲的写作一以贯之体现出强烈的政治关怀。《塘约道路》书写贵州安顺市平坝区乐平镇一个山村的故事，告诉我们：“共产党不是造富翁的，是要解决帮助穷人使他富起来”。丁燕在《工厂女孩》后推出《工厂男孩》，以某个类群为基点，写出社会转型期底层大多数的生存景象、心路心态。孙侃《天堂流过一条河》以杭州母亲河京杭大运河为叙事载体，将现实和历史做多维度交织，写出了作者身在其间的杭州文化建设的成就和故事。另外，马娜的《小布的风声》、李青松的《乌道》、黄传会的《再访皮村》、管新生的《上海的另一种叙事记忆》、钟法权的《世纪绝恋》、蒋巍的《国之盾》和王雄的《中国速度》等短篇长制，都有各自的可观之处。

王晖：我理解你这里所讲的“宽阔”，实际也可以用“宽度”和“广度”来概括之，它活画出融媒体时代报告文学主动而为的一种姿态。也就是说，无论是何建明的《爆炸现场》对于近年来最为严重的安全事故的写实，及其《死亡征战》描述中国援非医疗队抗击埃博拉疫情、拯救非洲人民生命的故事，还是徐天宝、高文静描述山东平邑“12・25”矿难 36 天掘地救援、创世界矿山救援史奇迹的《国家救援》，抑或是陈廷一的《中国之蒿》对屠呦呦获诺奖成功密码的解读，它们都在宣示报告文学在当下重大事件中的及时发声。一些有关农村的报告文学也是值得我们注意的。比如蒋琏的《支教：在小凉山的 28 年》记录江苏海安教师对云南宁蒗彝族自治县长达 28 年的支教行动，题材别致，细节充分，描述生动。肖亚洲的《厚土——一个清华学子对晋西农村的调查纪实》、王磊光的《呼喊在风中——一个博士生的返乡笔记》则以“80 后”和“90 后”知识者的眼光，从另一视角观照当下农村，书写“远未实现现代化却漫溢着现代性”的乡村生存状态和生活方式的变化，与梁鸿的《梁庄》有着异曲同工之妙。朱晓军和杨丽萍的《快递中国》在中国快递业迅猛发展的大背景中，再现以中通、圆通、申通和韵达等为代表的“三通一达”企业成长史，折射出浙江桐庐“一群大山里的农民”的奋斗历程，将转型时期中国的飞速前行形象化地表现出来，为报告文学直击现实、拓展表现空间提供了有益探索。蒋巍的《这里没有地平线》以贵州山区“苦甲天下”的海雀村为聚焦点，既不避描述其偏僻闭塞和贫困，更突显其在文朝荣等村干部的带领下脱贫致富的艰辛历程。此外，还有一些呈现报告文学“宽阔”特质的作品也值得我们关注。杨豪的《木兰山下的教育实验》写出一群不满足于当下“填鸭式”应试教育的家长们，在湖北木兰山下自发组建“桃花源”式“私塾”，试图以此探寻一条不同寻常的教育之路。胡启明在《一个异国护士的中国梦》里再现漂洋过海的英国女护士创建中国首个儿童临终关怀中心。李燕燕的《天使 PK 魔鬼》书写一个与癌症抗争的感人励志故事。林遥的《世界屋脊上的北京门巴》则描述首都百名援藏医务工作者救死扶伤、彰显“苍生大医”情怀。

二、厚实：主体在场与文体之重

丁晓原：如果说以前的报告文学更多地倚重书写对象的新闻性，那么在全媒体时代，这一文体需要作者更多地开掘客体存在潜在的有意味的信息，并且在这种开掘中坚守主体在场。这样，我们看重的作品就不是“轻骑兵”，不是表面的新闻性，而是客体与主体同在的厚重，是作品表达的思想深度和当量。从小说散文突入报告文学中的陈启文，仍然是本年度最值得关注的作家之一。他的《大河上下——黄河的命运》，题目就明确了作品黄河书写的标线和叙写容量的要求。所谓黄河的命运，实际上是由人类与其共构的种种存在及其规定性，是人与自然关系史的独特一节。陈启文正是这样把握他的写作对象的，他笔下的黄河是一个“命运共同体”。这是一部“复调”的作品，忧患之外，还有黄河的诗美，更有黄河人的精神之美，读来给人以厚重之感。王海霞的《疼痛的农村——“越南媳妇”出逃背后调查》，其看点并不是“越南媳妇”的出逃，作品不是要满足读者对“越南媳妇”之类猎奇的心理，其实此类已无多少新闻性，而是透过事象深入调查后的所思所想所感。“疼痛的农村”，“疼痛”在哪，因何而“疼痛”，如何疗痛，这是很让人深思默想的大课题。高艳国是近年活跃于报告文学领域中的实力派作家。2016 年度他和赵方合作推出长篇报告文学《中国农民书——“土豆大王”梁希森的梦想三部曲》《中国老兵安魂曲》，显示出作者强劲的报告文学写作创造力。尤其是《中国农民书》这部作品，题旨关涉重大，所写人物极具典型价值，作品突破了农民企业家写作的叙事模式，将对象置于改革开放以来宏大的历史时空中，富有表现力地再现了一代农民在完成了资本原始积累以后，在具有社会史意义转型中的创业故事和心路历程。从某种意义上说，梁希森们是中国新农村建设的希望所在。另一位山东优秀报告文学作家铁流和纪红建合作，写作了长篇《见证——中国乡村红色群落传奇》。这是一部寻找之作，“寻找新中国成立前农村老党员”，更是一部讴歌信仰、大写崇高的感人之作。作品以“火种的力量”“选择的代价”“生命的珍藏”“老兵老兵”和“本色”等具体朴实的叙写，见证了革命者不忘初心、砥砺前行的传奇，深化了报告文学的红色书写。还有一篇作品也是我特别关注的，这就是艾平的《一个记者的九年长征》。作品的本身是新华社记者汤计 9 年来为蒙冤被错杀的呼格吉勒图奔走呼号纠正错案的故事。我所在意的不只是冤案昭雪的欣慰，还有记者汤计守正良知的执着，最为重要的是艾平对良知守望者的致敬。良知，是报告文学写作的逻辑基点。

王晖：我赞同你的这个观点。报告文学不是新闻的附庸和加长版，它无疑需要凝聚作者的主体智慧和思想，是写作主体对事实的独立解读，而非随大流的人云亦云。2016 年度有一些作品呈现出这样的品质或潜质。譬如你所说的李鸣生的《后地震时代》，这部作品发表于汶川地震之后的第 8 年，是对当地民众灾后物质与精神双重重建的形象反馈，不避矛盾与痛苦，关注人心与人生。这使我想起钱钢在唐山大地震 10 周年时发表的那篇《唐山大地震》，其精准的描述和“天问”式反思令我常读常新。

丁晓平的《世界是这样知道长征的——长征叙述史》则试图从另一个角度，即有关长征的包括报刊史料出版物的叙述历史，来解读“长征”这样一个具有经典 IP 意义的事件。作者历经 10 年进行文献发掘和现实采访，完成了这一堪称填补空白的纪实作品。这无疑是异于我们所熟知的那些关于长征的西方视角的经典叙事，诸如斯诺的《红星照耀中国》、史沫特莱的《伟大的道路——朱德的生平和时代》和索尔兹伯里的《长征——前所未闻的故事》等，也与中国本土的长征叙事不同。杨黎光的《大国商帮》以承载近代中国转型之重的粤商群体为再现对象，将明清之后活跃于广东沿海从事对外贸易的实业家的奋斗历程与中国现代化转型路径紧密相连，生动描述了这个群体由“逐利商人”到“推动国家进步的改革者”的艰辛。从《中山路》开始直至现在的《大国商帮》，作者有意识地提出“思辨体报告文学”写作的命题，倒是有意思的尝试。杨豪的《城市与乡土的冲击》对当下“民工潮”引发的“进城打工还是返乡创业”等新问题进行深入探析，呼吁“愿进城者进城，愿返乡者返乡”，只有数亿农民身份具有归属性的实质转变，才可实现社稷安和天下富。彭晓玲通过《空巢》对近几年报告文学再现的乡村留守老人问题予以持续关注，直击“中国式养老”所面临的严峻现实，指出这是一个涉及社会经济与文化转型、价值观和人生观变化、现代生存理念与传统伦理观念冲突的综合性问题，需要家庭、社区、社会和政府的合力解决。李琭璐的《如果青春可以重来》对盛极一时的中国儿童超常教育进行反思，提出“造人”还是“造神”的教育目标、教育优劣的标准等问题。任林举、孙翠翠的《贡米》是关注粮食问题的纪实，高密度信息量与高密度的哲思，将过去的“皇粮”和“贡米”，与今天的高品质稻米的生产勾连起来，在行程6000余公里、遍访20多个市县乡的基础上完成这部作品，其立足事实的深入思辨风格没有变。哲夫的《水土中国》与陈启文的《大河上下》形成继续演绎报告文学关注当下环境生态的话题。在《水土中国》里，作者行走陕西、福建、湖南、黑龙江和南京等地，进行深入的田野调查，关注的是目前严重的水土流失和水土保持等问题。《大河上下》则以黄河为书写焦点，从地理、人文、经济、社会和文化的立体视角，描述其自然现状、水危机和水利枢纽工程的利弊，忧患意识振聋发聩又溢于言表，蕴含着中国与人类现状与未来的重大命题。

作为具有悠久现实主义传统和强烈时代性的非虚构文体，报告文学全力聚焦新时代、倾情表现新故事，呈现出在场、前沿和深度之特质。

第十七章 | ◆

2017 年：在场·前沿·深度

2017 年的报告文学，借着新时代的引力风生水起、跃动多姿，一方面是新时代的种种大观，激活了报告文学作家书写生活现实的热情，另一方面，读者对于纪实信息获取的需求，助推着近年来包括报告文学在内的非虚构创作的持续走热向高。

2017 年注定要成为具有标志意义的年份。这一年，中共十九大召开，中国特色社会主义的新时代正式启航。“文章合为时而著，歌诗合为事而作”，作为具有悠久现实主义传统和强烈时代性的非虚构文体，报告文学全力聚焦新时代、倾情表现新故事，呈现出在场、前沿和深度之特质。

一、在场：国家战略的艺术呈现

王晖：新时代的文艺创作满足人民对美好生活的需要，就仍然要坚持以人民为中心的创作导向。以人民为中心的创作，既是经典文艺的本质特征，也是中国文艺的历史传统，更是文艺创作者价值观的最重要体现。作为具有强烈新闻性和现实性特质的文体，2017 年的报告文学创作又一次展现出它的锐利和魅力，在对生态保护、扶贫攻坚等国家战略的艺术呈现上用力最多，体现出满满的“在场感”。

何建明的《那山，那水》以浙北湖州安吉余村这样一个典型个案为例，形象化地诠释了“绿水青山就是金山银山”的社会发展之道，以及经济发展方式的转变所带来的成效。历经 12 年，余村环境美若仙境，人心向善向美，人与自然和谐共存。其根本原因就在于对以破坏环境为代价的粗放型发展模式的舍弃，而更加注重生态均衡的可持续科学发展。另一个生态文明建设的典范——河北塞罕坝林场，则成为 2017 年诸位报告文学作家描述的焦点。蒋巍的《中国读本：塞罕坝》以“金木水火土”为喻书写塞罕坝的传奇故事；李青松的《塞罕坝时间》旨在表达“绿是发展方式，也是生活方式，而美是强国的目标”；李春雷的《中国塞罕坝》着力描写的是塞罕坝人追求绿色生态梦想的顽强与执着；王国平的《好一个大“林子”》则重点写林场的今昔对比，并从生态思想和精神力量角度挖掘塞罕坝人的内在动力。此外，还有梅洁的《走过东线》写的是南水北调东线工程先治污后调水的举措，凸显东线工程的生态环境保护意识。丁燕的《尼西村的“童话”与“变化”》则表现藏区民众对大自然的自觉保护。

报告文学对于扶贫攻坚的表现，我印象比较深刻的有：李朝全的《国家书房》写作家金兴安帮助安徽定远县蒋集镇农民创建全国第一个农家书屋，目的是提高农民文化素质，满足他们的精神文化需求，金兴安的行动正是中国政府为农村建立 60 万个农家书屋计划的一部分；纪红建的《乡村国是》通过对贵州、云南、广西、湖南、陕西、江西和福建等贫困地区 202 个村庄的田野调查，获取了大量中国扶贫脱贫的第一手资料，对精准扶贫和产业扶贫的路径和规律做出形象化叙述；另有李春雷在《妮妮下乡》里写省文联干部王海妮主动请缨到甘肃定西临洮县任村第一书记，不遗余力“精准扶贫”的故事。陈崎嵘的《航民：一个共富的村庄》、郑旺盛的《庄严的承诺——兰考脱贫攻坚纪实》等也各有特色。

丁晓原：2017 年的报告文学，借着新时代的引力风生水起、跃动多姿，文坛内外广为看好，是一个不争的事实。这是一个非虚构的时代。一方面是新时代的种种大观，激活了报告文学作家书写生活现实的热情，另一方面，正像小说家王安忆、贾平凹最近说的，“非虚构的东西好看”，“纪实性的文章看起来特别有味道”。急剧流变的现实生活具有无限的丰富性、复杂性，甚至是戏剧性，远胜于想象力庸常的虚构作品。读者阅读兴趣的部分转移，他们对于纪实信息获取的需求，助推着近年来包括报告文学在内的非虚构创作的持续走热向高。2017 年是党的十九大召开之年，砥砺奋进成为今年的主题热词，报告文学因此也更具“十九大年”的鲜明特质。关乎这一大的背景，所以，的确如你所说，2017 年度有关国家战略的报告文学成为创作的一大亮点。

王晖：除了上面所说的两个方面，对道德模范的关注也成为 2017 年报告文学的一个聚焦点。李春雷的《初心》和王国平的《当代焦裕禄：廖俊波》都以全国优秀县委书记廖俊波为描述对象，写出了一个有情有义、有血有肉、有烟火气的真实的时代英雄。李鸣生的《德能无量》写广州黄埔卫校校长欧阳焕文的“德能教育”，以孝道感恩、弟子规为抓手，将道德教育深入学生生活实际，使学生拥有高尚道德人格。范小青等人合著的《最美江苏人》描写近几年涌现出的江苏道德模范。任林举的《此心此念：太行之子吴金印》记录的是全国优秀乡镇党委书记吴金印，作品以饱蘸深情的笔触再现这位“情系群众家长里短的知心人、与时俱进引领群众发展致富的主心骨”。丁晓平的《铁汉丹心》写的是全国“两学一做”学习教育先进典型、中央企业优秀共产党员张进的先进事迹。高凯和刘镜合作的《初心》描述从长工到副省长的李培福如何在毛主席“面向群众”题词的激励下，不忘为人民服务的初心。谌虹颖的《放歌天地间》书写“时代楷模”阎肃德艺双馨的艺术人生。我特别看重的是这些作品以生动个案所体现的

“国家唤善、社会思善、人民盼善、党员为善”的现实诉求。

丁晓原：新时代是先进模范辈出的时代。在他们身上体现出的中国精神和中华民族的风采，是报告文学书写的重要内容。2017 年这类作品发表出版较多，其中有不少作品所写人物洋溢着鲜明的时代精神，展示了卓然崇高的人格力量，读来尤为感人。除了你提到的这些作品外，还有徐富敏的《永远的李保国》，吴晶、陈聪的《大地之子黄大年》，李万军的《因为信仰》等作品也值得我们关注。《永远的李保国》写的是一位寻常的科技工作者，他把自己的一生奉献给了太行山。让李保国“永远”的是人物身上所体现的鲜明的时代精神和卓异高尚的个体人格。作者用一系列具体的有表现力的故事和细节，将人物真实真切而感人地推置读者面前。李保国为了他的事业，把自己变成农民，把农民变成专家。这里的叙述没有高大上的形容词，有的只是简单的记写，但静默的文字却将李保国这位当代太行山上的新愚公的形象树立了起来。吴晶、陈聪的《大地之子黄大年》主人公是吉林大学地球探测科学与技术学院的教授。“当人们含着热泪传颂这个名字的时候，他已经永远闭上了双眼”，“有人说他是大地的儿子，因为他一生与地球物探相连。有人说他是璀璨的流星，那燃烧的生命之火，仍在大地深处，漫散炽热”。读着这样的文字，我们无不为之动容致敬。《因为信仰》让读者知道了信仰的力量和意义。作品所写的人物王新法曾经受到诬陷锒铛入狱，丢了公职。因为信仰，自主创业，精忠报国；因为信仰，致富后不忘扶贫帮困，成为“全国脱贫攻坚模范”。

二、前沿：中国经验的形象表达

王晖：习近平总书记说，我们有责任写出中华民族的新史诗。而“史诗”是昭示民族和国家伟力的传奇。在新时代，通过对当代中国科技创新成就的生动描述，报告文学作家为我们显现出标示中国经验和中国智慧的新史诗。陈启文的《袁隆平的世界》叙写科学家袁隆平及其中国超级杂交稻，既写出了袁隆平解决国计民生问题的爱国之情和攻坚克难的顽强意志，也对事关中国人舌尖安危的粮食安全问题亮出自己的反思。宁肯的《中关村笔记》以柳传志、王选、冯康、吴甘沙、冯军、程维等代表人物为个案描述，再现作为“中国硅谷”的中关村的发展历程，展现大国崛起的艰辛与豪情。王鸿鹏和马娜的《中国机器人》描述以蒋新松、王天然等为代表的中国科技人员围绕“中国制造 2025”战略目标，打造具有世界影响的机器人品牌，实现中国从机器人制造大国向强国迈进的历史性跨越。叶梅的《强国重器》写中国高能物理发展的里程碑——北京正负电子对撞机项目的研制和成功。陈芳和余晓洁的《中国创新之问》书写中国科技成就及其存在的问题。周艳丽的《衣被天下中国棉》写位于河南安阳的中国农科院棉花研究所培育新品种、创新中国棉的故事。此外，王雄的《中国速度：中国高铁发展纪实》、陈启文的《西藏之路——林拉高等级公路拉萨段追踪》、哲夫的《国家高速——京新高速明哈段纪实》将笔触指向中国高铁和高原地区高速公路建设。黄传会的《辽宁舰，五岁了》、李忠效的《一个中国公民的航母梦——中国第一艘航母“辽宁舰”的前世今生》从不同视角表现中国航母的诞生。这些再现对象和描述角度各异的作品，都显示了改革开放近 40 年中国的强大精神动能，以及在这种动能的导引下由中国制造转向中国智造，再到中国创造的“史诗”般传奇历程。

丁晓原：你的阅读视野比较开阔，我还想做一点补充。徐锦庚是一位优秀的报告文学作家，从 2014 年的《“懒汉”治村》到 2017 年的《芝麻开门》，他的许多作品都使我们眼前一亮。《芝麻开门》中，给山东丁楼村民“芝麻开门”的是“淘宝”。文中说到，“在丁楼村转悠时，墙上一句话，引我生共鸣：网络改变生活，知识改变命运”。如果说“淘宝村”是中国经验，那徐锦庚具有个人特质的书写就是所谓的形象表达了。我以为，现在的报告文学写作不缺乏中国经验，而是少了文学表达。写“淘宝”之类题材的作品已有不少，但像《芝麻开门》这样写得凝练有致、质朴有料又活色生鲜的作品却不多见的。此外，书写中国经验值得一评的作品还有郑彦英的《龙行亚欧》和黄立轩的《筑梦大海》。“一带一路”是我国提出的国家级顶层合作倡议，它符合国际社会的根本利益，也彰显着人类命运共同体的愿景。仅从这一点来看，《龙行亚欧》涉及“陆上丝绸之路”，是中国第一部全方位表现中欧班列运营的长篇纪实文学，《筑梦大海》直接正面以“海上丝绸之路”为题，都是具有重要的题材价值的。无疑，这也是2017年中国报告文学创作的一种新的收获。

三、深度：社会民生的持续关注

王晖：“以人民为中心”的文艺需要欢乐着人民的欢乐、忧患着人民的忧患。“人民”并非抽象的所指，而是一个个鲜活的具体所在。在我看来，2017 年的报告文学作家没有忘记这一文体关注社会民生的“初心”，在多个方面予以独具深度的表现。丁捷的《追问》及时而鲜明地回应了中国老百姓热切关注的反腐败斗争。作品以 8 名落马高官的口述实录真实呈现其腐败堕落的前因后果，以及对党和人民事业所造成的危害。李英的《第三种权力》写的是浙江武义县后陈村成立中国第一个村务监督委员会，表现农村分权制衡、民主监督的民主政治建设进程。长江的《直面北京大城市病》是一篇问题报告文学，主要记录了作为国际大都市的北京目前所存在的人口膨胀、交通拥堵、资源短缺、环境恶化、住房紧张等城市“病症”。胡启明的《生命的礼物》反思当下中国遗体和器官捐献的紧急现状。方格子的《我在人间一百年——麻风病人口述实录》和普玄等的《五十四种孤单：中国孤宿人群口述实录》分别指向两类特殊人群。前者通过对 5 个麻风病人的口述实录，在真实揭示这一特殊弱势群体隐秘而痛苦的生存现状之时，呼吁全社会给予其充分的关爱。后者以湖北和河南福利院的几十位孤寡老人讲述各自生活的方式，表现孤宿人群封闭、奇异的生活状态。李燕燕的《山城不可见的故事》聚焦重庆山城里的女老板、钟点工和打工仔等人群。

此外，范小青等人合著的《两岸家园》所描述的 22 位来江苏投资创业的台湾企业家、李迪在《天网难逃》里再现的徐州公安干警、张仲全的《穿越子午线的日子》里的国际化学武器核查中的中国专家罗华政、李延国和许晨的《无衔将军》对军转干部王福波的描述、徐锦庚《大器晚成》里叙写的传记文学作家陈明福、许晨在《一个男人的海洋》里对中国航海家郭川的再现等都各具风采。这些鲜活的形象呈现出多层次和多元化特点，为我们提供了一个直观中国的有效窗口。

丁晓原：我想从另外的角度说说 2017 年一些作品所达到的深度。作品的深度就是作者思想的深度，没有这样的深度，不足以言谈作品的优秀。生态文学书写是本年度的一个亮点。过往的此类作品，大多是反映生态问题的，而《那山，那水》写的是新时代生态的新气象，作品不是一般简单地讲说生态建设的美丽故事，而是将其置于新时代新发展的高度，彰显其中的深意；同时，将所写对象的生态建设实践和习近平新时代中国特色社会主义思想逻辑地关联了起来，以前者的成就充分阐释新时代新思想的重大意义，由此达成了当代生态文学书写的新时代高度。王宏甲的《塘约道路》7 万字，是中篇规模，其思想的分量远重于许多“空心”的长篇。贵州的塘约曾经是一个贫困村，但这篇作品正如作者自言，“不仅仅是一个迅速脱贫的故事”。作者的立意在于，“一个好社会，不是有多少富豪，而是没有穷人”，寻常的话语中蕴含着深刻的主旨——这才是点亮“道路”的火炬。余艳的《守望初心》写的是红嫂的传奇。这类传奇此前已有书写，余艳自己也发表有《板桥绝唱》。2017 年尾推出的长篇，以湖南桑植红嫂群体为主人公，她们送走了男人，又送走了儿女。“守望的红嫂，会用怎样的坚韧熬过几十年漫长岁月？英勇的红军，会蹚过多少坎坷持一颗初心走向胜利？”可歌可敬的红色传奇与新时代“不忘初心”这一精神主题，在这部作品中有了内在的逻辑关联，作品叙事的意义有了新的增殖。还有一种深度是由纪红建《乡村国是》所体现出来的报告文学写作精神。作者走过包括新疆、西藏、宁夏、甘肃、云南和湖南在内的 14 个省市自治区的 39 个县市区，足迹印在 202 个村庄的土地上。从某种角度上说，对于已经具有良好写作能力的报告文学作家而言，有了好的写作题材，作者的写作态度大致就决定了作品的质量。《乡村国是》是青年报告文学作家纪红建艰苦行走的馈赠。作者身入、心到、情切，因而作品获得广泛好评就是很自然的了。

第十八章

2018 年：活跃度与显示度

2018 年报告文学长篇与短制齐备，现实与历史双向观照，既有主旋律的报告，也有介入式的透视，有的作品实现了非虚构与文学的有机生成，显示出这类写作的审美性魅力。

对于时代变革主题的书写，无疑是报告文学创作最重要的收获。如何在抓住好题材的同时，做到潜心创作、精益求精，切实增强脚力、眼力、脑力和笔力，打造出文学的精品乃至高峰，将始终是摆在作家们面前的一个最重要的课题。

非虚构包含了但不等于报告文学，报告文学是其中的重要存在。但显然，现在非虚构似乎有一些屏蔽了报告文学。其实，报告文学是无法被遮蔽的。这是一种自有光亮的文体。现实多姿异质的存在，赋予它强劲的动能；真实而文学地报告现实的责任担当，激扬了报告文学作家的内生活力。2018 年，报告文学有着春花夏树般的跃动与繁盛，更有我们走在丰收的田野上，看到那金秋硕果累累的动人与欢欣。我们有理由向 2018 年的报告文学，行一个标准的注目礼。

一、全方位的跃动

丁晓原：2018 年的报告文学给我的第一印象，就是它超常的活跃度。且不说受人关注的第七届鲁迅文学奖，评出了《朋友》《西长城》《乡村国是》《第四极》《大森林》等五部获奖报告文学；2018 年，中国报告文学学会组织评出了第七届徐迟报告文学奖，获奖作品《试飞英雄》《围困长春》《中国老兵安魂曲》《世界是这样知道长征的》《大写西域》《第三种权力》《一个记者的长征》《刀尖上的舞者》，长篇与短制齐备，现实与历史双向观照，既有主旋律的报告，也有介入式的透视，其中有的作品实现了非虚构与文学的有机生成，显示出这类写作的审美性魅力。

王晖：的确如此。2018 年在中国改革开放历程中是一个值得记取的年份，对报告文学而言也是如此。这一方面表现在你所说的大事要事，另一方面也表现在，当我们回溯作为改革开放“元年”的 1978 年的时候，《哥德巴赫猜想》的发表具有开山和引领中国报告文学 40 年发展的里程碑意义。可以说，对现实的关注和直击、对历史的回望与反思、对人的全面发展的呼唤与助推、对国家富强民族复兴的渴求与期盼，是 40 年来报告文学始终不变、一以贯之的主旋律，成为凝聚于报告文学作家内心的信念和倾注于其笔尖的动力。这次双奖获奖作品既是对近几年来报告文学实绩的回眸与总结，同时也是一个指针、一种导向，它们既承接着过去，更指向着未来。

丁晓原：2018 年报告文学的活跃，与各级作协组织的支持有关。这一文体的写作不完全是个人行为，某种程度上它是特殊的社会写作。从报告文学创作地域分布看，相对的河北、山东、湖南等这一文体的人气指数更高，多见优秀作品推出。余艳、王杏芬、王丽君、何宇红 4 位女作家出版“中国追梦者”系列，她们分别写作《追梦密码 · 何继善》《大漠游侠屈建军》《深杉“候鸟”汪思龙》和《珊瑚卫士陈偿》，这一系列是作者对科学家及其科学精神的深情礼赞。另有反映长江生态保护的《梦回长江》、报告国家重点工程的《梦圆大瑶山》、展示改革发展进程的《报春花》等长篇报告文学，受到了关注和好评。河北省作协和中国报告文学学会在邯郸举办报告文学专题论坛，深入矿区采访，作品有尧山壁、冯小军的长篇《绿色奇迹塞罕坝》，短篇有李延青、黄军峰等的《根脉》等。苏有郎的《好人乔奎国》以质朴的叙事、寻常的细节，多角度地写实了草根好人乔奎国的人性之美。江苏的报告文学曾有不俗的表现，但近年长势整体上有所减弱，期待他们春播后的秋收。

王晖：实际上，从20世纪30年代开始，中国报告文学的组织化写作就已经初见端倪了。近年来，中国报告文学学会和中国作协报告文学委员会在培养青年作家、助推重点作品、开展创研活动等方面十分用力，成效明显。各地方作协和报告文学组织在这些方面也各显神通，你所说的湖南和江苏的情况就是如此。与虚构文体更多偏于个人化写作方式有所不同的是，报告文学所关注、所再现的大多为社会公共事件或人物，因此，它的写作方式、呈现方式、接受方式、传播方式等就多有不同。虽然，促使作家成长的原因十分复杂，但我们当然寄希望于通过组织化写作等方式，尽快促成青年报告文学作家“蔚成大国”，在新时代有新作为。

二、报与刊的助力

丁晓原：媒体对报告文学的助推，是激活报告文学的要素。媒体对报告文学的热情，直接营造着这一文体写作所需的载体和氛围。《人民日报》的“大地”是报告文学的一块高地。何建明的《致敬，远山的扶贫队员》《那片开始甜了的海》聚焦的是恒大的扶贫和港珠澳大桥建设。李青松的《智慧之翼》是报告文学对“高科技之鸟”无人机领域的首次进入，《科尔沁之绿》则展示了40年“改造大自然的伟大壮举”三北防护林工程的历史性成就。李春雷《蜀道闪》站在新时代的高点，回望历史，以西成高铁的建设开通，回答了李白的千年之问。《光明日报》给予报告文学特殊“礼遇”，不仅重视发表报告文学作品，而且能以头版头条的方式“隆重”推出。王国平的《美丽乡村在说话》就是头条作品。作品记写浙江践行习近平生态文明建设思想，15 年持续推进“千村示范、万村整治”美丽乡村建设所带来的可喜新变。另外，《光明日报》还发表了王国平《本固枝荣・晋江之魂》和《织里织里，桥上的风景》等摄取“壮阔东方潮，奋进新时代”特写的作品，引起了广泛的关注。刊物中，《人民文学》设置“新时代纪事”专栏，刊发了《看万山红遍》《报得三春晖》《梦工场追梦人》等作品。《中国作家・纪实》是中国报告文学的一方重镇，2018 年每期都有可观之作，《守望初心》《围困长春》《大国重器》《九寨祥云》《家园》等作品题材多样，叙写多彩，各具价值。《北京文学・精彩阅读》的“现实中国”专栏，2018 年刊发《北京遭遇“垃圾围城”》《我的生命谁做主》《祖国至上》《精神病院采访实录》《留守知青，你在他乡还好吗》等 10 部作品，这些作品题材偏重于社会学课题，贴近百姓生活。“现实中国”形成了《北京文学》的特色和优势。此外，《时代报告・中国报告文学》2018 年度也刊发了一些重要作品。

王晖：在当下融媒体时代，报告文学借助主流媒体的传播又有新的气象。作家何建明、李春雷、李青松在这一年都发表了有影响力的几部短篇作品。青年作家王国平则一连发表《美丽乡村在说话》等重磅作品，为新时代美丽乡村建设、地方经济发展等鼓与呼。报告文学本来就有着新闻的基因，这使其在时效性、现实性、真实性等方面具有超越虚构文学文体的优势，如今这种优势得以回归，应当是可喜可贺的事情。

三、欣喜的丰收年

丁晓原：2018 年可以说是报告文学的丰收之年。这种丰收不仅是指它的产量，我更看重的是报告文学创作的品质和质量。2018 年是报告文学具有较高显示度的一年。这种显示度既关联着这一文体的活跃度，同时更在于优秀作家对于报告文学所具有的独特的忠诚度。年逾古稀的张雅文克服种种困难，笔耕不辍，出版了她的《妈妈，快拉我一把》，这是一部“献给天下父母和孩子的书”。资深作家丰收的《珠穆朗玛的眸子》是一部致敬历史、致敬守疆烈士的作品，读来令人肃然起敬。报告文学写作对于何建明而言，是他的一种生活方式，抑或是生命方式，更是他挚爱的事业。2018 年何建明出版了多部长篇。《山神》的主人公黄大发是当代中国的新愚公，作品以多种叙事艺术的交融，真实地展示了人物富有传奇色彩的事迹和他崇高的精神品格，生动地再现了中国式硬汉的感人形象。《惊天动地的“两弹”元勋》记写的是杰出科学家王淦昌传奇而精彩的人生。《浦东史诗》是首部报告浦东开发开放发展史的纪实作品。这是一部史诗与史诗的对话，作品以历史的宏阔的视野，选择历史进程中具有史意的人物与事件，以客观而充盈着诗意的笔调，为我们再现中国改革开放经典的画卷。山东作家唐明华的长篇《大风歌》以“中国民营经济四十年”作为写作选题。这是一部真实生动深刻地表达改革开放宏大主题的作品，是一部大写深掘艰难困苦曲折前行的中国民营经济发展史的作品。作者在民营经济成为一个充满“歧义”的话题、中央又充分肯定民营经济的语境中，推出这样一部作品，是对时代之问的及时回答，体现了报告文学作家可贵的眼光和识见。彭学明的长篇《人间正是艳阳天·湖南湘西十八洞的故事》，是 2018 年度此类书写中最可关注的优秀之作。湘西十八洞是中央精准扶贫的首倡之地。作者以扎实的采访、质实而富有激情的叙说，生动地再现了这个精准扶贫的典型发生的可喜新变。

港珠澳大桥被称为“新现代世界七大奇迹”之一，是新时代中国工程建设中的重中之重。长江的《天开海岳——走近港珠澳大桥》以其一贯的“新闻调查”式风格，“真实地看——用自己的眼，真实地听——用自己的耳，真实地说——用自己的心”，落笔于工程中的不成功，由此凸显其成功的不易和伟大，讴歌了中国创造中的力量和精神。珠海作家曾平标以其得天独厚之利撰写的《中国桥——港珠澳大桥兴建始末》，其写作重点定位在大桥的“兴建始末”，作品可谓是一部有关大桥建设的全史。“中国桥”命名精准地揭示了这一超级工程的中国价值和世界意义。

王晖：如你所说，报告文学以“时代文体”的姿态呼应了2018年这一特殊时间节点，表现出这一文体强烈现实性的特质。在这一年有诸多作品呈现改革开放40年的恢宏历程，何建明的《浦东史诗》、杨黎光的《家园》就是其中的典型代表。这两部作品聚焦的对象恰恰是改革开放40年最具代表性的城市上海和深圳，某种意义上说，它们正是中国改革开放的历史见证，是中国从“富起来”到“强起来”的最好说明。因此，对于这两个城市的书写，本身所具有的历史意义、现实价值和未来启示就得到了鲜明的彰显。《浦东史诗》的意义不仅在于它是第一部全景再现浦东新区建设发展历程的报告文学，以生动形象的叙述告知读者浦东开发的筚路蓝缕之功，也在更为宏阔的背景上凸显了中国改革开放的基本路径，以深情的笔触抒写勾勒出这片充满生机与活力的土地及其人民的奋斗诗篇。《家园》则延续作者近几年一直在探索的“思辨体报告文学”的风格，以反思的姿态回眸以深圳为代表的“人类历史上最大规模的城镇化进程”，对这一进程当中的“城市病”如人口膨胀、畸形发展、生态危机、交通拥堵、棚户改造、卫生难题等等做出自己的深入思考，并结合世界范围内代表性城市的治理经验与教训，力求提出“城市病”治理的深圳经验和中国方案。可以说，这两部作品强化了2018年中国报告文学的现实品格，对于重大事件和题材的敏锐度、反应度和把握度，表现出与这一文体的本质相对应的使命与担当。

丁晓原：报告文学是一种特殊的文学样式。其文学的生成既要遵循文学的基本规约，同时又要体现非虚构审美的自身特性。优秀的报告文学应当做到“报告”与“文学”的相生相成。2018年不少作品在报告文学审美化方面达到了较高的水准。陈新的《九寨祥云》言说的是2017年九寨沟抗震救援，作者注重通过具体的故事叙说，通过故事中人物的有效再现，以非虚构文学的方式落实作品的主题表达。李发锁的《围困长春》以对历史本真的深刻理解和把握，勇于揭去种种遮蔽历史真实存在的蒙尘，在宏阔的世局和国情的关联中，对书写对象的细部烛幽探微，以厚重的叙事和言说，还原那渐行渐远的历史现场。对历史人物的性格叙事，既反映了具体的历史真实，又体现出总体性的历史真实。徐剑《大国重器》副标题是“中国火箭军的前世今生”，这明示了作品“国家叙事”的宏大构架。报告文学需要多样化，但无疑对国是国运等的书写依然是它的题中应有之义。只是对于这样的大题材，报告文学作家应更加注意以非虚构文学的方式加以书写，在题材的公共性和书写的个人性之间，在主题的意识形态化和作品的审美性之间，生成文学的、思想的、信息饱满的艺术文本。徐剑由对写作对象的谙熟中，发现其中本有的具有传奇色彩的故事性，并且将这种故事性有机地导入到文本中，加以有机地结构。作者以小微进入大历史，小与大、轻与重、神秘与期待等有机地融合起来，使作品的叙事有了一种富有审美性的表现力。我想，细读《大国重器》，对主旋律报告文学写作的优化会有不少有益的启示。

王晖：非虚构的报告文学也需要审美化的表现形式，这既是报告文学文体自身的建构伦理，亦是读者接受的文体期待。优秀的或者说经典的报告文学无一不是“美”的报告。2018年许多有追求的报告文学作家仍然“不忘初心”，努力构筑报告文学的“美的世界”。除了你提到的作品之外，下面这些报告文学也是值得一说的。傅宁军的《南京先生》写的是百年之前一位南京本地的中医江允辗转赶赴台湾马祖的北竿岛，为当地群众祛除瘟疫、救民于危难之中的故事。描述视域十分宽阔，历史与传说、现实和当下汇聚于此，大陆与台湾、南京与台湾的关联渊源清晰写出，可谓纵横捭阖、游刃有余。作者选择一个民间中医来讲述南京故事，显示出一个有别于传统南京故事讲述的新视角，使得南京故事的讲述更为多元和个性。朱晓军与杨丽萍合作的《大国粮仓：北大荒留守知青口述实录》以口述实录方式真实呈现北大荒留守知青“激情燃烧”的昔日岁月和多姿多彩的当下生活，不仅鲜明呈现出非虚构作品所要求的原生态和现场感，也呈现出作者经过长达20余年的持续追踪采访所带来的人物再现的连续性和变化性。在这样依据事实而不是依据幻想和虚构的描述中，以及以独具个性的声音还原历史、记录历史的文学呈现中，将把“北大荒”变为大国粮仓“北大仓”的留守知青“伟大寓于平凡、英雄始于普通”的群像倾情写出。刘晶林的《海魂》以“海魂”喻人物，将守岛32年如一日的王继才夫妇坚毅朴实忠诚乐观的个性和品质置于恶劣的生存环境之中来表现，在强烈的对比和映照中完成对人物内在精神品格的艺术再现，写出了平凡人的不平凡人生。刘国强的《罗布泊新歌》描绘的是国投新疆罗布泊钾盐有限责任公司负责人李守江及其团队在“千里无人区”的罗布泊，创造中国钾肥产业领军世界市场的传奇故事。作品重点表现了李守江们所谱写的信念“新歌”和科技“新歌”。而作品对这种“传奇故事”的现实意义和未来影响的描述无疑也是颇具眼光的。

我以为，作为“时代文体”的报告文学不仅需要迅疾再现时代的风云变幻，更需要积极回应时代的潮流与发展，要“及物”地书写现实诉求，承担社会责任，而不是一味在“钻故纸堆”中迷失作家的责任和文体的个性。当然，这样的书写一定要以“直抵人心”的审美方式进行，因为，对报告文学而言，真是基础，善是目标，美是容颜。

后 记

这是一本言说报告文学文体的著作。

关于文体，似乎有点说不清楚。金元之际的王若虚，有“定体则无，大体则须有”之语，大体上给出了文体的本初。文体之类，是基于文本的生成方式、指向功能而形成的语言制式，或是写实，或是虚构，或事务应用，或叙事抒情言志，等等，相应地就有了不同的体式语言和语言序列。文体好像是河流，流经山川或平原，有高出水面蜿蜒的两岸夹住，可以看见它清晰的流向；而及至沼泽或湖海，则漫溢无迹或汇成一体。漫溢或融合，意味着一种文体与其他文体的互文；而循着河道而流，或谓文体有着自身的一些规定性。所谓“大体则有”，是说某种文体是有着它独特的体性的，这种体性将它与别的文体区分开来。这便是文体的“河岸”，是它的边界。但很多时候，它又是流溢的，无法固定的，所以也就有了“定体则无”之说。也如河流，上游发源叫一个名字，而到下游则有另外的称呼，比如长江，上游有一段称金沙江，到了我们这里以前被叫作扬子江。

报告文学不是一种古已有之的文体。reportage 中的 reportor，已明示我们这是一种与新闻紧密关联的文体。因为先在的具有大众传播意义的新闻，是近代社会的产物。所以，作为特殊的新闻文学形态，报告文学的发生期是在近代。尽管是一种新的文体，但文学史上早已存在的写实文学，成为它久远的文学传统。报告文学在中国的发生发展，只有一百多年的历史。

初始，它仿佛是隐逸在乡野山涧的溪流，到后来它汩汩汤汤，变成为有了远方的河流。它有大名、别名、字号，报告文学之外，另有报告、速写、特写、文艺通讯、纪实文学和非虚构等。因为是资历有些浅短，也因为虚构文学中心主义等的影响，学界对报告文学的研究不太重视，学术的积累就相对较少。其实，与其说在热门的领地做一些重复性的研究，还不如在这片尚待进一步开发的野地里播种。

本著作依据文体定体、大体的特点，以体与变体为题对报告文学文体做一些探索。体为大体，是对这一文体独特性的认知和把握；变体是它的基本规律。这里没有如教科书一样，对报告文学的文体做甲乙丙丁的静止的知识梳理，有的是将其置于发生发展的历史流变中考察。这种历史流变不仅是指文体本身，而且更包括它赖以存在的社会与时代。本著作分为两个部分。第一部分从报告文学发生和演进中，看取它的基本属性以及在不同的语境中的流变。没有刻意地追求系统性的论述，着意的是从报告文学发展的史程中，选择重要的站点停留考察。因为在这些站点里面，有着反映报告文学的体和变体的要素。第二部分的年度对话，是我和同学王晖教授应《文艺报》约请做的工作。对话做了 15 年之久，这里选的是 2010 年到 2018 年 9 年的文章。这个时段，报告文学进入到了一个新的跃动期。我们对话采用的是现在进行时态，所以自有一定的现场感。报告文学文体的一些“原生态”信息，就在这现场实录之中。

广东高等教育出版社的编辑团队有学术情怀，有学术担当精神，也有组织学术出版的能力。他（她）们致力于 21 世纪文体学的学术出版工作，这是很有意义的工程。我在向他（她）们表示由衷敬意的同时，也积极响应。只是行动有些迟缓。在此，衷心感谢广东高等教育出版社的领导和编辑。流溪河的景象一直在我眼前回放。这是一种难忘的美好和美丽。

丁晓原写于 2019 年 6 月 16 日
江南福地，虞山之南